근성,
끝까지 너를 이겨라

'모티베이터' 조서환이 말하는 인생 승부법

근성,
끝까지
너를 이겨라

• 조서환 지음 •

쌤앤파커스

인생은 나를 이기는
여정이다

주먹을 꽉 쥐면 세상도 담을 수 있을 것만 같았다

한 손이 없다는 이유로 쫓겨난 면접장을 다시 찾아가 꾸역꾸
역 직장생활을 시작할 수 있었다. 하지만 그 이후로는 거칠 게
없었다. 직장에서 평사원으로 오르기 시작한 경쟁의 피라미드
에서, 평사원으로서 오를 수 있는 가장 높은 곳까지 올라갔다.
모시던 회장님의 신임에 보답해야 한다는 결의로 맨바닥에서
사업을 일궈, 연 매출 500억 원의 사업체를 일궈보기도 했다.
이처럼 내가 모는 마차는 그 누구의 것보다 빨랐다. 이 모든 성
과가 오롯이 나의 힘, 아니 더 정확히 말하면 내 근성으로 일궈
낸 것인 줄로만 알았다.

그래서 이 책의 원제도 《근성》이었다. 내 내면에서 타오르는
근성이라는 바퀴를 단 마차에서 허리를 꼿꼿하게 펴고, 세상이

끝날 때까지 달릴 수 있을 줄로만 알았다. 그러던 나는 지금 어디서 무엇을 하고 있는가. 이제 나는 경쟁의 피라미드에서 정점에 올라섰던 KTF의 부사장도 아니고, 내 손으로 일군 연 매출 500억 원 세라젬 H&B의 CEO도 아니다. 지금의 나는 예순이 넘은 나이에 홀로 광야에 서 있는 일개 범부에 불과하다. 부단한 근성으로 누구보다 빠르게 달려나갔지만, 근성만으로는 남들보다 멀리 갈 수 없었다.

일개 범부가 된 내 인생이 문제라는 의미는 아니다

근성, 근성으로 누구보다 빠르게 달릴 수 있었다. 하지만 끝까지 갈 수 없다면 필요한 건 무엇일까. 앞으로 남은 인생 역시 충분히 길다 할 수 있는데, 의미 있고 가치 있는 일을 하려면 삶에 어떤 동력이 필요할까. 범부가 되어 새로운 작당을 꾸미던 내 인생의 화두였다. 그리고 의외로 답을 찾기는 어렵지 않았다. 새로운 동력의 이름은 다름 아닌 '관계'이다. 고루한 답변이라 할지도 모르겠지만, 살아보니 인생이라는 게 정말 그렇다. 이 관계라는 동력을 늦지 않게 찾아 잘 갈고닦은 덕에 KTF의 부사장도 아니고 세라젬 H&B의 CEO도 아니지만, 다행히 나는 새로운 길을 걸으며 그 어느 때보다 재밌는 삶을 누리고 있다.

그토록 진부하고도 흔해 빠진 격언, '빨리 가려면 혼자 가고,

멀리 가려면 함께 가라'라는 말의 의미를 일흔의 나이를 앞두고서야 마음속 깊이에서부터 깨달았지만, 지금의 내 인생을 보면 이 역시 늦은 깨달음이 아니다. 이 덕에 지금 내가 얼마나 즐겁고도 의미 있는 삶을 살고 있는가. 다만 이런 생각을 해보기는 한다. 근성을 부르짖던 젊은 시절에 내 주변의 소중한 관계들을 더욱 소중히 여기고 잘 보듬을 줄 알았더라면, 여러 관계를 발판 삼아 지금의 내가 도달하지 못했던 곳까지 나아갈 수 있지도 않았을까 하는 생각을.

나의 근성과 나의 역량만을 믿었다. 한마디로 오만했다

내가 부단한 근성으로 남들보다 높은 곳까지 오를 수 있었던 것은 분명한 사실이다. 하지만 그 자리를 지켜내기 위해선 근성 말고도 다른 역량들이 필요했다. 그중에서도 특히 필요했던 것이 관계였다. 나의 인사권을 꽉 쥐고 있는 이와의 관계, 나와 경쟁 상대가 될 수 있는 이들과의 관계, 아래에서 나를 호시탐탐 노릴 수 있는 이들과의 관계… 이 모든 관계를 잘 다져야 했지만 내가 잘 다지지 못해 실패한 부분들이 있었다. 모든 관계를 실패한 것은 아니었지만, 한때는 이 부분의 실패도 인정하기 싫어 내 실패에 관한 이야기를 굳이 입 밖으로 내지 않던 시기도 있었다.

하지만 이제는 정확히 말할 수 있다. 정말 중요한 것이 무엇인지. 인생의 모든 일에서 성공을 거둘 수는 없다. 나 홀로 잘 난 줄로만 알 때는 이 사실을 받아들이기가 그렇게 어려웠다. 하지만 좋든 싫든 시도가 늘어나면 실패는 병가지상사처럼 반드시 발생하기 마련이다. 이 지점에서 반성을 거쳐 새로운 단계로 나아갈 수 있느냐, 혹은 자신을 합리화하고 그 자리에 머물러 있을 것이냐의 갈림길에서의 판단이 중요하다. 나는 이 실패를 수긍하고, 조금 나은 삶을 꾸려나가기로 했다.

그래도 근성은 중요하다. 나를 갈고닦는 일이 먼저다

이런 이야기들을 모아 새로 기획하고 구성하여 완전히 새로운 책을 쓸 수도 있었다. '관계'라는 화두를 중심으로 한 새 책일 수도 있었을 것이다. 하지만 그래서는 어딘지 '근성'이 도외시 되는 꼴이 될 것만 같았다. 그건 내가 하고 싶은 이야기를 완전히 오독誤讀하는 것이다. 지금까지의 이야기를 근성이 필요 없다는 식으로 받아들여서는 안 된다. 근성을 발휘하면서 함께 다져야만 하는 역량들에 관해 이야기하고 있는 것이다. 인생은 어느 하나의 덕목만으로 살아가기에는 너무도 길고 깊은 여정이니까.

그래서 이 책의 개정판 제목이 바로 《근성, 끝까지 너를 이겨라》이다. 근성은 기본이다. 옛 성현도 수신제가修身齊家라 하지 않았던가. 자기 내면의 에너지도 다스리지 못하면서 바깥의 관계를 잘 다스릴 수는 없는 법이다. 또 좋은 관계를 맺을 기회는 내가 괜찮은 사람일 때, 스스로 나아가고자 하는 사람일 때, 근성으로 무언가를 이뤄본 사람일 때에야 얻을 수 있다. 냉정하게 말해, 좋은 사람들은 좋은 사람들을 만날 시간도 부족하다. 내가 좋고 괜찮은 사람이 아니라면 그럴 기회를 만나기 쉽지 않을 수 있다.

15년이 지나 이 책을 다시 펼쳐 보았다

처음 이 책을 쓰고 15년이 지난 지금까지, 또 얼마나 치열한 삶을 살았던가. 그런 삶을 내려놓고서 잠시 숨을 돌리며 내가 남긴 이 기록을 한 장 한 장 넘기며 다시 읽어봤다. '강점을 찾는 선택', '스스로 만드는 기회', '정공법으로 승부하는 실력', '혁신을 두려워하지 않는 태도'. 너무나도 나, 조서환다웠다. 이 화두들은 모두 '나'에 관한 이야기다. '내'가 어떠한 마음가짐으로 상황을 대하고, 무엇을 해낼 수 있는가에 관한 이야기다. 그러니 나는 나 홀로 잘하면 결국 모두 이겨낼 수 있을 줄로 알았던, 그 혈기 치솟는 마음이 목차에서부터 고스란히 드러나 있었다.

본문을 다시 읽자니 그때도 나름대로 관계에 자신 있었던지라, 나 스스로 관계를 잘 맺어가고 있다는 확신이 군데군데서 아주 선명하게 드러나 있었다. 그때보다 15년을 더 살아온 지금의 시선으로 보니 이렇게 민망할 데가 또 없기도 했다. 저 당시에 내가 성공적이라고 자부하던 관계 중에는 다시없이 안타까운 관계도 있고, 잘못 맺은 관계인 줄 알았는데 지금 와서 보니 그 정도면 꽤 괜찮게 마무리되었다 싶은 관계들도 있다. 인생사 새옹지마라고 사람 일이 어떻게 될지는 모른다. 다만 사람 일은 모르니 관계의 소중함을 더욱 깊이 고찰하게 되었다.

다시금 글을 고쳐 쓰는 진심

기존의 사례들이 오래되고 낡았다는 지적 역시 여러 곳에서 받았다. 그럼에도 나는 내 '과거의 기록'들을 고스란히 두기로 했다. 나는 인생의 어느 한 대목에서 자기 자신을 가열하게 밀어붙여 본 자만이 더 높은 곳으로 나아갈 자격이 있다고 믿는다. 내가 가장 혈기왕성하던 시기에 남긴 솔직한 기록들을 갈아엎으면 책의 진정성이 옅어질 것이라고 봤다. 그 당시의 일들이 지금에 와서 성공인지 실패인지는 그리 중요하지 않아 보인다. 이러나저러나 그때의 조서환이 있어 지금의 조서환이 있는 법 아니겠는가. 그래서 기존의 사례들도 고스란히 남겨두기로 했다.

이 마케팅 사례들이 낡고 닳아 오늘날의 젊은 층들은 '그게 뭔지도 모르는데요?'라고 말할 수 있다는 걸 나도 잘 안다. 하지만 아이디어의 본질은 낡지도 닳지도 않는다. 오래된 이야기라 여겨 가벼이 넘길 사람도 있겠지만, 지금도 유효한 마케팅의 정수를 읽어낼 수 있는 감각 좋은 사람도 있을 것이라 믿어 의심치 않는다. 여하간 이런 이유들로 이 책을 온전히 갈아엎지 않기로 했다. 새로이 얻은 배움들을 새로이 엮어 책의 앞단에 더한 뒤, 기존의 내용들은 오늘날의 흐름에 맞게 가급적 고칠 것은 고치고, 뺄 것은 빼고, 정리할 것은 정리해 개정판으로 엮었다.

살아온 날보다 살아갈 날이 짧다는 사실을 받아들이며 사는 요즘, 이전에 보지 못한 것들이 보이고, 한 인생에서 모든 것을 가질 수 없다는 사실을 마주하기도 한다. 평생 앞만 보고 질주한 탓에 가족, 특히 자식들과의 관계에서 어쩔 수 없이 소원한 지점이 있음을 때때로 느낀다. 물론 그들도 내가 오로지 가족을 위하는 헌신의 자세로 살아온 것을 인정해주니, 그나마 아비로서 최소한의 도리를 해냈다는 안도감을 홀로 느끼기도 한다.

이런 맥락에서 근성도, 관계도 중요하지만 이보다 중요한 덕목이 하나 있다면 오직 겸손이라는 생각이 든다. 자기 삶에서 어떤 목표를 추구하고 어떤 가치를 좇느냐 하는 문제에는 선택만 있을 뿐, 정답이 없다. 근성과 관계를 중시하며 경주마처럼 살아온 인생은 그저 나의 방식이고, 이런 방식으로 살아보고자 하는 이들에게 내 이야기가 티끌만 한 도움이라도 되길 바라는 마음으로 이 글을 엮은 것이다.

그러니 나와 다른 방식의 삶을 사는 사람을 보더라도 그저 다른 것임을 알고, 나 홀로 잘났다며 떠드는 인간이 되어서는 안 된다. 삶의 태도 중에 유일하게 앞세울 수 있는 덕목이 있다면 그것은 겸손뿐이다. 이 역시 15년 전에는 말로만 내뱉고 떠들던 바다. 이 책에는 새로이 담은 인간 조서환의 배움과, 이전에 엮은 마케터 조서환의 기록들이 함께 엮여 있다. 이 기록들이 좀 더 뜨거운 인생을 살고자 하는 당신에게 한숨의 영감으로 가 닿길 바란다.

2023년 겨울
조서환

차례

1 | 점과 점을 이어 새로운 길을 여는, 관계

2 강점을 찾는, 선택

3 스스로 만드는, 기회

4 정공법으로 승부하는, 실력

5 혁신을 두려워하지 않는, 태도

1

근성, 끝까지
너를 이겨라

점과 점을 이어
새로운 길을 여는,
관계

삶에서 홀로 해낼 수 있는 일에는 한계가 있기 마련이다.
그 한계를 뛰어넘는 방법은 점과 점을 잇는 관계에서 찾을 수 있다.
좋은 사람이 된 뒤에 좋은 사람과 관계를 맺어라.
자신의 한계는 그 방법으로만 넘어설 수 있다.

인생의 유일한 차별화 지점은
관계일지도 모른다

나는 요즘 직장생활을 그만두고 전국 각지를 누비며 강연을 다니거나, 이렇게 글을 써 출판을 하거나, 내가 세운 조서환마케팅사관학교에서 수강생들을 가르치는 일을 하는 중이다. 내일모레 일흔을 바라보는 나이에, 계속 이렇게 일을 할 수 있다는 자체가 너무나도 감사한 일이다. 그런데 아무래도 정기적인 일이 아니다 보니 경기에 따라 일감이 몰릴 때도 있고 꽤 한가할 때도 있다.

코로나 시국에는 아무래도 힘든 면이 있었다. 코로나가 확산될 수 있다며 n인 이상 집합 금지 등의 제한이 있었으니까. 상황이 그러하니 제일 먼저 타격을 받는 부분이 바로 강연이었다. 사람이 모일 수 없으니 있던 강연도 하나하나 취소될 수밖에 없었다. 그러다 모든 강연이 취소되어 지나치게 한가한 때를 맞기도 했다. 그러던 하루에 전화벨이 울렸다.

"잘 지내?"

정말 오랜만에 전화한 선배이자 형님의 목소리였다.

"아무래도 좀 힘들죠. 강의가 싹 다 없어져서 집에서 방콕하고 있죠."

"그래? 강의가 왜 없어졌어?"

코로나 시국에 강의가 없어지는 걸 정말 몰라서 묻는 건지.

"아니, 사정 다 알 만한 양반이 왜 갑자기 이러슈?"

"이야, 천하의 조서환이가 힘들다는 말도 다 하네."

"나 참, 속 긁으려고 전화하셨소, 이 형님아."

"됐고, 밥이나 먹자."

이 형님이 나를 부른 곳은 이름만 대면 누구나 알 법한 으리으리한 호텔의 일식집이었다. 유럽처럼 물을 시키는 데에도 별도의 돈을 받는 게 여간 별스럽지 않은 곳이었다.

"아니, 형님, 왜 이래요. 무슨 일로 이렇게 맛 없는 밥을 비싼 돈 주고 먹는대?"

"내가 요새 잘돼서 그러지."

오랜만에 본 형님과 초밥을 집어먹으며 이런저런 이야기를 나눴는데, 무심결에 바라본 선배의 허리춤에 웬 H 모양의 혁대가 빛나는 게 아니겠는가.

"이야, 형님 진짜 출세했네. 그 혁대 에르메스 아뇨?"

"어떻게 에르메스를 또 알아봤대. 어때? 괜찮아 보여?"

그러더니 갑자기 이상한 소리를 했다.

"서환이 너도 에르메스 혁대 하나 사줄까?"

"진짜요? 좋지. 딴말하기 없기요."

기회를 놓치면 아쉬울까 싶어 바로 답이 튀어나왔다. 그렇게 밥을 먹고는 곧장 백화점에 갔다. 물론 에르메스 매장이었다. 그런데 이게, 혁대에 붙어있는 가격표를 보는데 웬걸 세상에. 버클에 56만 원이라 쓰여 있는 게 아니겠나. 사준다고 할 때는 호기롭게 좋다고 외쳤는데, 가격표를 보고는 화들짝 놀라 말했다.

"아니, 형님. 얼른 나갑시다. 이거 다른 데서 사면 10만 원만 줘도 훨씬 예쁜 거 살 수 있소. 굳이 이 돈 주고 혁대는 무슨 혁대야. 여기서 살 필요 없소."

"무슨 소리야, 이거 안 하면 안 돼. 내가 너 10만 원짜리 혁대 사주려고 여기 왔을까. 이거 안 하면 너 오늘 집에 못 가."

그러더니 버클을 집고서 다짜고짜 계산하는 게 아닌가. 그러고는 혁대를 다시 내 눈앞에다가 들이밀면서 흔들었다. 아까 봤던 버클이 아니라, 가죽띠 쪽으로. 그러자 아까는 확인하지 못한 가격표가 하나 더 있는 게 아니겠는가. 그 가격표에는 58만 원이 찍혀 있었다. 그러니 처음 봤던 가격표의 56만 원은 순전히 버클 가격이고, 가죽띠의 값까지 하면 114만 원짜리 혁대인 셈이었다. 아니 웬걸, 횡재하긴 했는데, 이 양반이….

그다음에도 또 다짜고짜 전화가 와서 밥 먹자 하여 나갔더니 이런저런 이야기를 하다가 갑자기 뚱딴지같은 소리를 하는 게 아닌가.

"요즘 힘들다면서, 용돈 좀 줄까?"

"아니 뭐, 그 정도는 아니에요."

"그래도 주고 싶어서 그래. 얘기해봐."

나도 체면이 있는 데다가 그 정도로 힘들지는 않아 사양했는데, 몇 번 더 말씨름하다 보니 도대체 얼마쯤 주려고 이러는 건지 궁금해지는 게 아니겠는가.

"아니 형님, 얼마나 주려고 이러는 거래요? 진짜 줄라고? 얼마나 주려고 그래. 한… 300?"

"300?"

"아니, 쫀쫀하게 300 말고, 한… 500?"

"500? 계좌 불러봐."

그러고선 스마트폰을 만지작거리더니 곧 스마트폰에서 알림음이 들렸다. 아이고야…!

"아이고, 형님! 도대체 나한테 왜 이러는 거요?"

"나 요즘 너무 잘된다니까?"

부른 금액보다 훨씬 큰 돈이 이체되었다. 아닌 게 아니라 이 형님은 사업을 하고 있는데, 코로나 시국을 맞아 업이 너무나 성업하게 되어 한 해 한 해 30, 40%씩 성장해 기업가치가 50배로 뛰었다고 했다. 물론 돈을 아무리 잘 번다 한들 아무한테나 이렇게 돈을 헤프게 뿌리고 다니는 사람은 없다. 사실 이 형님이 내게 이렇게 베푸는 데에는 나름의 이유가 있긴 했다.

이 형님의 "밥 먹자" 전화가 오기 20년 전쯤에 이 형님이 나를 찾아왔던 적이 있다. 당시에 나는 KTF에서 마케팅 전략실장으로 전무를 맡다가 잠시 좌천되어 대전에 머물고 있었는데, 형님은 나를 보려고 서울에서 대전까지 내려온 것이었다.

"형님, 무슨 일로 대전까지 나를 보러왔어?"

"나 퇴직했어. 그래도 내가 동기들 중에 애경에서 제일 오래 살아남았지."

"아주 좋으시겠어."

회사에서 만났으니 당연히 친형일 수는 없지만, 친형처럼 잘 따랐던 형님이었다. 딱 띠동갑, 12살 차이라 원숭이들끼리 친하게 지냈다. 그리고 내가 당시에 48살이었으니 이 형님이 정확히 환갑으로 퇴직할 해였고.

"좋긴, 아주 불안해 죽겠어. 내가 뭐 돈이 있냐, 뭐가 있냐. 사업을 하긴 해야 하는데…."

"지금 그 나이에 사업하시려고요? 무슨 사업 하려고요?"

"개밥 한번 만들어보게."

"개밥? 펫푸드? 개밥이 쉽지 않을 텐데? 하림 있지, 제일사료 있지, 그 시장에 처음 들어가 어떻게 이길 생각이오?"

"네가 맨날 이야기했잖아. 마케팅해야지. 마케팅이 차별화라며?"

"맞소, 차별화해야지. 그런데 개밥으로 어떻게 차별화하시려고요?"

"당뇨 걸린 개, 관절염 앓는 개마다 밥을 따로 만들어서 처방식 사료를 만들 거야."

오! 그 말에 절로 무릎을 '탁' 하고 쳤다.

"좋은데요? 아이디어 너무 좋아."

그럼 이제 장난이 아닌 건 확실하니, 마케팅적 관점으로 제대로 점검해볼 차례였다. 3P를 먼저 체크했다. 먼저 제품Product은 해결됐고, 그다음은 가격Price은 어떻게 할지 물어봤다.

"프리미엄 콘셉트로 동물병원에서만 구매할 수 있게 하고, 높은 가격을 책정하고 또 동물병원 마진율을 높여 수의사가 자연스레 영업하도록 할 거야."

고가 정책. 아주 좋았다. 유통로로 동물병원까지 이미 생각해두었으니, 이제 하나만 남았다. 바로 프로모션Promotion이다.

"프로모션… 아직 그까지 깊게는 생각 안 해봤는데, 아무튼 가격을 깎아주진 않을 거야."

"그러면 이렇게 하면 어떻겠소, 형님. 10개를 사면 1개를 더 주고, 30개를 사면 4개를 더 주는 거지. 그리고 40개를 사면 7개를 더 주는 볼륨 보너스 방식 말입니다."

"야, 그거 좋다. 그렇게 해보자."

여기까지 말하고 잠시 한숨을 쉬며 숨을 고르는 듯했다.

"그리고 그게…."

"또 뭐가 남았소?"

이 형이 쭈뼛거리며 말을 잘 못하는 게 낯간지러운 구석이 있어 보였다.

"아니, 뭔 일인데 그래요. 형님이 나한테 못 할 말도 있소? 편하게 말씀하쇼."

그랬더니 이 사업이 진짜 괜찮아 보이면 투자 좀 해달라는 게 아니겠는가. 그래서 얼마가 필요한지 물었더니 3,000만 원이라 했다.

"계좌 부르쇼."

그리고 바로 3,000만 원을 입금했다. 묻고 따질 것도 없었다. 그랬더니 이 형님이 갑자기 눈물을 글썽이는 게 아니겠는가. 이 양반이 왜 우는지 물어보지 않을 수 없었다.

"육십 먹고 사업한다니까 다들 나 내치더라. 밥도 못 먹고 문전박대당한 게 몇 번인지도 몰라."

"돈은 그렇다 쳐도, 밥도 안 사줘? 진짜 나쁜 놈들이네, 그것들. 언제는 형님 아우 하면서 들러붙던 것들이…. 형님, 형님 사업 아이템 좋아. 성공할 거 같아."

형님 입장에서는 믿는 동료들이라고 찾아갔는데 문전박대만 당하다가 눈앞에서 별달리 묻지도 따지지도 않고, 심지어 와이프와 상의도 안 하고 그 자리에서 바로 투자금을 보내주는 동생을 보니 눈물이 나지 않을 수 없었다고 하는 게 아닌가. 그렇게 그날 형님은 눈물을 흘리며 돌아갔다.

그리고 다시 몇 달 후에 또 형님이 나를 찾아온 게 두 번째였다.

'아뿔싸…!'

사실 이번에 보자 하니 나도 슬슬 겁이 났다. 아, 이거 똥 밟은 건가 싶은 생각과 함께 말이다.

"형님, 왜요?"

그랬더니만 하는 말이 3,000만 원, 그거 쓸 데가 없더란다.

"서환아, 3,000만 원만 더 줘라. 너 부자잖아."

"나도 월급쟁이인데 부자는 뭐가 부자여."

"야, KTF 월급 많이 주는 거 누가 몰라."

이거 이거… 본전 찾으려면 투자를 더 해서 성공하게 만들어야지 별 수 없었다.

"알았어. 형님, 대신 나랑 약속 하나 해."

"응, 그럼. 뭐 약속할까?"

"이제 돈 모자란다고 또 나 찾아오면 안 돼. 형님. 나도 이제 더는 정말 어려워."

"서환아, 내가 정말 결초보은하마."

그리고 통 소식이 없다가, 몇 년의 세월이 흘러 코로나 시국 때 전화가 온 것이다.

형님이 무척이나 힘들 때 내가 뻗어줬던 자그마한 도움의 손길이, 나 힘든 시기에 이자를 얹어 돌아온다는 게, 참… 관계의 힘이라는 게 무서우면서도 놀라웠다. 이때 형님에게 도움을 준 사람이 있고 형님을 내친 사람이 있지 않겠는가. 참 웃기게도 형님이 잘되고 나니 먼저 연락 오고 몰리는 사람들이 바로 형님을 내친 사람들이라 했다. 오히려 도움을 줬던 사람들은 자기가 도와줬던 것도 잊은 듯 지내 나한테 한 것처럼 먼저 밥 먹자며 연락을 한 것이라고.

물론 이 이야기는 내 투자 안목을 자랑하려거나 부를 과시하려는 이야기가 아니다. 이 사연은 뒷이야기가 조금 더 있다. 인생사 새옹지마이니, 정말 중요한 것은 관계라고 이야기하고 싶은 것이다. 이야기를 조금만 더 이어보자. 어느 날에 이 형님과 밥을 먹으며 한 이야기다.

"형님, 이제 우리 나이가 나이요. 언제 죽을지 몰라."

내가 67살이고 이 형님이 나랑 띠동갑이니 내년이면 80살의 나이였다. 우리 둘 다 누가 봐도 어리다 할 수 없는 나이임이 분명했고.

"그렇긴 하지."

"그러니 형님, 두 가지를 해줘야 해요."

"두 가지?"

첫 번째는 바로 가업승계였다. 나이가 나이다 보니 정말 언제 무슨 일이 터질지 모르는데, 여유가 있을 때 가업을 승계할 수 있도록 프로세스를 잘 짜둬야 한다. 두 번째가 조금 더 현실적이고 중요한 것이었다.

"형님, 코로나 시기가 아니더라도, 매년 30, 40%씩 고속 성장한 기업은 바로 국세청 타깃이야."

"그래? 그러네. 듣고 보니 그러네."

"세무조사 때 먼지 나게 털리고 까딱하면 아작 난단 말이지. 미리 준비 안 하면 백에 백 모두 다 털려. 그런데 털리는 것보다 더 큰 문제가 그 스트레스를 말도 못해. 이제 몇 안 남은 머리털이 털린다니까?"

형님이 이 말을 듣더니 괜히 머리를 한번 쓰다듬었다.

"형님, 지금 조금 여유가 있을 때 가업도 승계하고, 세무조사도 미리미리 대비 안 해두면 나중에 정말 골 때려요."

"그럼 어떻게 하면 돼?"

"세무조사 준비를 해두고, 세무조사를 미리 받읍시다."

국세청의 세무조사가 들어오기 전에 미리 세무조사를 완전히 대비해두고, 국세청에 세무조사를 신청하는 방법이 있다. 그 방법을 형님에게 구체적으로 설명해줬다.

두 조언을 하고 얼추 1년쯤 지난 2023년 1월 4일, 그러니 신년을 맞고 사흘이 지나고서 다시 형님네 가족과 내 아내까지 같이 밥을 먹었다. 신년을 맞이하고 사흘밖에 안 지났으니 날짜도 정확하게 기억하고 있는데, 그날따라 형님의 얼굴이 지나치게 창백한 게 어딘지 이상했다. 형님에게 어디가 안 좋냐 물으니 다른 소리를 했다.

"배가 아파, 배가."

"배가 아파? 그럼 안 되지. 형님, 병원을 가야지, 여기 오면 어떡해."

"연초에 같이 밥 한 끼는 먹어야지."

그런데 이게, 밥을 먹으면서 아무리 봐도 형님의 안색이 영 말이 아니었다. 정말 무슨 일이 있을 것 같은 얼굴이었다.

"형님, 나 밥 그만 먹을래요. 빨리 병원 가보십시다."

그때부터 형님은 병원 검진을 알아보고 예약하고 다니며 한 달 동안 별별 검사를 다 받았는데, 문제가 통 없다고 나오는 게 아닌가. 그런데 어느 한 병원에서 혈소판이 약하다는 말을 듣고서 그쪽으로 더 깊이 검사를 해보니, 아니 웬걸. 세상에…. 혈액암 4기 판정을 받았다.

형님은 혈액암 판정을 받고 한 달이 지나 거짓말처럼 세상을 떠났다. 그 한 달 사이에 세무조사를 잘 받고 성실 납세했다며 나라에서 표창도 받고, 자식에게 가업승계는 이미 잘 마쳤고… 그렇게 자기 일을 다 마친 것처럼 떠났다.

예순이 넘어보니 서로서로 꺼내기 쉽지 않은 이야기가 있다. 바로 어디 안 좋아 보인다, 건강검진 받아보라는 말이다. 저는 100살까지 살 생각인데 어디가 아파 보인다고 하면 괜히 기분 나쁜 말 한다며 불쾌하게 여기기 십상이다.

이 형님과는 그동안 쌓인 관계가 있으니 형님도 미리미리 가업승계와 세무조사 준비하란 말을 기분 나쁘지 않게 잘 들었고, 정말 천운처럼 모든 일을 잘 마무리한 채로 세상을 떠날 수 있었던 것이 아닐까 한다.

내가 애경을 다닐 때부터 시작된 인연이니 족히 40년도 더 된 관계이다. 그 사이의 굴곡을 어떻게 글로 다 적을 수 있겠는가. 형님의 사례만 보더라도 인생사란 정말 우연한 기회로 아주 잘 풀릴 수도, 또 때론 도무지 뭘 해도 풀리지 않을 수도 있다. 그러니 기회주의자처럼 잘될 때 붙고, 아닐 때 떨어져 나가는 관계는 단칼에 끊어내야 한다. 그리고 내가 정말 힘들 때 등 돌리지 않는 이들을 더욱 소중히 여기고, 그들의 말에 귀 기울여야 한다.

내가 대전에 있을 때 형님이 찾아와 내가 줄 수 있는 도움을 주긴 했지만, 당시에 내가 형님을 돕지 않았더라도 형님은 분명 성공했을 것이다. 될 일이란 되게 되어 있으니까. 그런 형님이 성공한 뒤에 다시 내게 베풀고, 나는 또 자그마한 조언으로 형님이 후사까지 대비할 수 있도록 했으니, 결국 중요한 것은 성공과 실패보다 관계 그 자체를 귀하게 여기는 마음이 아닐가 한다. 다시 말해 성공과 실패가 진인사대천명이라면, 우리의 삶을 차별화할 수 있는 유일한 지점은 관계일지도 모른다.

나이 예순 되어
퇴직하면 뭐 할래?

흔히 한 가지 꿈을 향해 모든 열정을 불태우는 인생을 멋지다고들 생각한다. 실제로 그렇게 바라는 바를 향해 살면서 그것을 이루는 삶은 누가 봐도 멋진 인생에 가까울 것이다. 어떤 목표든 간에 그것에 오롯이 매진할 수 있다면 멋진 인생이 아닐 수 없다. 하지만 모두가 자신의 꿈을 이룰 수는 없다. 많은 사람이 바라는 이상적인 자리는 그 수가 한정되어 있으니, 모두가 꿈을 이룰 수는 없는 게 현실이기도 하다.

그럼 이 한 가지 꿈이 꺾인 인생은 별로 멋지지 않은 인생일까? 이 질문에 답하기 위해 내 이야기를 조금 해보고자 한다. 나는 책에서도 밝혔고, 인터뷰도 여러 번 하고, 현장 강의에서도 말했듯 어렸을 적에는 장군이 되는 게 꿈이었다. 육군3사관학교를 들어갈 때만 해도 그 원대한 꿈을 가슴에 품고 있었다.

하지만 수류탄 사고로 오른팔을 잃은 후, 나는 어떤 노력을 해도 더는 장군이 될 수 없는 몸이 되었다. 장군은커녕 군대에서 어쩔 수 없이 퇴역해야만 하는 상황에 처하고 만 것이다.

그렇게 다시 학교로 돌아와 전공인 영문학을 깊이 공부하여 영문학 교수가 되고자 하는 두 번째 꿈을 키웠다. 하지만 대학교 2학년 때 첫 아이가 들어서고 3학년 때 둘째 아이가 들어서면서 당장 돈을 벌어야 하는 상황이 되고 말았다. 한가하게 공부나 하겠다고 할 상황이 못 된 것이다. 그래서 한 손이 없는 채로 취직에 목숨을 걸 수밖에 없었다.

이렇듯 지금까지 내가 일구어낸 마케터로서의 인생은 육군 대장과 영문학 교수라는 두 꿈을 뒤로하고서야 얻게 된 꿈이자 삶이다. 두 꿈을 뒤로한 채로 얻은 세 번째 꿈이니 내 삶은 장군과 교수의 꿈 다음인, 세 번째로 행복한 삶일까. 그렇다기에 지금의 나는 육군 대장인 친구들을 봐도, 영문학과 교수인 친구들을 봐도 별로 부러운 게 없다. 지금 내 인생으로도 너무나 충만하다고 거듭 느낀다.

물론 꿈이 꺾이는 순간에는 엄청난 좌절과 실의에 빠질 수밖에 없다. 나만 해도 한 손이 없는 채로 취직을 시도하다가 도저히 받아주는 곳이 없자 이렇게 더 살아갈 수 있을까 하는 실의에 빠지기도 했다. 꼭 좌절과 실의를 겪을 필요는 없지만, 좌절과 실의의 순간이 닥친다고 거기에 굴복할 필요도 없다. 이런 이야기가 이제 나이 예순을 넘어 나름 성공했으니 할 수 있는 배부른 이야기로 들릴 수 있다는 것도 잘 알고 있다. 하지만 예순이 넘은 지금의 나에게는 과연 좌절과 실의의 순간이 없을까? 물론 그렇지 않다. 누구의 인생도 그리 호락호락할 리 없다. 모두 동의하지 않는가?

KTF 부사장이며 세라젬 H&B CEO 등의 자리를 맡았다지만, 이러나저러나 나는 예순까지의 인생을 쭉 직장인으로 보냈다. 그러는 동안 직급과 직책이 있는지라 괜찮은 월급을 받으며 직장생활을 했다. 여기까지만 보면 누가 봐도 꽤 근사한 삶이라 할 수 있다. 다만 예기치 못한 퇴직은 이야기가 다르다. 나는 돌연 예상치 못한 순간에 퇴직을 맞이하게 된다. 화무십일홍이라고, 열흘 붉은 꽃이 없다더니 나도 예외가 아니었다. 제아무리 잘나도 오너가 아닌 다음에야 퇴직의 때가 다가오는 것을 피할 수는 없었다.

여태 월급 많이 받고 저축도 많이 했을 테니 그걸로 먹고 살면 되지 않느냐는 말은 어불성설이다. 가정의 소비 패턴이 월급에 맞게 짜여 있는데, 어느 날 갑자기 준비도 없이 직장을 나와야 해 월급이 끊긴다고 생각해보자. 그런 당혹감은 직급과 직책을 떠나 월급쟁이라면 너나 할 것 없이 마찬가지가 아닐까?

매번 하던 말이 '일흔다섯까지 일할 것'이었는데, 예순도 되지 않아 이런 일이 생겼으니 어떡하면 좋을까 싶었다. 정말 막막하다고밖에 말할 수 없었다. 하지만 이 나이쯤 되니 퇴직이 내 인생 최대의 위기는 아니지 않나 하는 마음으로 차분히 생각해보기로 했다. 위기가 이번뿐일 리 없었으니까. 내가 정말로 하고 싶던 것들을 제대로 해볼 기회로 삼을 수도 있지 않겠냐 스스로 반문했다.

"너 예순 되어 퇴직하면 뭐 할래?" 하는 질문을 들을 때면 항상 하던 말이 첫째로 월급쟁이라 출퇴근 시간 때문에 나가지 못했던 강의를 마음껏 다니고, 둘째로 평생 마케팅 역량을 쌓았으니 필요한 기업들에 마케팅 컨설팅을 할 것이고, 셋째로 마케팅 겸임교수로 후학 양성에 힘을 쏟겠다, 그리고 마지막으로 이 이야기들을 엮은 책을 쓰겠다고 이야기하곤 했었다.

그리고 지금에 와서 보면, 나는 내가 하고 싶던 네 가지 일을 다 하고 있다 볼 수 있겠다. 강연이야 원래부터 연락 오던 것들을 하나둘씩 받고, 여기서 잘하고 나면 또 저기서 추천을 받아 새로운 강연처를 알게 되는 식이다. 더불어 조서환마케팅사관학교를 세워 마케팅에 도움이 필요한 이들에게 직접 컨설팅을 해주고 있기도 하다. 나아가 모교인 경희대학교 대학원에서 마케팅 관련 수업도 하고 있으니, 겸임교수의 꿈도 이뤘다. 그리고 이 모든 이야기를 엮어 지금 책을 쓰고 있으니 바라던 모든 걸 더 빠르게 이룬 셈 아닐까?

지금 결론만 보자면 모두 쉽게 보일지도 모른다. 조서환 당신은 인맥도 자본도 충분하니 가능했던 게 아니냐 하겠지만, 사실 그럴 리 없다. 조서환마케팅사관학교를 처음 열 때만 봐도 정말로 그렇다. 그냥 되는 일은 아무것도 없다. 코로나 시국을 맞아 강연이 하나하나 다 끊겨갈 때의 이야기이다.

코로나로 인해 강연이 하나하나 끊기다가 정말로 아무 강연도 남지 않게 되자, 되레 지금이 아니면 안 되겠다 싶어 조서환마케팅사관학교를 열기로 결심했다. 나름의 생각과 판단이 있기는 했다. 그래서 이 코로나 시국에 수강생들을 모집하겠다고 하니, 주변에서 다들 무슨 생각으로 지금 그런 일을 벌이냐고 만류했다. 시국이 시국인지라 국내에 내로라하는 마케팅 연수기관들, 서울대며 연세대며 경희대며 전경련이며 내로라하는 기관들도 문을 닫는 판국에 이런 판단을 하니, 아무리 봐도 제대로 될 것 같지 않아 보였던 것이다.

그런데 나는 완전 반대로 생각해봤다. 흔히들 하는 말로 역발상이라고도 할 수 있겠다. 나만 해도 평생을 정신없이 열정적으로 일하며 살았는데, 몇 개월이나 하릴없이 집에서 쉬고 있자니 좀이 쑤셔 견디기가 여간 어려운 일이 아니었다. 그런데 이게 아무리 봐도 나만 이럴 것 같지는 않을 것 같았다. 세상에 열정 넘치고 의욕적인 사람들이 얼마나 많은지 잘 알고 있으니까. 그런데 서울대며 연세대며 경희대며 전경련이며 모두 코로나로 인해 문을 닫고 있으니, 이 교육을 바라던 사람들은 자신들이 바라는 교육의 창이 하나만 열려도 벌떼처럼 달려들 것이라 판단했다. 모두가 안 된다고 할 때, 나는 할 수 있는 이유가 있을 것이라 본 것이다.

자, 코로나 시국에 정작 뚜껑을 열어보니 시작부터 매 기수마다 빠짐없이 지원자가 정원보다 많았다. 조서환마케팅사관학교는 코로나 시국을 거쳐 지금도 무탈하게 진행되고 있다. 이처럼 이 세상에서 정말로 하지 말아야 할 것이 바로 해보지도 않고 미리 결론 내서 시도하지 않는 것이다. 시도하지 않으니 될 리가 없다. 근데 막상 시도해보면 생각했던 것보다 걸림돌이 없고 오히려 더 쉬운 점이 있을 때도 있다. 일단, 해봐야 모인지 도인지 알 수 있다.

이런 내 인생만 봐도 너무 쉽게 답이 나오지 않나. 하나의 꿈을 향해 매진할 수 있는 인생도 멋지지만, 그렇지 않은 인생이라고 멋지지 않을 이유도, 멋지지 못할 까닭도 없다. 당장 나만 해도 정말로 하고 싶던 것들을 지금 다 하고 있으니까. 누가 뭐라 한들 삶이 어디로 튈지 아무도 알 수 없다. 그런 와중에 자신이 할 수 있는 것, 하고 싶은 것에 매진하는 자세만이 후회 없는 삶으로 자신을 이끌어줄 것이다.

인간관계의 힘은
어디로 뻗어갈지 모른다

친형 같던 형님 이야기에서도 잠깐 언급했듯, 이 나이가 되어 가장 살피게 되는 건 다름 아닌 건강이다. 나 역시 지금보다 한참 어렸을 적부터 앓던 커다란 건강 문제가 있으니, 그 무섭다는 당뇨와 혈압 문제였다. 30년 전부터 당뇨와 혈압 때문에 아침이고 밤이고 약을 한 뭉텅이나 먹어도 나을 기미가 보이지 않았다.

당뇨와 혈압은 관리만 가능할 뿐 완치는 불가능하다는 것이 중론이다. 그래서 모두 그렇게들 무서워하는 병이기도 하다. 그런데 이 당뇨와 혈압이 얼마나 지독하냐면, 어느 하루에 목욕탕에 앉아 있다가 일어서는데, 하늘이 노래지며 폭삭 쓰러졌던 적이 있을 정도였다. 혈압약을 계속 먹다 보니 저혈압 증세가 온 것이다. 이거, 어떡해야 하나. 약을 계속 먹자니 이런 일이 생기기도 하고, 안 먹자니 수치 관리가 안 되고.

그러던 어느 날 전화가 한 통 왔다. 내 책을 읽고 크게 배움이 있어 유튜브에서 영상들도 모두 찾아보다가, 내가 당뇨와 혈압에 문제가 있다는 걸 알고 아시아태평양마케팅포럼 측을 통해 연락하게 됐다는 것이다. 그러더니 자기가 의학과 영양학 논문들을 보며 공부해서 완치까지는 당장 장담하기 어렵지만, 생활에 지장이 없는 수준으로 만들어줄 자신은 확실히 있다며 우선 자기 센터에 한 번만 방문해달라고 했다.

이야기를 이어보니 센터가 서울이 아니라 천안이란다. 얼굴도 모르는 사람이 다짜고짜 연락해와서 천안으로 내려오라니, 보기에 따라 어이없는 일이라고도 볼 수 있었다. 하지만 나는 통화할 때 강한 확신의 기운을 느꼈다. 그 목소리에는 진정성과 자신감이 가득 차 있었다. 서울에서 천안이 그렇게 가까운 거리는 아니지만 30년 넘도록 나를 괴롭힌 당뇨와 혈압을 잡아준다는데 천안이 아니라 남해라도 못 가겠는가. 그 길로 아내와 함께 천안으로 향했다.

천안으로 가서 나는 구본강 원장을 처음 마주했다. 그날 내가 거기서 배운 것은 우리가 먹는 것이 바로 우리의 몸을 이룬다는 것. 따라서 좋은 음식을 바로 먹고 나쁜 음식을 넣지 않으면 절로 당뇨와 혈압이 잡힐 것이라고 했다. 그리고 지켜야 할 것, 먹어야 할 것, 먹지 말아야 할 것에 관한 강의를 들었다. 듣기에 따라 너무 당연하고 뻔한 말이었다. 구 원장은 이런 내 마음을 읽기라도 한 것인지 사이비 아니냐 생각이 가장 먼저 들 텐데, 일단 한번 해보라 권했다. 원래 세 달 걸리는 프로그램인데 두 달만 해보면 무슨 말인지 스스로 깨닫게 될 것이라고도 했다. 프로그램 상에 먹으라는 것들 중에 나쁜 게 없었고, 누구를 믿으라는 것도 아니고, 돈을 내라는 것도 아니니 두 달만 속는 셈 치고 해보라고 한 것. 대신 안 하면 모르되, 할 것이라면 철저하게만 해달라고 했다. 그래, 생각해보니 그의 말이 맞았다. 설혹 안 되더라도 손해 볼 게 하나도 없으니 딱 두 달만 속는 셈 치고 프로그램을 따라보기로 했다.

구 원장의 프로그램이 그렇게 만만하지는 않았다. 하지만 정말 속는 셈치고 딱 두 달만 프로그램을 따라가 보니, 거짓말처럼 두 달 만에 당뇨와 혈압 수치가 정상치에 가깝게 잡힌 게 아니겠는가. 그사이에 자연스레 약도 끊었음은 물론이다. 그러니 남은 한 달은 내가 자발적으로 따르지 않을 까닭이 없었다. 결론적으로 30년 동안 무슨 수를 써도 잡지 못하던 당뇨와 혈압이 잡혔다. 수치가 8%에 달하던 당화혈색소가 5.5%, 정상대로 떨어진 것이다. 어디 당뇨만 잡혔을까. 체중 역시 85kg에서 70kg으로 정상체중이 되었다. 구 원장의 설명으로는 살이 빠진 게 아니라 몸에 있던 독소가 빠져나간 것이라고 했다. 독소가 빠지면 어떻고 살이 빠진 것이면 어떠랴. 내 입장에서는 기적이 있다면 바로 이런 일을 두고 불러야 할 일이었다. 구 원장의 호언장담이 적중한 것이다. 다짜고짜 온 전화 한 통에서 느낀 확신을 따라보니 30년 동안 해결하지 못한 숙제를 해결할 수 있었다.

이런가 하면 정말 우연한 기회에 강연을 듣고 친분을 쌓게 된 오수향 박사라는 이도 있다. 구 원장은 그가 먼저 내게 다짜고짜 연락해 인연이 생긴 경우라면, 오 박사는 그 반대이다. 내가 우연한 기회에 그녀의 명성을 듣고서 "조서환입니다. 소통과 커뮤니케이션 강연이 일품이라는 평을 듣고 연락을 드립니다. 모자라지만 제가 이끌고 있는 아시아태평양마케팅포럼이라는 조직이 있는데, 이곳에서도 한번 강연을 해주실 수 있겠습니까?"라며 관계를 트게 되었다.

그렇게 오수향 박사와 처음 인사를 나누고, 아시아태평양마케팅포럼에서 실제로 마주하게 되었다. 그리고 강연을 들었는데, 이게 이렇게 빠져들 수 없었다. 흡인력, 주제의식 어느 하나 할 것 없이 듣는 청중의 귀에 쏙쏙 박혔다. 나 역시 강연을 들어서 정확히 말할 수 있는 것이다. 그리고 나도 여태 내가 모르고 있었다는 게 조금 신기하긴 하지만, 오수향 박사는 이미 저서 《웃으면서 할 말 다하는 사람들의 비밀》이 미국과 중국,

일본 등 해외 8개국에 책을 번역 출간되었고, 특히 《1등의 대화습관》이라는 책으로는 인도네시아에서 베스트셀러에 올라, 인도네시아에서 한국의 오프라 윈프리라는 별명을 지니기까지 했더란다.

강연을 다 마치고 오수향 박사와 티타임을 가졌는데, 이 티타임에서 또 새로운 것들을 배웠다. 그녀는 하루에 많게는 네 타임까지 강연을 소화한단다. 조찬부터 시작해서 오전, 오후 그리고 저녁 강연까지 풀타임으로 강연하는 것이다. 이렇게 이야기를 들으면 얼핏 돈에 눈이 멀어 이리 뛰고 저리 뛰는 사람이 아닌가 싶지만, 그녀는 강연 제의가 들어오면 강연료가 얼마인지 듣지도 않고 '하겠다'라고 한단다. 강연료를 버는 것보다 자신이 지닌 소통과 커뮤니케이션 방법을 여러 사람에게 알리는 자체가 중요하고, 거기서 파생되는 선한 영향력이 중요한 것이지, 돈이 중요한 것이 아니라고 분명히 말했다. 우연한 기회에 강연을 요청했다가 이런 인물을 또 만나게 되었으니, 어찌 내 복이 아니겠는가.

이 이야기의 처음을 기억해보자. 나는 구본강 원장이며 오수향 박사와 전혀 연이 없었다. 그저 우연한 기회에 연락을 한 번 주고받은 사이였을 뿐. 하지만 나는 먼저 연락 온 구 원장의 진심에 호의로 답했고, 또 때로는 내가 먼저 손을 내밀어 새로운 관계를 맺기에 주저함이 없었다. 귀한 인연은 찾아오기도 하고, 내가 직접 만들어갈 수도 있다. 이렇게 만든 관계가 새로운 관계를 또 만들고, 서로의 영향력을 더욱 넓게 펼칠 수 있도록 돕곤 하는 것이다.

기업을 비롯한 어떤 조직 속에 있을 때는 개인이 굳이 애를 쓰지 않아도 많은 일이 절로 된다. 그래서 홀로 강력한 비전과 리더십, 추진 능력이 있으면 절로 성과가 나게 되어 있다. 비전과 방향성을 제시하면 조직의 그물망으로 엮인 구성원들이 말하지 않아도 함께 뛰기 마련이다. 하지만 홀로서기를 하다 보면 이야기가 완전히 달라진다.

홀로서기를 하고서는 홀로 비전을 세우고 홀로 달려가야 한다. 방향을 지시할 때 같이 달려갈 구성원이 처음부터 있는 경우는 드물다. 그럴 때 바로 맺어둔 관계가 빛을 발한다. 뜻이 맞을 때 함께 같은 방향을 향해 달릴 수 있는 이가 바로 좋은 관계이자 인연인 것이다. 그리고 때로는 상대가 내게 새로운 길을 제시해주기도 한다. 어느 때는 내가 주변을 이끌고, 어느 때는 내가 주변의 도움을 받는 것, 그것이 홀로서기 이후 배우게 된 성장 공식 중 가장 중요한 하나이다.

사업의 본질은
선한 영향력이다

    사회에서 개인이 차지하고 있는 위치는 다르고, 위치에 따른 책임의 무게도 저마다 다르다. 더 높은 위치에 오를수록 더욱 커다란 사회적 역할을 해야 한다는 것을 모르는 이는 드물다. 하지만 역설적으로 높은 위치에 오를수록 자기 행동에 제약을 걸 수 있는 사람이 자신밖에 남지 않게 된다. 그래서 높은 위치에 오를수록 자신의 책임, 특히 사회적인 책임에 충실하기는 말처럼 쉽지 않다.

    이런 와중에 어떤 이들은 아주 높은 위치에 올라서서도 자신의 본문을 잊지 않고 자신의 선한 영향력을 널리 펼치기도 한다. 이를테면 KT의 이선주 전무가 그렇다. 내가 그녀를 처음 봤을 때는 바야흐로 2001년, KTF 마케팅 전략실장으로 부임했을 때다. 내가 부임한 당시에 홍보실 과장으로 있던 그녀는 처음부터 특출난 기운을 내뿜었다. 공적인 일에서도, 사적인 관계에서도 사람들을 사로잡는 카리스마와 그 카리스마를 뒷받침하는 꼼꼼함이 남달랐다. 그런 그녀를 보고 내가 이런 말을 한 적이 있다.

"KT 그룹에 여성 임원이 여태 한 명도 없었는데, 만일 첫 여성 임원이 등장한다면 다른 이가 아닌 당신일 거요."

내 안목이 틀리지 않았는지 그녀는 정말로 특진을 거듭해 어느덧 상무보가 되어 있었고, 상무보에서 상무로, 거기에 지금은 전무로 승진해 어엿한 KT의 임원이 되었다. 이 이야기를 하면 그녀는 내가 그때 해줬던 이야기 덕이라 공을 내게로 돌린다. 언젠가 임원이 될 것이기에 위기와 시련의 순간에 더욱 정도를 걸을 수 있었다며 내 칭찬을 하는 것이다. 이는 물론 그녀가 겸손의 미덕까지 갖춘 사람이라 하는 말일 뿐이다.

그 자리에 오른 그녀는 자신의 선한 영향력을 여러 방식으로 다방면에 펼치는 중이다. 사회적으로 보탬이 되기 위해 하는 기부는 물론이거니와, 가장 직접적인 영향을 끼치기 위해 상이군인을 비롯한 취약계층을 만나 함께 식사하고 시간을 보내며 기운을 북돋아 주는 멘토 역할도 도맡아 하고 있다. 이런 식으로 그녀는 자기 직분에 맞는, 혹은 그 이상의 사회적인 책임에 힘을 쏟고 있기도 하다.

그녀의 활동을 보고 있자면 나 역시 상이군인 출신으로서,

가장 힘들었던 당시에 이렇게 나를 지지하고 응원해주는 인생의 멘토를 만날 수 있었더라면 그 고난과 역경의 시간을 좀 더 지혜롭게 잘 헤쳐나갈 수 있지 않았을까 하는 생각을 한다. 그리고 지금 세대의 젊은 조서환들이 그녀에게 선한 영향력을 받고 있으니, 그들은 나보다 조금 더 수월하게 사회에서 제 몫을 하리라는 안도감도 든다.

그러고 보면 그녀가 하는 일이 새삼 대단하고 위대하게 다가온다. 이렇게 그녀의 지지와 응원을 받은 이들이 또 사회의 어디서 어떤 역할로 자리 잡아 앞으로 또 어떤 좋은 관계를 만들고 선한 영향력을 행사할지, 벌써부터 가슴이 벅차오른다.

이런가 하면 자신이 할 수 있는 자그마한 사회적 기여로 제역할을 시작하는 사람들도 있다. 나는 그런 인재들을 조서환마케팅사관학교에서도 많이 만나고 있다. 조서환마케팅사관학교를 운영하기로 하면서 처음에 내가 바란 것은 무엇보다 내가 가진 마케팅 역량을 필요한 사람들에게 전하는 것이었다. 그런데 나는 조서환마케팅사관학교를 운영하면서 처음의 목표를 훨씬 상회하는 덕을 보고 있기도 하다.

정말 다양한 수강생들을 만난다. 나이도 성별도 업종도 모두 다 다른 이들에게 공통점이 있다면 엄청난 열정, 추동력이다. 저마다의 자리에서 저마다의 무기를 가지고 시장을 개척하는 사람들이라는 점이 바로 그것이다. 그리고 이보다도 중요한 공통점도 하나 있다. 이 수강생들이 돈을 충분히 벌고서도 어떻게 더 선한 영향력을 끼칠 수 있을까에 관해 고민하는 사람들이라는 점이다.

이것은 사업을 하면서도 자신의 인생에 관해 진지하게 고민하는 사람이라면 꼭 도달하는 지점이기도 하다. 조금 더 나은 삶에 대해서 생각한다면, 어떤 방식으로건 조금이라도 선한 영향력을 끼칠 수 있는가를 고민할 수밖에 없기 때문이다. 그렇기에 충분한 부를 쌓고서도 자신의 사업을 어떻게 더 알릴 수 있는가에 대해 고민하고, 이 학교로 찾아온다.

이런 수강생들을 만나며 가르치는 자리에 있는 내가 오히려 그들에게 배우는 게 더 많다. 내가 마케팅 지식과 기법을 전수하면서, 나는 수강생의 전문 분야에서 내가 도움받을 수 있는 것을 자연스레 도움받고, 필요한 부분이 있다면 내가 수강생의 서비스나 상품을 바로 이용하기도 한다.

그리고 이보다도 더 엄청난 덕으로, 마케팅사관학교 자체가 돈을 주고도 쉽게 만날 수 없는 젊은 사업가들과의 교류의 장이 되어준다는 점이 있다. 그들에게는 내게 없는 젊은 감각과 시선이 있어 이것들을 보고 듣는 것만으로도 엄청난 공부가 된다. 이런 모임의 장이 아니라면 내가 이런 배움을 어디서 얻을 수 있겠는가?

이러는 와중에 엄청난 인재들을 만나 내 시야를 넓히고 또 내가 도움 줄 수 있는 부분은 당연히 돕기도 한다. 예를 들면 대구에서 디저트 가게 '아르'를 운영 중인 박가영 대표와의 인연이 그렇다. 박 대표는 서른이 되기도 전에 훌륭한 제과제빵 실력을 갖췄지만, 넉넉지 않은 형편에 창업하기가 쉽지 않았다고 한다. 그런 상황에서도 박 대표는 아르바이트하던 카페 사장의 선의로 숍인숍 형태로 자그마하게 제과제빵을 시도해볼 수 있었고, 자신의 실력이 '통한다'라고 확신을 얻고서는 그간 모은 종잣돈과 사업자 대출을 받은 돈을 합쳐 자신만의 가게를 오픈하기에 이른다.

박 대표의 실력은 어디 가서도 인정받을 만한 것이었기에 이내 매장이 잘 자리 잡을 수 있었고, 이후로 매장은 승승장구하게 된다. 물론 이 이야기들은 조서환마케팅사관학교를 들어와 나를 만나기 전의 이야기이다. 그런데 이전의 사연이 뭉클하긴 하지만, 이런 파티세리와 실력 있는 파티시에는 찾아보면 그렇게 드물지는 않을 것이다. 그럼 박 대표는 무엇이 달라서 내가 지금 그녀를 꼭 짚어서 이야기하는 걸까. 박 대표는 밀이 아니라 쌀을 이용해 떡 케이크를 만든다. 거창한 대답이 아니라 '도대체 그게 무슨 상관이냐' 할 수도 있겠지만, 잘 생각해보면 이 지점에 바로 주목해야 할 답이 있다.

쌀은 우리나라의 주식품종이다. 그래서 식량안보라는 명목으로, 또 현실적인 사정들로 인해 쌀 농가의 쌀농사 손실을 보전해주는 직불금제가 있어 그 생산량이 그리 줄어들지 않고 있다. 그에 반해 쌀 소비량은 해가 갈수록 줄어들고 있다. 피자며 파스타며 빵이며 얼마나 맛있고 좋은가. 그러니 소비자 입장에서는 다양한 선택지 중에서 굳이 쌀만 고집할 필요가 없어진 것이다.

이에 따라 쌀 공급과 수요의 불균형이 갈수록 심해지는데, 박 대표는 이 불균형에 주목하며 가능한 남는 쌀이 줄 수 있도록 쌀을 더 맛있게 먹을 방법이 없을까를 고민했더란다. 그래서 누가 시키지 않았는데도 굳이 밀 제과제빵이 아니라 떡 케이크 파티세리를 선택했다고 한다. 마음만 앞세우는 게 아니라 백설기, 흑임자 설기를 비롯해 현대적인 트렌드에 맞춘 말차 설기, 오레오 설기 등 다양한 입맛을 충족하여 현실적인 수요를 잡으려 했단다. 정말 엄청나게 대단한 사회적 공헌이나 기여라 하기에는 소소하지만, 아직 서른이 되지 않은 청년이 사업의 시작부터 나 스스로 할 수 있는 사회적 기여의 방법과 방식을 구체화했다는 점에서 박 대표가 지닌 철학과 비전의 깊이를 엿볼 수 있다.

이미 잘되고 있던 박 대표가 조서환마케팅사관학교에서 수강하며 배운 것은 장사가 아니라 사업하는 방법이다. 잠시, 장사와 사업은 어떻게 다를까. 예를 들어보자. 어느 최씨 성의 주부가 기가 막힌 곰탕을 끓일 수 있다고 해보자. 최 주부가 집에서 기가 막힌 곰탕을 끓여 가족들에게 먹이면, 이건 집에서 요리를 잘하는 것이다. 훌륭한 요리 실력을 지닌 주부라는 의미다. 그런데 어느 날 남편 친구들이 와서 곰탕을 먹더니, 그중에 한 명이 이렇게 이야기한다. "이 곰탕, 어디서 팔면 매일 사 먹고 싶은데요?" 이 말을 들은 최 주부는 이제 세를 얻고 가게를 내어 자신이 끓인 곰탕을 팔아보기로 한다. 이게 바로 장사이다.

장사가 잘되면 신이 난다. 자신이 직접 만든 곰탕이 날개 달린 듯 팔리니 실력에 자부심이 생기고 돈이 벌린다. 어느 누군들 신나지 않겠는가. 그러자 손님이 줄을 서고 일손이 부족해지니 더 넓은 업장을 구하고 종업원을 들이게 된다. 장사가 확장되는 것이다. 하지만 규모가 더 커져도 이런 형태는 장사이지 사업이라 부를 수는 없다.

그럼 사업은 무엇일까. 바로 직접 일을 하지 않아도 돈이 벌리는 시스템을 구축하는 것이다. 이 최 주부의 예를 계속 들어보자. 최 주부가 하는 일이 장사가 아니라 사업으로 불리기 위해서는 자신이 직접 곰탕을 끓이지 않고도 자신이 끓인 것 같은 곰탕을 만들 수 있도록 시스템을 구축하고, 이 규모를 확장해야 한다. 이 일련의 과정 자체가 사업이다.

최 주부의 경우에는 곰탕 장사를 사업화하기 위해 몇 가지 방식을 선택할 수 있다. 먼저 전통적인 방식으로는 곰탕의 제조 과정을 몇 단계로 세분화하여 각 과정을 담당하는 직원들을 두어 곰탕집을 프랜차이즈화하는 방법이 있다. 요식업 프랜차이즈는 대개 이런 식으로 확장 과정을 거친다. 혹은 이런 프랜차이즈화보다 좀 더 큰 시장에 도전해보겠다 하면 공장과 OEM을 맺어 곰탕 제조 과정 자체를 레토르트 제품화하고 온라인 플랫폼에 입점하여 여러 업체들과 맞붙는 방법도 있다. 정말 자신이 있고 실행력이 좋다면 이 두 방식을 동시에 시도할 수도 있다.

다시 박 대표의 떡 케이크 이야기로 돌아가보자. 이 떡 케이크 파티세리를 사업화하려면 어떤 방법을 택할 수 있을까. 떡 케이크, 특히 레터링과 디자인이 들어간 케이크는 손재주와 파티세리 기술이 상당히 집약된 상품이다. 이걸 곰탕처럼 공정을 나눠 프랜차이즈화하기에는 상당한 난관이 있을 수밖에 없다. 그렇다고 떡 케이크를 OEM화하여 다른 상품들처럼 택배로 팔 수도 없고….

여기서 내가 제시한 방법은 첫 번째가 떡 케이크라는 제품이 아니라 그 '제조 과정'을 팔자는 것이었고, 두 번째가 박 대표의 '브랜딩'이었다. 떡 케이크 자체를 대량 공정화할 수는 없지만,

그 제조 과정을 영상화하기는 어렵지 않다. 더불어 이제 막 그 개념이 명확해지고 있던 '브랜딩'을 제대로 하자고 했다. 박가영이라는 개인의 매력을 살리는 SNS, 그녀가 만드는 떡 케이크의 차별성, 그리고 이 둘이 합쳐진 브랜드 '아르'만의 개성을 정확히 드러낼 필요가 있어 보였다.

박 대표는 이내 SNS를 본격적으로 시작했다. 당장 바로 할 수 있는 것부터 하나하나씩 한 것이다. 가장 먼저 케이크를 만드는 과정을 찍어서 온라인 클래스에 영상을 올리며 강의를 개설했다. 그리고 인스타그램과 유튜브에 '아르'의 디저트 계정을 만들어 자신의 작품들을 올리기 시작했다. 물론 원데이 클래스에도 더욱 박차를 가함은 물론이었다.

그러자 반응은 정말 놀랄 만큼 즉각적이었다. '사업'을 시작한 지 한두 달 만에 이전 '장사'를 할 때와 비교해 10배에 가까운 수익이 난 것이다. 이제 박 대표는 사업적 행보를 확장하며 업장 역시 고향인 대구가 아니라 곧 강남 한복판으로 이전할 준비를 하고 있다. 한국에서 가장 규모가 큰 시장이라 할 수 있는 서울, 그중에서도 가장 노른자라 할 수 있는 강남 한복판에서 자신의 브랜드를 확고히 하려는 걸음을 내딛고 있는 것이다.

장사와 사업, 이렇게 이어서 보면 참 별것 아닐지도 모른다.

하지만 현실은 다르다. 당장 오늘 눈앞에 있는 손님을 대상으로 해 수익을 보전할 수 있는 장사와, 그 결과를 예측할 수 없는 투자가 필요한 사업의 갈림길에서 어느 길이 정답이라 할 수는 없다. 또 업의 특성에 따라서는 사업보다 장사가 더 적합할 때도 있다. 장사만으로 빌딩을 올리고 커다란 부를 성취한 자영업자분들도 주변에서 찾기 어렵지 않다. 흔히들 '저 집은 ○○ 팔아서 건물 올렸다'라며 이야기하는 경우가 모두 이런 분들의 이야기이다. 설혹 그렇지 않더라도 스스로 안분지족을 추구하며 장사로 만족하는 경우도 많다.

하지만 좀 더 크고 선한 영향력을 생각할 때엔 아무래도 장사보다 사업이 조금 더 맞는 길이 아닌가 하는 생각은 든다. 더 많은 사람에게 조금 더 나은 영향력을 끼칠 수 있는 일, 그런 의미에서 '왜 사업을 해야 하는가'를 제가 박 대표에게 전했던 것이다. 애당초에 밀이 아니라 쌀을 선택해 떡 케이크를 만들던 박 대표는 이 말을 정확히 이해한 것이다. 박 대표를 비롯하여 마케팅사관학교에서 여러 인재들을 마주할 때마다, 매번 나 역시 사회에 더욱 기여하고 선한 영향력을 펼칠 수 있는 바가 무엇인가를 고민하게 된다.

때로는 끊어내야 하는 관계도 있다

전장에서의 승패가 병가지상사라 하였듯, 관계 역시 모든 관계를 다 잘 맺을 수는 없다. 그리고 더 당연한 말로 살면서 좋은 사람들만 만날 수도 없다. 나쁜 사람을 만나는 건 내 의지와 무관한 일이니, 일을 하다가 만나는 나쁜 사람과 관계를 어떻게 맺을지는 무엇보다 중요한 일이라 할 수 있지 않을까? 그렇다면 나쁜 사람을 만났을 때는 어떻게 대처하는 게 좋을까? 괜히 어려웠던 시기의 일인지라 주변에 그리 알려지지 않은 중국에서의 일화를 이야기해볼까 한다.

여러 번 언급했듯, 내가 KTF를 나오고서 가게 된 곳이 바로 세라젬 H&B이었다. 당시 아직 세라젬이 화장품 사업을 시작하기 전이라, 레드오션인 한국보다 중국에서 먼저 기반을 닦자는 전략에 따라 중국에서의 화장품 시장 개척을 내가 맡았던 것이다. 당시 세라젬에서 시도해본 적 없던, 화장품이라는 새로운 제품으로 말이다. 이 책의 초판인《근성》역시 세라젬 H&B에서 고군분투할 때 썼던 기억이 새록새록하다.

내게 남다른 능력이 있다 하기도 어렵지만, 그래도 시간이 쌓여 갖게 된 두 가지 능력이 있었다. 하나는 여태까지 내가 스스로 쌓아온 마케팅 역량과, 다른 하나는 변치 않는 근성으로 쌓아 올린 신뢰였다. 실제로 세라젬 H&B에서 새로이 일하게 된 까닭은 무엇보다 이환성 회장님의 신뢰가 있었기 때문이다. 이환성 회장님은 중국 시장을 개척해보라며 법인 통장으로 묻지도 따지지도 않고 100억 원을 입금해주셨다. 실력 발휘 한번 해보라며 총알을 제대로 장전해주신 셈이었다. 이 돈에는 어떤 조건도 없었다.

군자는 자신을 알아주는 자를 위해 죽음도 불사한다고 한다. 이 신뢰는 그대로 내게 100억 원어치의 책임감으로 다가왔다. 이 100억 원치의 신뢰를 200억, 300억으로 불려 보답해야 하는 상황이었다.

내가 처음 한 일은 망해가는 중국의 화장품 회사를 하나 사는 것이었다. 중국에서는 외국인이 사업을 시작하기가 여간 어려운 것이 아니다. 행정의 나태함은 말할 것도 없고, 꽌시關係에 돈을 쏟지 않으면 사업을 시작조차 할 수 없다는 점은 이제 모르는 사람이 더 적을 것이다. 그러니 생각을 달리 먹고 기존의 회사를 하나 인수하는 전략을 세웠다. 그 덕분에 사업의 초석을 쉽게 다질 수 있었다.

그런데 인수한 회사의 대표가 좀 이상했다. 아니, 인수한 뒤로는 이제 상무 직책이 되었으니 상무가 이상하다고 해야 할까. 좀 더 정확히 이야기하면 한국인이지만 중국 생활을 오래 하며 중국 사회의 나쁜 관습들이 몸에 밴 사람이었다. 예를 들어 식대로 5만 원을 쓰고서는 20만 원어치를 먹었다고 가짜 영수증을 올리고, 차에 10만 원어치 주유한 뒤에 20만 원어치 주유했다고 또 가짜 영수증을 올리는 식이었다. 그래도 이 정도는 눈을 질끈 감고 참았다. 당장 중국 사정에 어두우니 아쉬운 쪽은 나였던 것이다.

그런데 도저히 그냥 넘길 수 없는 일이 벌어졌다. 그 회사에서 발붙이고 있는 직원들이 원래 상무의 식솔이다 보니, 새로운 대표인 내가 왔는데도 이전 대표였던 상무의 직원 행세를 하는 게 아니겠는가. 상무는 회사를 팔았다지만 자신이 고용한 사람들이 회사에 포진되어 있고, 회사 상황을 자신이 더 잘 알고 있으니 이걸로 사장인 나를 되레 몰아붙이는 그림을 연출했다.

내 눈치를 보다가 뭔가 마음에 안 든다 싶으면 자기 라인 직원들의 사직서를 걷어와 동시에 내밀며 모두 손 놓고 회사를 나가버리겠다며 공갈과 협박을 하는 그림을 심심치 않게 보였다. 솔직한 심정으로 이거 정말 어째야 하나, 괜히 뭣도 모르는 이역만리에 와서 고생은 고생대로 하며 잘못 걸린 게 아닌가 싶었다. 그 스트레스는 말도 못 할 지경이었고.

이렇게 인생이 사지에 몰릴 때면 내겐 항상 구원자가 나타난다. 그 구원자는 멀리 있지 않고, 매일 퇴근하면 가는 집에 있다. 아내가 이야기를 잠잠히 듣더니, 아주 분명하게 이야기했다.

"여보, 사람 고쳐 쓰는 게 아니란 말이 그냥 있는 게 아니죠. 설혹 좋아지더라도 결코 오래갈 수가 없어요. 어느 순간에 다시 뒤를 칠지 모르는 사람이에요."

그러면서 분명하게 말했다.

"사표를 받으세요. 그런데 사표를 내라고 한다고 내지는 않을 거예요. 으름장이 통할 줄로만 알고 협박하는 거죠. 그러니까 다시 또 사표 내는 시늉을 하면….”

이어지는 아내의 말을 듣고 보니 머릿속이 그렇게 맑아질 수가 없었다. 그리고는 당장 닥친 문제뿐 아니라 큰 이야기도 했다.

"요만큼씩, 아주 조금씩 나가면 되지 않겠어요? 행복하면서 재미있게 일을 해야지. 크게 벌려놓고 스트레스받는 것보다는 작게 시작해서 차츰차츰 키워가는 재미를 느끼는 쪽이 좋지 않겠어요? 부자 동네에 자그마한 플래그십을 하나 세우고, 거기서부터 출발해봐요."

그래, 자그마하게라도 하나씩 해나가면 되는 것인데, 너무 복잡하고 커다랗게만 생각한 것이다. 이제 할 일이 명확해졌다.

뭔가 느낌이 있었는지 상무도 한동안은 으름장을 놓지 않았다. 그래서 고민했다. 어떻게 사표를 받을지 하고 말이다. 얼른 썩은 싹은 쳐내고 새사람을 심어 제대로 일을 해야 하는데, 이렇게 차일피일 미뤄지면 안 되는 것이었으니까. 그래서 꾀를 냈다.

"오 상무. 전에 말했던 사표, 그거 다 진짜야?"

허허 웃으면서 이야기했다. 그러니 상무도 말이 무겁게 느껴지지 않았는지 저도 웃으며 그렇다고 하는 게 아닌가.

"진짜로 애들이 손수 써서 그걸 낸 거야?"

"그럼요, 애들이 자필로 써서 저한테 다 낸 거죠."

"그래? 그럼 나 한번 볼까? 궁금한데!"

"네, 가지고 올게요."

이내 상무가 사표 뭉텅이를 들고 다시 들어오지 않겠는가. 그러며 내 앞에 툭 놓았다. 제 딴에는 이게 다시 은연중의 압박이라고 생각했을지도 모른다. 나는 사표 몇몇 개를 직접 눈으로 확인했다.

"와, 이거 전부 진짜네?"

나는 이렇게 말하며 사표 뭉텅이를 집어서 왼쪽 서랍 맨 아래 칸에 넣고 열쇠로 잠가버렸다. 그러곤 태연하게 말했다.

"이제 가봐."

그랬더니 그 친구가 당황하기 시작했다.

"가보라니요?"

"자네가 냈잖아? 이거 결재를 할지 말지는 이제 내가 고민해봐야지."

"아니, 사장님, 이런 게 어딨습니까? 다시 주세요."

"자네가 냈는데 내가 왜 줘? 애들이 손수 하나하나 직접 쓴 게 맞다며? 나가봐."

상무는 이제야 무슨 일이 벌어진 것인지를 알고 표정이 심각해졌다. 그렇게 보낸 뒤 몇 시간을 그냥 있었다. 아마 상무는 그 몇 시간 동안 그 많은 사람을 다 자르지는 못할 거라는 생각과, 한편으로 정말 다 자르면 어쩌나 하는 생각을 오가며 똥줄이 탔을 것이다. 갈팡질팡하던 내가 그랬듯 초조해 미칠 지경이었을 것이다. 그렇게 몇 시간 뒤에 다시 상무를 불렀다.

"이 사표 쓸 때 무슨 마음으로 썼는지 모르지만, 내가 보니 자네는 정말 나가고 싶었던 것 같아."

그러니 이 친구가 무슨 의미인지를 몰라 눈을 껌뻑거리며 가만히 있었다.

"자네가 사표 쓰라고 그랬어? 어떻게 애들이 한날한시에 혼연일체가 돼서 이렇게 사표를 다 써?"

"제가 사장이었잖아요."

"그래서? 지금은 내가 사장이잖아. 자네는 사장이 아니라 상무고. 근데 자네가 사표 쓴다는 이유 하나로 애들이 다 따라 사표를 쓴다는 말이면, 이 직원들도 모두 정말 나갈 생각이 있다는 거네? 아니면 나갈 생각도 없는데 나한테 으름장 놓으려고 협박하려고 한 건 아닐 거고?"

"그, 그건 아니고 정말 나갈 마음이 있긴 한 거죠."

"그래, 잘 알겠어. 근데 지금 이야기 녹음되고 있는 건 알고 있어?"

"녹음요? 이런 이야기를 녹음하면 어떡합니까?"

"자네 사표가 무슨 의미인지 정확히 녹음해두는 거지. 자네가 쓴 거 친필이라고 했는데, 보니까 다 친필이 맞더라."

상무의 얼굴이 사색이 되었다. 이쯤 하면 됐다 싶었다. 궁지에 몰았으니, 이제 물지 않고 도망가게끔 퇴로를 열어줄 차례였다.

"지금부터 하는 말 잘 들어. 이미 써둔 것도 있으니까, 사표쓸 것도 없고 이제부터 자네가 사흘간 안 보이면 자네 나간 줄로 알 거야. 그 대신 월급 세 달 치는 넣어줄게. 내 눈에 사흘안 보이면 무조건 퇴사인 거야. 알아들어?"

사장과 관계가 이렇게 틀어진 이상 상무와 그 라인의 직원들은 이 회사에 더 다닐 수 없는 몸이 되었다. 그래서 이들 눈이 뒤집혀 더 큰 행패를 부리기 전에, 적절히 뒷문을 열어주고 나갈 수 있게끔 완급조절을 한 것이다. 아내가 제시해준 구체적인 방법이 이것이었다.

　이들이 나가니 웬걸. 일이 마비되기는커녕 앓던 이가 빠진 것처럼 되레 신이 나고 기운이 나는 것 아니겠는가. 그리고 상무 자리의 사람도 다시 뽑았다. 경쟁사에서 일 잘한다고 알려진 부장 한 명에게 상무급의 월급을 제시하고 스카우트하니, 그렇게 감사해할 수가 없었다. 사람은 이래야 하는 법이다. 과분한 몫을 받으면 감사해야 할 줄 알아야 하는 것이다. 그리고 이 새로운 상무는 이전의 망나니짓 하던 상무보다 세 배 넘게 일을 잘하는 게 아니겠는가. 이는 비유적인 표현이 아니라, 매출로 증명된 성과였다.

　당장 눈앞에 자그마한 불이익이 무서워 나쁜 관계를 이어가면, 인생 전반을 놓고 너무도 큰 손해라 할 수 있다. 내 인생에서 나쁜 인간을 단호하게 퇴장시키되, 탈은 나지 않도록 지혜롭게 잘 퇴장시키면 그 빈 자리에 새로운 귀인이 들어올 것이다.

좋은 관계는
좋은 관계를 낳는다

좋은 사람은 좋은 사람과 통하게 되어 있다. 그리고 좋은 사람은 또 새로운 좋은 사람을 소개시켜주는 가교 역할을 맡기도 한다. 나 역시 수많은 좋은 사람에게 좋은 사람을 소개받았고, 때로는 그들의 가교 역할을 하기도 한다. 그리고 이런 가교 역할에 가장 도움이 되는 것은 바로 좋은 사람들이 모일 수 있는 커뮤니티라 할 수 있다. 이번에는 조서환마케팅 사관학교에서 좋은 사람과 좋은 사람이 어떻게 서로 선한 영향력을 확대할 수 있는지에 관해 이야기해보고자 한다.

경주의 명물, 찰보리빵을 드셔본 적이 있는가? 족발 골목에 가면 모두 자기가 가장 맛있다고 우기고, 순댓국집 골목을 가면 또 자기가 최고라고 하는 것처럼, 경주 찰보리빵 역시 이제 수많은 가게가 치열하게 경쟁하고 있다. 그런데도 이 찰보리빵 시장에서는 압도적인 강자가 존재하니, 바로 '찰보리빵 처음 만든 집'으로도 잘 알려진 '단석가' 찰보리빵이다.

하고 많은 업체가 있는데 단석가는 어떻게 여전히 시장에서 승리하고 있을까? 그 비결은 무엇일까? 과연 찰보리빵을 처음 만들었다는 이유만으로 이런 시장지배력을 행사할 수 있는 것일까? 결코 그럴 리 없다. 제품이 엇비슷하다면 그저 처음이라는 이유만으로 이 정도로 시장지배력을 행사하기는 어렵다. 이 지배력의 비결로, 단석가의 서영석 대표는 '진심'을 첫손에 꼽는다.

찰보리빵에는 무언가 특별한 재료가 들어가지 않는다고 한다. 그 재료가 아주 단순하다. 찰보리빵이니만큼 찰보리 가루와 계란, 그리고 팥이 재료의 전부이다. 그렇다면 그 특별함도 아주 다르기보단 디테일에서 나오는 것이라고 하겠다. 누가 알아주지 않더라도 자연에 방사한 닭의 방목란을 쓰고, 경주에서 계약 재배한 진짜 찰보리를 재료로 쓰는 것. 팥 역시 국내산을 쓰는 게 기본이라고 단석가의 서영석 대표는 말한다.

갑자기 웬 찰보리빵 이야기를 하느냐 싶겠지만, 바로 이렇게 '제대로' 물건을 만드는 서영석 대표가 나를 찾아와 면담을 요청했기 때문이다. 〈세상을 바꾸는 시간 15분〉 영상으로 나를 처음 접하고서는 바로 찾아왔더란다. 그의 고민은 이랬다. '아무리 열심히, 진심으로 물건을 만들어도 매출이 한계에 다다른 느낌'이라는 것이다. 그러니 이 한계를 깨고 새로운 시장으로 나아가려면 어떻게 해야 할지, 이를 타개하기 위해 마케팅의 전문가인 나를 찾아온 것이다.

그런데 나는 처음 단석가 제품을 보고서는, 죄송스럽지만 아주 비판적인 태도를 취할 수밖에 없었다. 패키지, 그 맛있는 찰보리빵을 감싸고 있는 포장이 너무 구식이었기 때문이다. 이런 철 지난 패키지와 브랜드로 어떻게 아직도 그 매출액을 유지할 수 있냐고까지 말했다. 누가 들어도 아주 공격적인 말에 가까웠다. 하지만 서 대표는 이 말에 어떤 기분 나쁜 티도 내지 않았다. 그 대신 이야기를 다 듣고는 곰곰이 생각하더니, 차분히 내게 되물었다.

"그럼 어떻게 바꾸면 좋을까요?"

아니, 놀랍지 않은가. 처음 얼굴을 본 사이에 다짜고짜 상품을 비판하는데, 차분하게 수용적인 태도로 대답한다는 자체에서 사실 많이 놀랄 수밖에 없었다. 찰보리빵 하나로 일가를 이룩한 분이니만큼, 서 대표는 역시 보통 사람이 아니었다. 서 대표가 말하길, 그는 패키지나 브랜드를 한번 정하면 10년은 갈 수 있는 스테디한 디자인을 만들길 바랐더란다. 하지만 패키지도 브랜드도 변화의 트렌드를 좇지 못하면 낡아 도태되기 마련이다. 이제는 그런 시대가 되고 만 것이다.

상품 내적인 문제를 파악했으니 이제 상품 외적 문제, 즉 유통망을 한번 살펴보기로 했다. 5년 치의 재무제표를 보니 역시, 온라인 매출이 총매출의 8%밖에 차지하고 있지 않았다. 포장을 봤을 때부터 막연히 이렇지 않을까 생각했는데 아니나 다를까, 예상에서 크게 벗어나지 않는 그림이었다. 세상의 모든 상품이 온라인에서 훨씬 폭발적인 확장세를 보이는 가운데, 찰보리빵은 그러지 못한 상황이었다. 물론 네이버스토어를 비롯한 몇몇 플랫폼에서 상품을 팔고는 있었지만, 이것보다 훨씬 널리 뻗어나갈 수 있는 잠재력이 있는 상품이었으니 다시 말해 잠재력이 무궁무진하다고도 할 수 있었다.

문제를 파악했으니 이제 해결해야 하는 차례였다. 아무리 문제를 잘 파악하더라도 이 문제해결에 필요한 적절한 인선을 할 수 있는가는 또 다른 문제 아니겠는가. 물론 이런 문제는 내가 직접 해결해줄 수는 없다. 나는 브랜딩 전문가나 디자이너도 아니고, 또 온라인 MD나 개발자도 아니니까. 하지만 이 문제의 해결책은 굳이 멀리서 찾을 필요가 없기도 했다. 나는 서 대표에게 필요한 사람들이 있는 모임을 맡고 있었으니까. 물론 그 모임의 이름은 조서환마케팅사관학교, 갖은 능력자들이 모이는 그곳이었다.

그래서 서 대표에게 B2B로 사람을 연결해주기보다, 서 대표를 조서환마케팅사관학교로 부르기로 마음먹었다. 그저 하나의 비즈니스가 아니라 인적 인프라를 넓히고 서로의 영향력을 확장할 수 있기를 바라는 마음이었다. 이는 서 대표가 조서환마케팅사관학교에 오고서 매우 자연스럽게, 굳이 많은 말을 하지 않아도 자연스럽게 이뤄질 일이었다.

조서환마케팅사관학교에서 가장 먼저 브랜딩 전문가와 접촉한 서 대표는 찰보리빵 패키지를 리뉴얼하는 작업에 착수했다. 물론 이 단계에서는 나도 함께 손을 보태 그 방향성이 어떠해야 하는지를 논의했다. 먼저 '경주'의 아이덴티티를 놓치지 말 것, 그리고 '단석가'라는 정체성을 반드시 유지할 것. 이 아이디어에 따라 나와 브랜딩 전문가, 서 대표가 머리를 맞대어 몇 차례나 아이디어를 짜고, 수정과 보완을 거듭해 새로운 단석가 찰보리빵의 패키지가 완성 단계에 이르렀다.

온라인 부분은 앱 개발을 할 수 있는 개발자와 관계를 맺도록 다리를 놓아줬다. 그저 타사의 플랫폼에 상품을 얹는 형식이 아니라 자체적인 앱을 개발하려는 계획이었다. 이를 통해 점진적으로 중국, 홍콩, 대만, 일본, 동남아로 나갈 수 있게, 즉 글로벌화할 수 있도록 하는 발판이 될 앱이었다.

이 앱 개발을 맡은 개발자와 서 대표는 단순히 B2B 관계에 머물지 않고, 개발자가 서 대표의 아들에게 앱 개발을 가르치기도 해 흔히들 하는 말로 '물고기를 잡아주는 게 아니라, 물고

기를 잡는 방법'을 알려주고 있기도 하다. 앱이 완성되고 추후의 보완과 확장은 아마 서 대표의 아들이 맡지 않을까 싶다.

과연 패키지를 비롯한 브랜딩이 완료된 단석가는 어떤 모습일까? 앱 개발 후에 점차 세계로 뻗어가려는 단석가는 얼마만큼의 확장을 이뤄낼 수 있을까? 아마 모르긴 몰라도 서 대표가 처음 내게 고민거리라며 가져온 그 매출의 한계치는 훌쩍 뛰어넘지 않을까 생각한다. 40년 넘게 마케터로 일해온 내 직감이 분명히 그렇게 말하고 있다. 이처럼 서 대표 역시 개인의 힘, 개인의 역량을 넘어 사람과 사람의 관계를 통해 자신이 생각하지 못했던 더 큰 무대로 아주 자연스럽게 나아가게 된 것이다.

이들의 연결에는 당연히 조서환마케팅사관학교라는 울타리와 나의 주선이 작용하지 않았다 할 수 없다. 하지만 무엇보다 이들이 서로 힘을 합쳐 끈끈하게 일하는 그림은 이들 모두가 좋은 사람들이기 때문이라고 분명히 말할 수 있다. 좋은 사람은 좋은 사람을 알아본다. 좋은 사람이 된 다음에는, 좋은 사람과 어울려 자신의 그릇을 넓힐 수 있다.

2

근성, 끝까지
너를 이겨라

강점을 찾는, 선택

우리는 살면서 계속 좋은 선택을 해야 한다.
설령 결과가 내 뜻대로 되지 않더라도
일단 내가 옳다고 생각하는 것을 밀어붙여보고, 안 되면 나오면 된다.
미리 지레 짐작해서 포기하면 기회 자체가 주어지지 않는다.

남의 염병이
내 고뿔만 못하다

나는 형제자매가 많다. 우리 부모님은 자식을 자그마치 10명이나 낳으셨다. 대략 2년에 한 명씩, 20년 동안 낳으신 것이다. 출산율이 최대의 난제라는 지금은 상상도 할 수 없는 일이지만, 그때는 옆집 앞집 모두 비슷비슷했다.

그중 두 아이가 잘못되고, 우리 8남매는 한집에서 복닥거리며 컸다. 하지만 칠갑산 자락에서 밭매던 우리 집 사정에 자식 모두를 대학에 보낼 도리가 없었던 부모님은 공짜로 다닐 수 있는 데로 아이들을 보내기 시작했다. 나는 형제 중에서도 기골이 장대하고 목소리도 큰 편이어서 '얘는 군인 하면 되겠다' 하셨던 것 같다.

나는 그렇게 육군3사관학교에 진학했다. 그런데 웬걸, 육군 소위로 임관하자마자 부대에서 수류탄 폭발사고가 났다. 나는 수류탄을 집어서 멀리 던지려고 했는데, 채 던지기 전에 수류탄이 터지고 말았다. 오른손을 잃고, 머리에 파편이 수십 개나 박혔다. 살아남은 것 자체가 기적이었다. 기적이 그뿐이겠는가. 시간이 지나면서 두피 속에 박혀 있던 자잘한 파편들이 하나둘 나오기 시작했다. 그러면서 새로 난 머리는 나이가 먹어도 세지 않았고, 지금도 얼굴이 삼십 대 부럽지 않게 팽팽하다. 게다가 얼굴에는 파편이 하나도 날아들지 않았으니, 의수만 하고 나면 내가 그런 사고를 당한 줄 모르는 사람도 많았다. 대학을 함께 다닌 동기 중에 내가 손 다친 줄 모르고 졸업한 친구들도 있다.

몸이 불편해진 직후 나는 목욕탕 가는 것부터 고민이었다. 저마다 두 손으로 자기 몸 씻느라 야단일 텐데 나는 한 손으로 뭘 어떻게 하겠나 하는 생각에다, 무엇보다 사람들의 시선을 감당할 자신이 없었다. 그러다 꾀를 내어 꼭두새벽에 목욕탕에 갔다. 목욕탕 앞에 기다리고 있다가 문 열자마자 들어가니 그보다 좋을 수 없었다. 물 깨끗하지, 사람 없으니 맘 편하지, 그래서 신나게 씻고 있는데 사람들이 하나둘씩 들어오기 시작했다. 또 구경거리 되겠구나 싶었는데, 사람들이 하나같이 나를 흘깃 쳐다보더니 그냥 슥 지나갔다. 그때 어머니가 하신 말씀이 문득 생각났다.

"남의 염병이 내 고뿔만 못한 법이여."

어릴 때 어머니께 많이 듣던 말이다. 다른 사람 신경 쓸 필요 없어, 너만 똑바르고 너만 잘하면 돼. 그 말씀이 몸으로 다가왔다. 사람들은 내 생각만큼 나를 신경 쓰지 않았다. 내가 바르게 살고 님에게 폐를 끼치지 않는 한 사람들은 다인에게 별로 관심이 없다. 남들은 소 닭 보듯 지나가는 것을 괜히 나 혼자 고통이라 생각하고, 그걸 껴안고, 매일 짊어지고 다닌 것이다. 홀홀 털어버리면 끝나는 것을, 실상 그 무엇도 나를 짓누르는 것이 없었는데 나 혼자 괜히 힘들어한 것이다.

그때부터 나는 목욕탕에 마음껏 다녔다. 사람이 있든 없든 탕을 들락거리고, 사우나에 가서도 양팔을 다리에 올려놓고 아무렇지도 않게 있는다. 간혹 움찔하는 사람이 있으면 내가 먼저 '괜찮다'고 말한다. 그랬더니 가장 편해지는 건 다름 아닌 바로 나 자신이었다.

다만 이 말을 오해하지는 말기 바란다. 쓸데없는 자괴감에 빠질 필요 없다는 말이지, 남들이 지적하는 것을 모두 무시해도 된다는 뜻은 아니다. 자기 약점을 겸허히 받아들이되, 그걸 당연하게 생각하지는 말아야 한다. 고칠 수 있는 약점이면 고치고, 그렇지 않으면 약점을 이겨낼 방법을 찾아야 한다.

난 왼손을 전혀 쓰지 않던 오른손잡이였다. 이제 오른손 없이 평생을 살아가야 한다고 생각하니 끔찍했지만, 어떻게든 살아야 하니 마음을 고쳐먹어야 했다. 없는 오른손이 생겨날 리는 없으니 차라리 내 강점을 살리는 편이 유리하겠다 싶었다. 약점은 잘 극복해도 2등까지밖에 못가지만, 강점은 잘 살리면 1등을 할 수 있기 때문이다.

내 강점이 무엇일까? 곰곰이 생각해보니, 나는 원래 남 앞에서 발표하기를 좋아하고, 서슴지 않고 의견을 개진하는 성격이었다. '옳거니, 교수를 하면 되겠구나!'

교수는 손을 많이 사용하는 직업이 아니니 더욱 좋았다. 마침 내가 영어를 좋아하고, 영어를 전공하면 먹고사는 데는 지장이 없겠다 싶어서 영문학과에 진학하기로 결심했다. 장군이 되겠다는 꿈을 접은 후 두 번째 꿈에 출사표를 낸 것이었다.

우리는 살면서
계속 옳은 선택을 해야 한다

대학 공부 자체는 어렵지 않았다. 국가유공자여서 국가에서 학비를 다 대주니 생활비만 충당하면 됐다. 다만 내 몸 상태로는 혼자 생활하기 어려워 사귀던 여자친구와의 결혼을 강행했다. 부모님의 엄청난 반대에도 흔들림 없이 날 간호하고 믿고 의지해준 아내가 어찌나 고마웠던지, 목숨이 붙어 있는 한 아내를 반드시 행복하게 만들어주겠다고 결심했다. 그리고 웬만큼 힘든 일은 얼추 겪었으니 이제 두려워할 일도 없을 것이라고 생각했다.

그런데 공부에 매진해야 할 처지에 아이가 생겼다. 처음에는 놀랐지만 감사한 마음으로 낳았다. 대학교 2학년 때 아이 아빠가 되었고, 1년 뒤에 바로 둘째도 태어났다. 졸업하기도 전에 벌써 아이 둘이 딸린 대책 없는 아빠가 된 것이다. 원래는 교수가 되기 위해 유학을 가려 했지만, 예상보다 일찍 가장이 됐으니 당장 취직부터 해야 했다.

문제는 그때부터였다. 취직이 안 됐다. 생각해보라. 영문학과 나온 사람들이 그렇게 많은데 그중에 왜 한 손 없는 사람을 뽑겠는가. 고민을 거듭하던 중 문득 목욕탕 때 경험이 생각났다. 목욕탕에서 아무도 내 오른손이 없는 걸 신경 안 썼듯, 내가 먼저 말하지 않으면 괜찮으리라는 생각이었다. 그때부터 사고나 국가유공자 얘기는 일절 하지 않고 입사지원 서류를 넣었더니, 과연 곧 면접 보러 오라고 연락이 왔다. 애경이었다.

몇 분의 면접관 앞에서 면접을 잘 보고 있었다. 그런데 한 분이 입사지원서를 보더니 자꾸 학생이 맞냐고 물어보는 것이 아닌가? 맞다고 했더니 이번에는 왜 학생이 애가 둘이나 되느냐고 물어본다. 그때만 해도 대학 졸업하기 전에 다들 취직이 돼서 4학년 2학기 때는 수업도 거의 안 들었는데, 나만 취직도 못하고 면접을 보고 있는 데다 아이까지 있으니 이상했던 모양이다. 적당히 둘러댈 말도 없고 그러기도 싫어서 있는 대로 말했다.

"사실 제가 좀 다쳤는데 혼자 생활할 수 없어서 바로 결혼을 했고, 살다 보니 아이가 생겼습니다." 이렇게 말한 다음 용기를 내어 되물었다.

"그런데 아이 있는 게 업무에 지장을 줍니까?"

"아닙니다. 그럴 리 있나요. 그냥 왜 아이를 일찍 낳았는지 궁금해서 물어봤어요. 그런데, 어디를 다쳤습니까?"

"손을 다쳤습니다."

그때까지 다리 위에 멀쩡히 놓여 있던 손을 보며 면접관들이 의아해했다.

"손? 괜찮은데?"

"예, 괜찮아 보이는데… 이게 의수거든요."

"그게 의수예요?!"

그 순간 면접은 중단되었다. 면접관들은 내 손만 쳐다보면서 더 이상 어떤 질문도 하지 않았다. 매번 이런 반응이었다. 급기야 부모님 모시고 편히 살라는 위로 아닌 위로를 들으며 눈앞에서 탈락 통보를 받으니 속에서 화가 끓었다. 사랑하는 아내와 아무것도 모르는 아이들은 어떡하란 말인가. 아빠를 선택해서 태어난 것도 아닌데, 애들은 무슨 죄가 있나. 나는 이 세상을 어떻게 살아야 하나. 이번뿐만이 아니라 평생을 이런 편견 속에서 살아야 한다고 생각하니 인생에 자신이 없어졌다.

급기야 전철역에서 불온한 생각을 하고 있자니, 누군가 꾸짖는 소리가 들렸다.

"야! 서환아, 너 그러면 안 되지. 너 혼자 편하자고 그런 나쁜 생각을 하냐. 그러면 천사 같은 아내는 어쩌고 애들은 어떡하라는 거냐!"

하늘의 계시인지 내 마음의 소리였는지 모르겠다. 여하튼 그 소리를 듣고 나니 이대로 물러나면 안 되겠다는 생각이 들었다. 그 길로 뒤돌아 다시 애경그룹 면접장까지 뛰어갔다. 그러고는 남아 있는 면접관들을 몰아붙였다. 모집공고에는 분명 국가유공자에게 불이익이 아니라 가점한다고 해놓고 정작 이렇게 홀대해도 되는 거냐, 면접보다 말고 중간에 탈락시킨 것은 불공평하지 않은가, 두 손 있다고 해서 양손으로 글씨 쓰는 것도 아닌데 한 손 없는 게 무슨 대수냐, 앞으로 나처럼 상처 입고 힘들어하는 사회적 약자가 온다면 최소한 내게 했듯이 대하지는 말아달라….

무슨 행패라도 부릴까 깜짝 놀랐던 면접관들은 내 말에 아무 대꾸 못 하고 듣고만 있었다. 그런데 인사를 하고 돌아서려던 찰나, 한 목소리가 나를 불러 세웠다. "잠깐만요."

아까 내게 부모님 봉양이나 잘하라던 여성 면접관이었다. 애경그룹의 수장인 장영신 회장님과의 첫 만남이었다. 물론 그때만 해도 그분이 회장님인 줄 몰랐다. 오히려 날 떨어뜨린 사람이니 첫 만남치고 유쾌하지는 않은 조우였던 셈이다. 그런데 그분이 날 다시 불러 앉혔다.

돌이켜보건대 오너들은 보는 눈이 다른 모양이다. '아, 왠지 저놈은 배짱 있어 보인다' 하는 판단이랄까. 그리고 내 말대로 양손으로 글씨 쓰는 게 아니라면, 그리고 손이 아니라 머리와 가슴으로 일한다고 한다면, 한번 써봐도 좋지 않을까 생각했을 것이다. 하여튼 날 불러 앉히더니 갑자기 이런 주문을 했다.

"영문학과라 하셨죠. 지금까지 죽 하신 얘기 있잖습니까? 그걸 영어로 해보세요."

아무리 영문학과를 나왔다 해도 화내며 나오는 대로 쏟아낸 얘기를 무슨 수로 영어로 하겠는가. 아, 이걸 해야 하나 말아야 하나 고민하고 있는데, 아까 전철역에서 들렸던 목소리가 다시 들렸다. "서환아, 그냥 해! 어차피 저 사람들은 못 알아들어!"

당시는 해외여행도 자유롭지 않았고 영어를 잘하는 사람도 거의 없었다. 막다른 위기의 순간에 나는 되는 대로 말하기 시작했다. 다행히 나는 당 시대를 기준으로 영어를 잘하는 편이었다. 결혼하고 대학에 갔으니 남들처럼 미팅을 했겠는가, 친구들과 어울려 놀았겠는가. 그저 공부밖에 안 했으니 임기응변으로 둘러대는 영어 발표라 해도 꽤 들어줄 만했을 것이다. 나중에는 여유가 생겨서 발표하면서 슬슬 면접관 표정을 살펴보니, 대부분은 못 알아듣는 눈치였다.

다만 가운데 있던 면접관, 날 부른 분은 아까의 굳은 표정과 달리 얼굴이 환하게 펴지기 시작했다. 나중에 알았지만, 장영신 회장님은 외국 유학으로 영어에 능숙하셨다. 다행히 내 영어가 이상하지 않았는지 그분 얼굴에 화색이 돌았고, 나는 다음 날 합격통지서를 받았다. 면접관들이 3대 3으로 판단이 갈리자 장영신 회장님이 최종으로 손을 들어주었다고 했다.

그때 내가 불온한 생각으로 전철에 뛰어들었거나 한강에 몸을 던졌으면 어떻게 됐을까. 죽거나 다치거나 둘 중 하나였을 것이다. 나는 철로나 한강 대신 면접장에 뛰어들기를 택했다. 이게 내 선택이었다. 눈앞으로 뛰어드는 대신 뒤돌아 뛰어든 덕분에 한 손 없이도 직장인이 될 수 있었다.

누군가 그랬다. 대학 중에서 가장 좋은 대학은 '들이대'라고. 우스갯소리이지만 말 사이에 뼈가 있다. 우리는 살면서 계속 선택을 해야 한다. 설령 결과가 내 뜻대로 되지 않더라도 일단 내가 옳다고 생각하는 대로 밀어붙여 보고, 안 되면 나오면 된다. 그런데 포기부터 하면 기회 자체가 주어지지 않는다.

《모티베이터》를 출간하고 나서 KBS〈아침마당〉에서 날 부르기에 이 이야기를 주르륵 했다. 그때는 KTF 부사장 신분이어서 TV에 나가는 게 조심스러웠다. 하지만 PD가 기가 막히게 날 설득했다. 15초 분량의 광고에 드는 비용이 얼마인지, 그리고 이 출연을 1시간짜리 KTF 광고로 보면 어떨지 말이다. 이 말에 내가 백기를 흔들었다. 다행히 방송 반응도 좋았고, 감명받았다고 연락 온 분도 적지 않았다.

그때 주저하던 나를 기어코 카메라 앞에 세운 PD에게서 한

참 만에 다시 연락이 왔다. 〈강연 100℃〉라는 신규 프로그램을 맡게 됐는데, 나더러 첫 회의 첫 번째 강연자로 나와달라는 것이었다. 파일럿 프로그램이라 첫 반응이 굉장히 중요한데, 프로그램을 구상하면서부터 계속 머릿속에 떠올린 이가 나였다고 했다.

"PD님이 시키면 무조건 나가야죠!"

긴 인생을 놓고 한번 생각해보자. 누구에게나 위기는 닥친다. 그러나 그 위기를 대하는 태도나 자세에 따라 결과는 놀랍도록 달라진다. 사고를 당할 때만 해도 내가 공중파에 나오리라고는 상상도 못 했지만, 지금은 여기저기서 불러주는데 시간이 없어서 고사할 정도가 됐다.

결론은 단순하다. 매 순간 올바른 선택을 하는 것이다. '이걸 하면 결과가 좋아질 거야'라는 재빠른 셈이 아니어도 된다. 내가 떳떳하고 옳다고 생각하는 바를 따르면 된다. 작은 선택이어도 좋고, 당장 좋은 결과가 나오지 않는다 해도 의기소침할 필요 없다. 긴 인생을 놓고 보면 어제와 오늘의 선택이 쌓여 당신을 좀 더 옳은 쪽으로 이끌어주었음을 알게 될 터이니.

행복이라 하면 행복이고, 불행이라 하면 불행이다

"Welcome to Korea! Mr. David Bailey."

애경에 입사해서 내가 맡은 첫 번째 업무는 문서번역과 외국 협력사 직원들 의전이었다. 말은 거창하게 의전이지만 실상은 공항에 피켓 들고 마중 나가는 일이었다. 영문학과 나왔다고 영어 쓸 기회가 많았던 셈인데, 처음에는 전혀 고맙지 않았다. 당시에는 비행기가 한번 연착하면 언제 도착할지를 알 수 없었다. 그렇게 하염없이 피켓이나 들고 서 있으면 팔만 아팠다. 손이 두 개면 바꿔 들기라도 할 텐데, 난 하나밖에 없으니 더 힘들었다.

'내가 심부름센터 직원이냐, 매일 이러고 있게. 이거 잘한다고 경영이나 비즈니스를 잘하게 되는 것도 아니고.'

투덜거리기를 반복하다가 어느 날 이런 생각이 들었다. 이걸 내가 들어야 하나? 그렇다. 어쩔 수 없이 들어야 한다.

　'어쩔 수 없는 일, 피할 수 없는 일이라면 즐기라고 했다. 즐기자. 어떻게 즐기지? 그래, 운동이라고 생각하자. 하나밖에 없는 팔 운동한다고 생각하면 덜 아프겠지.'

　그때부터 속으로 '운동이다, 운동, 운동…' 되뇌면서 버텼다. 오, 그랬더니 신기하게도 정말 팔이 아프지 않았다. 5분만 피켓 들고 서 있어보라. 팔이 엄청 아프다. 그런데 운동이라고 생각하니까 아프지 않았다.

　'아하, 인생 마음먹기 달렸구나.'

　어느 교수는 이 말을 프레임frame으로 설명한다. 같은 일을 놓고 어떻게 보느냐에 따라 행불행이 갈린다는 것이다. 이렇게 생각해보자. 지금 내가 이렇게 잘살고 있으니 얼마나 행복한가. 이런 이야기가 내 삶에 도움이 될 수 있으니 책 읽는 지금은 또한 얼마나 행복한가. 똑같은 책을 읽더라도 독후감을 써야 해서 억지로 읽는다고 생각하면 그건 불행이다. 행복과 불행을 누가 선택하는가? 본인이 한다.

　과거의 나는 팔이 아파 죽겠는데 어쩔 수 없으니 선택이라도 좋은 쪽으로 하려 했다. 불행을 선택했을 때는 외국인들이 인사하면서 명함을 건네도 보관하지 않고 성질을 부리며 물어 찢어버렸다. 저놈들 때문에 내가 이 고생이라 생각하니 벅벅 찢기라도 해야 분이 풀릴 것 같았다. 손이 모자라 명함을 잇새에 물고 찢다 보면 질긴 종이에 입술을 다치기도 했다. 그러다 좋은 선택을 하기로 생각을 바꾸고 나니, 이걸 찢을 이유도 없어졌다. 오히려 한 장 한 장 받을 때마다 이 사람은 무슨 일을 하는지 유심히 살피기 시작했다.

보기로 마음먹어야 비로소 보이는 법이던가, 그때 흥미로운 사실이 눈에 들어왔다. 명함마다 모두 마케팅^{marketing}이라고 쓰여 있던 것. international marketing, regional marketing, marketing manager….

'마케팅이란 게 뭔가 있나 보다.'

우리나라에서는 마케팅이란 말도 없던 1980년대 초, 외국인들 명함에서 마케팅이라는 단어를 발견하니 막연하게나마 느낌이 왔다. 마케팅이란 게 아주 중요한 듯하니 한번 알아봐야겠다 싶어, 그 길로 모교인 경희대에 가서 경영대 교수님에게 물어봤다.

"교수님, 마케팅이란 게 뭡니까?"

그랬더니 교수님이 말씀하시길 마케팅은 기업의 미래라는 것이다. 당시 우리나라에는 '영업'밖에 없고 마케팅은 알려진 바 없지만 앞으로 마케팅이 기업활동의 핵심이 될 거라 했다. 그리고 그 교수님은 마침 내가 영어를 잘하니 마케팅을 공부한다면 큰 기회가 올 거라고 덧붙였다.

그때 교수님 말씀은 계시처럼 귀에 확 들어왔다. 하지만 돈이 없었다. 국가유공자로 매달 국가에서 나오는 2만 원은 사글세 방값으로 들어가고, 취직해서 이제 겨우 생활비를 집에 가져다주기 시작했는데 그걸 대학원에 모두 쏟아부을 수는 없는 노릇이었다. 공부는 하고 싶은데 이건 어떡하나 걱정하던 끝에 무작정 모교로 찾아갔다.

"혹시 이 학교 나온 사람에게는 대학원 학비 할인해주나요?"

"네, 50% 감면해드려요."

일단 절반은 해결했고, 이번에는 국가보훈처에 가봤다.

"나라에서 돈을 대줘서 제가 대학은 잘 나왔는데, 혹시 대학원도 돈을 대줍니까?"

"본인이 대학원 가시게요?"

"네."

"본인이면 100% 다 지원합니다."

구하면 구해질 것이요 두드리면 열린다더니, 시도도 안 해봤으면 괜히 군침만 삼키다 끝날 뻔했다. 결과적으로 두 곳에서 다 혜택을 받아 무사히 석사과정을 마칠 수 있었다.

교수님이 내게 말했던 '기회'는 생각보다 빨리 왔다. 대학원을 마칠 즈음, 공항에서 명함을 주었던 사람들이 한국에 본격적으로 들어오기 시작했다. 애경이 외국 선진기업들과 50대 50의 지분으로 합작 투자를 한 것이다. 이 회사들은 영국회사와 미국회사 두 개로 나뉘고, 각사의 부사장들이 공동대표이사로 왔다. 그런데 애경에서는 영어를 잘하는 사람이 별로 없었다. 마케팅 상무, 경영기획 상무가 다 외국인인데 마케팅 과장, 마케팅 대리가 영어를 못하면 말이 되겠는가? 회사에서 급하게 마케팅에 관한 지식이 있으면서 영어를 할 줄 아는 사람을 수소문했는데, 적임자가 딱 한 명 있었다. 한 손 없는 그 사람, 바로 조서환이었다.

이때 신규법인에 발탁되면서 본격적으로 나래를 펴기 시작했다. 일 잘한다고 인정받으면서 나의 작품들도 하나둘 세상에 나왔다. 첫 타자는 많이 알려졌다시피 하나로샴푸였다. 이것이 2080치약, 에이솔루션 등 생활용품과 화장품에서 이동통신 서비스까지, 마케팅 전문가로서 자리매김하게 된 출발점이었다.

좋은 선택의 영향력은 생각보다 훨씬 크다. 직장생활을 하며 대학원에 다녔기 때문에 낮에는 일하고 밤에는 공부하는 고단한 생활이 계속됐다. 퇴근 후 마음 편히 술 한잔하기도 어려운 나날이었다. 동료들은 사서 고생한다고 비웃었고, 몇몇은 튀려고 별짓을 다 한다고 대놓고 비아냥거리기도 했다. 그러던 그들은 지금 어디에 있는가? 내가 공부하는 동안 신나게 술집으로 노래방으로 어울려 다니던 사람들은 오랜 시간이 지나 위가 아프다, 간이 아프다며 이만저만 고생이 아니었다. 치료가 잘

된 쪽이 그나마 나은 케이스라 할 수 있다. 하지만 나는 지금도 어느 한 곳 아프지 않고 쌩쌩하게 잘 다닌다. 아무리 힘들어도 고생스럽거나 피곤하다고 생각하지 않고 즐겁게 일하며 누구보다 에너지 넘치게 산다. 이 모든 것을 누가 선택했는가? 내가 선택한 것이다. 기왕이면 좋은 선택을 하고자 했던 결과다.

약점을 보려고 하면
약점만 보인다

애경그룹의 장영신 회장님은 내 은인이다. 면접 자리에서 얼굴 붉혀가며 따지고 드는 나를 합격시켜줬고, 마케터로서의 역량을 인정해 키워준 이도 그분이다. 입사 과정의 고생을 만회하기라도 하듯, 나는 마케팅 업무를 맡으면서 특진을 거듭했다. 외국 기업에 스카우트되는 등 몸값이 올라가더니 급기야 서른다섯 살에 다국적 기업의 임원이 되었다. 그 후 애경에서는 본부장에서 이사대우까지 3년 걸릴 것을 1년에 끝냈고, 이사가 되는 데는 2개월밖에 걸리지 않았다.

이런 상승기류를 탈 수 있게 해준 분이 장영신 회장님이다. 훗날 로슈 사에서 일하던 나를 애경에서 다시 부를 때 두 번 고민하지 않고 돌아갔던 이유도 신입 때 날 뽑아준 장 회장님께 보은할 마음 때문이었다. 직전 연봉의 절반 이하를 받으면서도 그분과 함께 몇 년 동안 신바람 나게 일했다.

그런데 일이 생겼다. 장영신 회장님이 정계에 입문한 것이다. 매일 새벽같이 출근해 장 회장님께 보고하고 중대사를 결정해 추진하는 즐거움이 있었는데, 이제 그분이 경영을 안 하시면 누구와 손을 맞춰 일할까. 어린 나이에 승진한 나를 시샘할 사람이 조직에 없으리란 법도 없었다. 그렇게 며칠을 고민하다 결국 헤드헌터에게 전화를 걸었다.

"제가 회사를 옮기려고 합니다. 세계 1등, 아니면 한국에서 1등 하는 회사가 있으면 제게 연락을 주십시오."

"어머, 상무님, 안 그래도 그런 회사가 하나 있는데요. CMO, 마케팅 전략실장을 뽑는 데가 있어요."

"어딘데요?"

"공기업이에요. 회사 이름은 말씀드릴 수 없습니다."

"어딘지도 모르는데 제가 어떻게 갑니까? 하다못해 업종이라도 알아야 준비를 할 것 아닙니까?"

"업종은… 통신업이에요."

통신업을 하는 공기업은 대한민국에 하나밖에 없다. KT. KT의 자회사인 KTF에서 마케팅 전략실장을 구하는 것이었다. IT쪽은 하나도 모르지만 그동안 갈고닦은 마케팅 경험과 지식이면 통하리라 봤다. 그러니 한번 도전해보자고 마음을 굳히려던 찰나, 다른 기업에서 러브콜이 더 왔다. 제약 분야에서 세계 1위를 하는 머크였다. 예전에 다국적 헬스케어 기업인 로슈에서 마케팅 이사를 지낸 적이 있어 업계 지식도 제약 쪽이 훨씬 풍부했다. 하지만 고민 끝에 KTF 쪽으로 마음을 굳혔다. 그러고는 헤드헌터에게 농담조로 '또 면접 중단되고 싶지 않으니 나 한 손 없다고 미리 말하라'고 했다. 그랬더니 돌아온 대답이 재밌었다.

"소문나서 다 알아요."

대부분의 입사 인터뷰를 보면 "열심히 하겠습니다!" 하는 식이다. 빵점짜리 인터뷰다. 전략이 없으면 책임자가 될 수 없다. 수없이 많은 입사 인터뷰에 면접관으로 참여하면서 체감한 사실이다. 더욱이 마케팅 전략실장에 지원하면서 전략적 대안을 제시할 수 없다면 그 사람을 왜 뽑겠는가.

그래서 난 '열심히 하겠다'라는 말 대신 한 가지든 두 가지든, 확실한 전략적 대안을 제시하기로 마음먹었다. 문제는 '어떻게'다. 휴대폰에 관해서는 전화 걸고 받을 줄밖에 모르는 내가 전문가 앞에서 어떻게 전략을 운운할 수 있을까?

이럴 때 필요한 게 역지사지다. 상대방 입장에서 생각하면 답이 나오는 법이다. KTF 사장이 왜 마케팅 전략실장을 뽑으려 하는지 생각해봤다. 조직 내부에 훌륭한 직원이 많을 텐데, 왜 리스크를 감수하고 외부에서 전략수장을 뽑으려 할까? 궁리 끝에 가설을 하나 세웠다.

'사람은 많지만 마케팅 전략가는 없을 수도 있다.'

물론 내가 잘못 넘겨짚은 것일 수도 있지만, 일단 나는 이 가닥으로 갈피를 잡았다.

'설령 박사급 인재가 있다고 해도 조직 내부에 있기 때문에 문제를 못 보는 건지도 모른다.'

즉, 지식은 있지만 눈이 멀어서 못 볼 가능성도 있다고 판단했다. 이렇게 가정하니 내 전략도 몇 가지로 압축되었다. 그들이 자기 문제를 보지 못해 애를 먹고 있다면, 나는 그들에게 전문가로서의 자신감과 당당함을 보여줘야 한다. 그래서 나는 인터뷰의 주도권을 가져오기로 했다. 면접관이 질문하기 시작하면 나는 대답하기 급급하다가 인터뷰를 마칠 게 뻔했다. 어차피 예상 질문을 예측할 수 없다면, 내가 인터뷰 과정 자체를 장악하는 편이 나았다.

KTF의 명성에 걸맞게 경쟁은 치열했다. 100대 1의 경쟁을 뚫고 서류전형을 통과한 후에도 몇 차례 과정을 거듭해 10명이 남았다. 그중 또 선별해 마침내 4명이 최종 인터뷰를 하게 됐다. 나는 마지막 순서였는데, 어찌 된 일인지 앞의 3명이 다 금방 나오는 것이다. 그 중요한 CMO, 마케팅 전략실장을 뽑는데 저렇게 빨리 끝날 수 있나 싶을 정도였다.

일단 들어가자마자 다짜고짜 이용경 사장님에게 '축하드린다'고 했다. 그가 의아해하며 "네? 뭘요?" 하고 묻기에 곧바로 대답했다.

"오늘 아침 신문을 보니 사장님께서 중국 진출의 교두보를 굉장히 성공적으로 닦으셨다는 기사를 봤습니다."

"아, 기사를 보셨군요?"

아침에 조간신문을 샅샅이 훑으니 마침 이용경 사장님의 중국 출장 기사가 눈에 띄었다. 당시 KTF가 꽤 공을 들이던 중국과의 제휴 관련 기사였다. 이 기사 내용을 면접장에 들어서자마자 풀어낸 것이다. 사장님은 기대치 않은 축하에 기분이 좋아진 듯했다. 이로써 최소한의 라포가 형성됐다. 편하게 대화할 수 있는 분위기가 만들어진 것이다. '이 사람이 꼭두새벽에 회사에 대해 공부하고 왔구나' 하며 나에 대해 좋은 첫인상을 갖게 된 것은 물론이다.

"애경 브랜드를 잘 만드셨고, 거기서 굉장히 인정받고 있다고 헤드헌터가 그러던데, 왜 옮기려 하십니까?"

내게 온 첫 질문이었다. 모르긴 몰라도 '네가 IT를 알기는 하는가?'라고 떠보는 것일 수도 있었다. 하긴 나는 IT에 노출된 적도 없는 평범한 사용자였을 뿐이었다. 그런 내가 이동통신 기업에 전략실장으로 가고 싶다면 합당한 이유가 있어야 했다.

"저는 새로운 곳에서 도전하는 게 체질에 맞습니다. 변화하고 싶은 열망도 큽니다. 제 이력을 보셔서 아시겠지만, 그런 제가 생활용품이나 제약 등에서는 일을 해봤는데 IT 쪽은 안 해 봤습니다. 그래서 지원했습니다. 새로운 곳에서 창조적인 일을 해내고 싶습니다."

사장의 질문에 대답했으니 이제 계획대로 내가 인터뷰를 주도할 차례였다. 먼저 질문을 던졌다.

"사장님, 저도 여쭙고 싶은 게 있습니다."

"뭔가요?"

"KT 그룹 구성원 몇만 명이 있고 그중 석박사만 몇천 명인데, 왜 마케팅 전략실장을 외부에서 뽑으십니까?"

"안에 있으면 잘 안 보여요."

아, 내 예상대로였다. 조직 안에 있으면 내부의 문제가 잘 안 보이니 밖에서 온 사람이 객관적으로 전략을 세워달라는 것 아니겠는가. 그래서 다시 물었다.

"그렇습니까. 그렇다면 지금 회사에 뭔가 문제가 있다는 말씀 같습니다."

"예, 문제점이 많습니다."

"어떤 문제점이 있는가요?"

"통화품질이 안 좋습니다."

"통화에도 품질이 있습니까? 그게 뭔가요?"

"우리는 통화하다가도 칙칙거리고 계곡이나 지하 술집 같은 데서는 잘 안 터집니다. SKT는 셀룰러 방식이라 장애물을 뚫고 가는데 우리는 PCS 방식이라 그렇게 안 되고 튕겨 나오거든요."

"그렇습니까? 그렇다면 통화품질이 좋다고 광고는 하셨나요?"

"네? 지금 통화품질이 나쁘다고 말씀드렸잖습니까?"

"그러니까요, 통화품질 좋다고 광고하셨냐고요."

사장님 얼굴을 보니 '이놈이 약 먹었나' 하는 표정이었다. 통화품질 나쁘다는데 오히려 그걸 광고하라고 우기고 있으니. 그때부터 본격적으로 사장님을 몰아붙이기 시작했다.

"사장님, 외부고객도 중요하지만, 내부고객도 못지않게 소중합니다. 사장님부터 우리 품질이 나쁘다고 생각하는데 직원들이 회사에 프라이드를 갖겠습니까?"

사장님의 얼굴이 미세하게 움찔했다.

"직원들이 어디 가서 우리 상품이 최고라고 얘기할까요? 제가 보기엔 사장님부터 직원들까지 모든 구성원이 문제입니다."

사장님 본인이 가장 문제라고 하니 순간 표정에 불쾌한 기색이 스쳤다. 하지만 이분은 스마트하기로 업계에서 손가락 안에 꼽히는 이였다. 기분은 약간 상한 듯했지만, 내가 무슨 얘기를 하는지 금방 알아듣고 자세를 바로잡았다.

"그래서요?"

"광고하셔야 합니다. 1등이라고 하세요. 왜냐? 그래야 구성원부터 자신감을 가집니다. 그래야 사장님도 자신감을 가지지 않겠습니까. 대한민국 휴대폰 이용자 중에 지하 룸살롱에 드나드는 사람이 얼마나 되겠습니까? 설령 룸살롱에서 안 터진다 해도 단말기 바꿀 생각을 하지 KTF 통화품질이 나쁘다고는 하지 않습니다."

"!"

뭔가 깨달았다는 표정이었다. KTF 내부에 있으니 자기네가 욕먹을 걱정만 했지 단말기 타박하리라는 생각은 못 했던 것. 내 말이 그럴듯하다고 느꼈는지 의자를 끌어당기며 경청하는 분위기가 형성됐다. 나는 내친김에 다른 문제점은 무엇인지 물었다.

"가입자 구성이 안 좋습니다."

"가입자도 좋고 나쁘고가 있습니까?"

"SKT는 10년이나 앞서가서 이미 돈 많은 기업고객을 다 가졌습니다. 회삿돈으로 마음껏 휴대폰 쓰는 고객들은 다 SKT이고, 우리는 후발주자라 휴대폰 사용이 적은 주부나 학생들만 들어옵니다."

하긴, 부모들이 중고등학생 자녀에게 휴대전화를 사줄 때는 학생 요금제를 묶어놔서 일정 금액 이상 쓰지 못하게 했다. 대기업 부장, 임원들이 십수만 원씩 쓰는 걸 생각하면 푼돈 장사였던 셈이다. 심지어 나 또한 면접 보는 그날까지 SKT 고객이었다. 나로서는 이런 사정을 알 도리가 없었지만, 어쨌든 대안을 찾기 시작했다.

"그러면 주부들과 학생들은 왜 SKT로 가지 않고 우리에게 옵니까? 통화품질도 나쁘다면서요."

"네, 그게 또 문제입니다. 저희 요금이 저렴하거든요. 그 맛에 옵니다."

"얼마나 저렴합니까?"

"20~30%까지 차이 납니다."

머리를 한 대 맞은 느낌이었다. 바로 이거다 싶었다.

"사장님, 20~30% 저렴하다는 건 국민에게 엄청난 혜택 아닙니까? 우리는 할 말이 있습니다. 공기업이라서 영리를 목적으로 하지 않는다. 따라서 국민에게 충분한 혜택을 준다. 경쟁사는 30%나 더 비싸게 받는데 우리는 매우 경제적이다. 게다가 통화품질은 최고다. 안 터진다고? 그건 단말기 문제다!"

전략이란 사실 대단한 게 아니다. 바라보는 시선에 따라 대안이 달라진다. 긍정적인 면을 찾아 그 틀에서 발전시키면 된다. 회사 내부에서는 단가도 요금제도 저렴해서 수익이 낮다고 푸념하고 있었지만, 이것을 고객 입장에서 생각하면 엄청난 혜택이지 않겠는가.

사장님도 나와의 대화가 재미있어진 모양이었다. 통신에 대해 하나도 모르는 사람이 생각나는 대로 말하는데 제법 그럴듯

하니 흥미가 생긴 것이다. 나는 기세를 몰아 또 어떤 문제가 있는지 물었다.

"우리는 번호에 자부심이 없어요."

016, 018은 자부심이 없다는 것이다. 아니, 누구는 자부심이 있나? 의아해서 묻자 사장님도 골치 아프다는 표정이었다.

"그러게 말입니다. 그런데 SKT가 '번호의 자부심, 스피드 011'이라고 하도 광고를 하니 고객들도 그렇게 느끼는 모양입니다."

"그럼 그 번호를 없애버리시죠."

"하지만 '스피드011'은 등록된 상표인데요."

"없애려고 노력은 해보셨나요?"

남이 등록한 상표를 없애라니, 이번에도 당황한 기색이었다. 나는 더욱 거세게 몰아붙였다.

"사장님, 그게 말이 됩니까? 011, 016 같은 번호는 국가의 재산 아닙니까?"

"네, 재산이죠."

"그런데 어떻게 번호가 사기업의 상표로 등록이 됩니까? 그리고 전 세계 어느 나라가 번호를 가지고 소비자를 제한합니까?"

"없습니다."

"그러니까요. 번호는 누구든 자유롭게 공유할 수 있어야 합니다. 상표권 무효심판을 청구하시죠."

결과적으로 보면, 이 대화로 훗날 010 번호가 나오게 된 셈이다. 나중에 KTF의 마케팅 수장이 되고서 나는 실제로 무효심판을 청구해서 '스피드011' 사용에 제동을 걸었다. 하지만 인터뷰 때만 해도 정말 내가 말한 대로 될 것이라고는 생각하지 못했다. 그냥 논리적으로 따져서 대안을 제시해봤을 뿐이었다. 열릴 줄 모르고 일단 두드려봤는데, 두드리니 열린 셈이다.

그다음부터 면접은 일사천리였다. 면접관들은 KTF가 휴대폰 시장에 뛰어든 지 5년밖에 되지 않아서 10년이나 앞선 경쟁사에 밀린다고 했다. 내가 대답했다.

"그만큼 우리가 젊은 기업이라는 뜻입니다. 에너지 넘치는 젊은 기업, 게다가 5년 만에 매출 5조를 달성했으니 얼마나 대단합니까. 더욱이 우리는 통신만 합니다. 우리가 언제 주유소를 했습니까, 다른 물건을 만들어 팝니까. 우리는 오로지 IT 전문기업 아닙니까. 역사가 짧다고 단점이라 얘기할 필요는 하나도 없습니다. 오히려 더 좋을 수도 있습니다. 말하기 나름이에요. 나이는 숫자에 불과하다고 캠페인을 하고, 통화품질 1위 기업, 이익률 1위 기업, 5년 만에 5조를 이룬 기업이라고 강조하면 됩니다."

실제로 KTF는 많은 강점을 가진 강한 기업이었다. 그런데도 스스로 약점만 보고 있던 것이다. 약점이 눈에 밟히는 것은 사람이나 대기업이나 마찬가지였다. 그럼에도 애써 강점을 보려고 노력해야 한다. 멀쩡한 강점이 있는 데도 약점에만 집중해서 스스로를 구속하는 우를 범해서는 발전이 없다.

나는 합격을 예감했다. 휴대폰이라고는 전화 걸고 받는 것밖에 모른다면서 마케팅 전략을 앉은 자리에서 제시하는데, 나를 뽑지 않을 이유가 없지 않은가. 면접 이야기를 전해 들은 누군가는 나의 순발력이 뛰어나다고도 했고, 또 누군가는 '역시 마케팅 대가'라고 치켜세우기도 했지만, 역지사지하니 답이 분명히 보였을 따름이었다. 그날 인터뷰로 난 3,000억 매출의 애경산업 상무에서 당시에만 5조 매출을 하는 KTF의 마케팅 전략 실장이 되었고, 자리를 옮기자마자 면접 때 했던 구상을 실행에 옮겼다. 강점을 아무리 잘 보아도, 행동으로 옮기지 않으면 그럴싸한 말잔치일 뿐이므로.

그냥 되는 건 없다, '된다'고 생각해야 된다

　나는 골프를 조금 친다. 그리고 골프장에서 인기도 제법 좋다. 중국에서 일할 적에도 한국에 올 때면 골프 한번 같이 치자고 사방에서 연락이 쇄도했었다. 한 손으로 치는 게 가능한지 실제로 보고 싶어서 부르는 경우도 많았다. 하긴, 얼마나 신기하겠는가. 처음에는 나도 한 손으로 칠 수 있다고 생각 못 했으니.

　내가 골프에 재미를 붙인 것은 순전히 장영신 회장님 덕이다. 어느 날 나를 부르더니, 다짜고짜 이제 중역이 됐고 외국 손님 접대도 해야 하니 골프를 치라고 하셨다. 한 손으로 어떻게 치느냐고 되묻는 내게 장 회장님은 천연덕스럽게 "충분히 하실 수 있어요"라고 대답하며 한마디 덧붙였다. "딴 사람은 몰라도 당신은 해낼 거야."

장 회장님이 내 모티베이터가 되어주신 것이다. 애경에서 내가 가장 잘 배운 것이 있다면, 바로 동기부여 능력이다. 그분은 항상 '잘한다, 넌 될 거다' 하며 기쁘게 내 가슴에 불을 질러주었다. 그러니 나는 훨훨 타오를 수밖에 없었고 그 열정 덕분에 항상 즐거웠다.

장 회장님의 격려에 신이 난 나는 그날부터 하루 3시간씩 연습했다. 두 손으로 골프 치는 사람이 한 손 가진 사람을 가르칠 도리가 없으니, 되든 말든 내 스타일을 개발해야 했다. 그러기를 몇 달, 처음으로 필드에 나간 날 나는 103타를 쳤다.

처음에는 정말 한 손으로 골프 치는 게 가능한지 사람들이 많이 물어보았다. KTF 입사 인터뷰 때도 골프 얘기가 나왔다. 그래서 기왕 설명할 것 화끈하게 하자는 마음으로, 자리에서 벌떡 일어서서 폼을 보여드렸다.

"어렵지 않습니다. 이렇게 기마자세를 딱 잡고, 눈은 공만 쳐다보고, 허리를 돌리면서도 계속 공을 보고, 오른손은 얹기만 하고요."

"아, 그렇게 해도 잘 나갑니까?"

"오히려 공이 더 멀리 나가기도 합니다. 다른 사람들은 스윙할 때 오른손이 채를 잡아당기기도 해서 OB가 나기도 하는데, 저는 잡아당길 손이 없으니 스윙 후 쭉 뻗습니다."

그 큰 기업의 CEO가 설마 골프 잘 친다고 임원을 뽑았을 리는 없다. 다만 이용경 사장님은 내게서 남다른 무엇을 보았을 것이다. 예컨대 손 하나 없는데도 골프채를 잡으려 했다는 데서 용기 있다고 느꼈을 것이고, 한 손으로 87타를 칠 정도로 연습했다니 끈기가 있다고 생각했을 것이다. 또한 남들 도움받지 않고 스스로 방식을 찾아낸 걸 보니 제법 총기도 있고, 오기도 있다고 보았을 것이다.

내가 과연 할 수 있을까 하는 일말의 걱정을 안고 시작했지만, 골프는 지금 내 취미가 되어서 친구들과 내기 골프를 해도 당당히 재미있게 할 정도가 됐다. 내가 그때 '에이, 골프는 무슨' 하면서 내버려 두었으면 이런 재미를 몰랐을 것이다.

아무도 될 것이라 생각하지 않아도 신경 쓸 것 없다. 내가 '된다'고 믿고 방법을 찾으면 된다. 그게 비즈니스에서 성공하는 길이요, 인생의 묘미를 즐기는 방법이다. 마케팅이든 일이든 인생이든, '된다'고 생각하고 시작해야 한다. '안 된다'고 겁먹으면 시작도 하기 어렵다.

흘러가는 대로 인생을 그냥 내버려 두어서는 안 된다. 내버려 뒀는데도 거저 얻어지는 건 세상에 없다. 작은 것이라도 도전을 해야 한다. 무엇이든 상관없다. 도전하겠다는 생각에 빠져들어 보라. 의외로 도전이 즐겁다는 인생의 신비를 새삼 깨닫게 될 것이다.

혼자 괴로워해 봐야
시간 낭비다

처음 KTF에 갔을 때, 외부에서 온 고위직은 반년을 버티기 힘들다는 말이 있었다. 결과적으로 나는 8년을 있었다. 그것도 아등바등하며 겨우 목숨 부지한 게 아니라 부사장까지 승진하며 승승장구했다. 연줄 하나 없는 대신 실력으로 승부하겠다는 정신이 있었기에 가능했던 결과다.

하지만 그 8년 세월이 꽃길이기만 했겠는가. 기본적으로 나는 복이 많고 운이 좋은 놈이라고 생각하지만, 돌이켜보면 크고 작은 부침이 없었던 것은 아니다. 애경에 입사하고 한동안은 어차피 내가 다른 회사로 옮기지 못할 거라면서 인사고과에서 대놓고 최하점을 주는 상사 때문에 마음고생도 심했다. 누군가는 꼴찌를 해야 하는데 그것 때문에 직원이 회사를 그만두면 안 되니까, 어차피 못 나갈 놈한테 나쁜 점수를 몰아준 것이다. 상사의 심정이 이해되지 않은 것은 아니지만, 그 와중에 내 자존심은 적잖이 상처받았다. 나도 어엿한 가장인데, 매일 밤새워 일하고도 꼴찌 성적표를 들고 가니 분하고 억울해서 딱 미칠 것 같았다. '그래, 나를 밟든 삶든 어디 한번 마음대로 해 봐라, 나중에 내가 배로 갚아줄 테니⋯.' 그때는 오직 오기로 버텼던 것 같다. 그러다 좀 잘나가나 싶으니 어린놈이 눈에 뵈는 게 없다, 선배에게 반말한다는 식의 유치한 중상모략이 판을 치기도 했다.

KTF에 처음 입사했을 때도 마찬가지였다. 2001년 11월에 입사하고 조직에 적응할 만해졌다 싶을 때 새로운 사장님이 취임했다. 그때 취임한 이경준 사장님은 중학교를 졸업하고 우체국 직원으로 시작해 KT 전무를 거쳐 KTF 사장직에 오른 입지전적 인물이었다.

처음에 그분은 나를 그리 좋게 보지 않았던 듯했다. 그러다 사람들이 공채 동기다, 연구원 동기다, 기술사 동기다 해서 연줄을 만들고 줄을 서려고 할 때 나 혼자 아무 연고 없이 묵묵히 일만 하는 걸 보고는 비로소 마음을 열어주셨다. 어려운 형편을 극복하고 소신껏 일하는 모습이 당신과 비슷하다는 것이었다. 그때는 그 말이 어찌나 고맙던지, 이분이 사장직에 오래 계셨으면 좋겠다고 생각했다.

하지만 이분도 얼마 후 다른 자리로 가시고, 새 사장님이 오시며 부서장들도 일제히 자리 이동을 했다. 그 와중에 나는 서울강북지역본부로 발령을 받았다. 1년 후 다시 전국 본부 중 꼴찌를 하던 광주본부로 가라고 했으니, 명백한 좌천이었다. 세일즈 현장경험도 미천하고, 광주는 가본 적도 없는 외지인데 어떻게 적응해서 다시 올라오나… 생각해보면 참 힘든 시기였다.

하지만 좌절도 딱 이틀까지였다. 사흘째가 되자 이런 생각이 들었다. '나 혼자 괴로워해 봐야 시간 낭비다.'

하도 급작스레 발령을 받아서 다른 대안을 모색할 시간도 없었고, 그럴 정신도 없었다. 답이 없는 상황에서 내가 할 수 있는 것은 딱 하나, 감사하는 것뿐이었다. 어차피 내가 잘하면 언젠가는 내 자리로 돌아갈 것이다, 그러니 괜히 혼자 속 끓이지 말자고 생각하고 어떻게든 감사할 구실을 찾아서 나를 세뇌하기 시작했다.

가끔 느끼는 점이지만, 사람은 참 신비로운 존재다. 감사하기로 마음먹자 정말 고마운 것들이 눈에 보이기 시작했다. 아내는 나와 결혼한 이후 오랫동안 부모님을 모시며 아이들 키우고 사느라 고생이 이만저만이 아니었는데, 그런 아내에게 잠시 쉴 시간을 주기 위해 내려오게 됐나보다 하고 생각하게 되었다. 부모님과 아이들 뒷바라지하느라 바빴던 우리 부부에게 신혼 때도 누리지 못한 여유가 주어졌다. 광주에서는 저녁이면 둘이 영화를 보고, 업무상 광주본부가 관할하는 곳을 두루 돌아보면서 보길도도 가고, 익산도 가고, 제주도도 갔다. 그전 같았으면 내가 무슨 재주로 휴가를 내서 제주도를 가고 보길도를 갈 수 있었겠는가. 매일같이 술 마시며 쓸데없는 짓만 하지 않으면 지역 사령관은 얼마든지 내 재량껏 일하며 실적을 키울 수 있는 자리였다. 서울에 살면서는 꿈도 못 꿀 호사이자 평화였다.

어디 그뿐이랴. 술을 안 마시니 저녁에 퇴근하면 아내와 시간 보내는 것 외에 할 일이 없었다. 낯선 곳에 내려왔으니 친구도 없고, 뭘 할까 고민하다가 다시 공부를 시작했다. 마케팅 자료도 다시 보고 내친김에 책도 한번 써보자 싶었다. 나의 마케팅 전문서들은 다 그때 쓴 것이다. 이처럼 며칠 괴로워하다가 생각을 살짝 이동시키니 괴로움이 즐거움으로 슬슬 바뀌기 시작했다. '아하, 이래서 나를 지방으로 보냈구나. 난 정말 운이 좋다.'

생각이란 얼마나 무서운 것인가. 가장 행복하게 사는 비결은 매사 감사하는 마음으로 사는 것이라는, 오래된 지혜를 새삼 실감했다. 그런데 만약 내가 홀로 악의나 품었다면 내 몸이 나쁜 기로 채워지고, 스트레스를 받아 마음이 피폐해지고, 몸이 상하고, 그러다 보면 자신감이 없어졌을 것이다. 인맥도 뭣도 없는 놈이 자신감조차 없으면 무슨 수로 재기할 수 있겠는가? 실적이 안 좋을 때마다 직원들에게 화풀이하고 나를 여기로 보낸 사람들 원망을 했을 것이고, 그러면 발 없는 말이 천 리 간다고, 내가 회사 험담하고 다닌다는 동향보고가 윗선에 올라갔을 수도 있다. 그러면 아마 좌천 정도에서 끝나지 않고 그 자리에서 잘렸을 것이다. 패배의식에 사로잡힌 본부장 밑에서 일해야 하는 직원들은 또 무슨 죄인가.

그러니 복수하겠다는 마음이란 얼마나 어리석은 것인가. 감사하는 것은 내가 제정신으로 살기 위한 길이자, 주위에 나쁜 영향력을 미치지 않음으로써 무사히 재기하기 위한 전략이었다. 안 그래도 광주본부는 실적이 나빠서 의기소침해지기 쉬운 상태였는데 나까지 말을 얹을 필요가 없었다. 그래서 모든 일을 긍정적으로 바라보고, 긍정적으로 전파하고자 애썼다. 본사에서 사장지시가 내려오면 지체 없이 직원들과 공유했다.

"이번에 사장님이 이런 지시를 하셨습니다. 내가 보기에 참 지혜로운 지시 같아요. 그러니 우리는 이를 차질 없이 행동으로 옮겨야 합니다. 팀장들은 이 내용이 잘 시행되고 있는지 매주 보고해주세요."

그러면서 지시사항에 맞춰 모든 행동지침을 세웠다. 나부터 실행에 옮겼음은 물론이다. 직원들이 본사에서 소외됐다는 느낌을 받지 않도록 의식적으로 사장님 얘기를 많이 했다. 번개

회식 자리에서도 일부러라도 큰소리로 사장님 칭찬을 했다. 그래야 직원들에게도 좋고 나에게도 좋을 것 같았다.

처음에는 그런 내가 이상했던 모양이다. 지역 노조위원장이 초창기에 나를 찾아와 위로했다.

"아이고, 실장님이 여기까지 오셔서 어떡합니까? 이리로 오신다는 말씀 듣고 저희끼리 걱정 많이 했습니다."

"왜요?"

"이렇게 좌천되셔서요."

"이게 왜 좌천입니까?"

내가 아무리 웃는 얼굴로 좋다고 말을 했지만, 그들도 나를 안쓰럽게 여기는 분위기가 있었다는 뜻이다. 이래서는 안 되겠다 싶었다.

분위기 반전이 필요해 보였다. 작은 지점이라도 자주 방문하면서 직원들과 얼굴을 보고 작은 일이라도 잘하는 게 있으면 칭찬했다. 아무리 실적이 보잘것없던 직원이라도 어떻게든 잘할 수밖에 없도록 판을 만들어주고, 티끌만큼이라도 잘한 게 생기면 칭찬해줬다. 기왕이면 그들의 모티베이터가 되기로 했던 것이다.

피할 수 없으면 즐기라고, 세상일은 다 내 마음먹기 나름이다. 작은 치욕에 얽매이면 시야가 좁아지고 생각도 짧아진다. 어떤 일이더라도 일단 긍정적인 마음으로 받아들여보자. 그래도 용납이 안 된다면 그때 대응해도 된다. 어쩔 수 없는 수긍이 아니라 진솔한 마음으로 긍정적으로 바라보면, 거기서 내가 할 수 있는 일이 무엇인지 조금씩 보이기 시작한다.

3

근성, 끝까지
너를 이겨라

스스로 만드는, 기회

스스로 위대한 사람이고 싶다는 열망이 강할 때 우리는 위대해진다.
열망이 커지면 기존과 다른, 기존과 차이나는 생각을 하게 된다.
그 차이만큼 시야가 넓어지고, 전략이 달라지고, 행동이 탁월해진다.
그 결과, 평범했을 때는 감히 넘보지 못했던 결과를 만들어낸다.

블루오션은 언제나
지금 이곳에 있다

30년 넘는 세월을 마케팅에 종사하며 새삼 느끼는 사실이 있다. 마케팅이란 참 신비롭다는 것. 마케팅^{marketing}이라는 용어를 잘 보자. 시장^{market}에 진행형을 뜻하는 '-ing'가 붙어서 만들어진 단어다. 움직이지 않는 시장을 움직이는 것이 바로 마케팅이다. 돈 버는 일을 하는 한 우리는 모두 마케팅 종사자이다. 다만 산업이 다르고, 하는 업무에 차이가 있을 뿐.

자기네 제품과 서비스를 어떻게 하면 고객에게 효과적으로 각인시킬 수 있을지, 어떻게 하면 더 많이 이용하게 할 수 있을지 고민하는 한 우리는 모두 마케터다. 따라서 기획을 하든 R&D를 하든 경영관리를 하든, 자신이 마케팅하고 있음을 항상 인지하고 있어야 한다.

그런데 가만히 지켜보면 마케팅을 잘하는 사람과 못하는 사람이 확연히 드러난다. 어떤 사람이 마케팅을 잘하는가? 마케팅을 잘하려면 어떻게 해야 하는가? 여러 가지 방식이 있겠지만, 내가 몸으로 겪으며 실감한 바로는 3C가 있어야 한다.

흔히 골프에서는 4C가 중요하다고 한다. 날씨Climate, 컨디션Condition, 동료Colleague가 중요하고, 캐디Caddy도 빼놓을 수 없다. 여기에 현금Cash이 따라준다면 금상첨화. 마케팅의 3C도 본질은 같다. 마케팅을 잘하려면 변화Change에 능동적으로 대처할 수 있어야 하고, 무엇보다 도전의식Challenge이 있어야 한다. 여기에 더해 항상 멀리서만 찾으려 하지 말고 지금 이곳에서 창조적Creative 아이디어를 내서 성공시켜야 한다. 이 세 가지 요건에 실행력이 더해지면 누구나 성공적인 마케터가 될 수 있다.

내 마케팅 성공작으로 가장 많이 회자되는 것 중에 하나로샴푸가 있다. 어느 날 광고를 하나 봤다. "샴푸와 린스가 하나로, 럭키랑데부샴푸." 또 업계의 선두기업에서는 "샴푸와 린스가 하나로, 투웨이샴푸"라고 광고를 했다.

애경에서도 개발하고 있는 콘셉트가 있었는데, 업계의 내로라하는 두 기업에서 먼저 만들어서 저렇게 마케팅 공세를 펼치니 큰일이라고 걱정이 이만저만이 아니었다. 하지만 그들의 광고를 가만히 보니, 피할 수 없는 단어가 하나 눈에 띄었다. 바로 '하나로'였다. 그 길로 '하나로'라는 이름으로 상표등록부터 하고 제품을 출시했다. 어찌나 급했던지, 용기 디자인도 제대로 나오지 않은 상태에서 원래 있던 금형에 하얀색 수지를 부어서 내놓았다. 그럼에도 선발업체보다 1년이나 늦은 시장진입이었다.

제품을 출시하고 우리도 광고를 시작했다. "샴푸와 린스를 하나로, 하나로샴푸" 그러지 소비자들은 이쪽 광고 보고 우리 제품 집어가고, 저쪽 광고 보고 또 우리 제품 집어가고, 우리 광고 보고 우리 제품을 집어갔다. 졸지에 남의 기업에서 우리 제품을 광고해준 형국이 된 것. 남는 광고 예산으로는 샘플을 만들어 해수욕장에서 나눠줬다. 남들은 10g짜리 비닐 팩에 샘플을 줬는데 우리는 작은 용기에 40g을 담아서 줬다. 그러니 어떻게 됐겠는가. 가장 늦게 런칭한 제품이면서도 6개월 만에 시장을 석권하고 넘버원 브랜드가 되었다.

자, 하나로샴푸에 자원이 많이 투입되었을까? 그럴 리가. 오히려 가장 적은 자원을 썼다. 이 제품의 성공 요인이 돈도 아니라면, 그럼 특별한 자원이었을까? 그럴 리가. 그럼 성공 요인이 무엇이었는가 하니, 바로 창조적 아이디어였다. 이 제품의 창의성은 브랜드네임에 담겼다.

그러나 아무리 창조적 아이디어가 나왔다 해도, 도전정신이 없었다면 이 제품은 시장에 나오지도 못하고 중도폐기되었을 것이다. 비록 늦게 시장에 뛰어들지만 포기하지 않고 기필코 그들을 이기겠다는 도전정신이 있었기에 빛을 볼 수 있었다.

물론 이 모든 도전은 샴푸 따로 린스 따로 쓰던 시장에서 샴푸와 린스를 한 번에 쓰는 시장으로 옮아가고 있다는 변화를 보았기 때문에 가능했다.

하나로샴푸의 성공으로 나는 과장에서 부서장으로 특진했다. 그와 동시에 내 이름 석 자는 업계에 좍 퍼졌다. 이 기발한 아이디어 낸 놈을 잡아 와라, 돈은 얼마든지 주겠다고 러브콜을 넣는 회사가 생기기 시작했다. 마침내 나는 연봉을 세 배 높여서 미국 다이알의 마케팅 이사로 스카우트되었다.

서른다섯 나이에 중역이 되었다고 자랑하려는 것은 아니다. 하고 싶은 말은 이것이다. 포기하려 들면 얼마든지 포기할 수 있다. 그러나 지금 닥친 위기를 오히려 기회로 삼자고 들면 반전할 기회는 사방에 있다. 어마어마하게 많다. 그 기회를 어디에서 찾을 수 있을까? 바로 여기, 지금, 현재에서다. 경쟁사의 광고에서 내 제품 팔 방법을 생각한 것처럼 말이다.

세라젬 H&B를 밑바닥에서부터 키워내며, 나는 중소기업의 어려움을 뼈저리게 느낄 수 있었다. 대기업 KTF에 있을 때는 중소기업이 어렵다고 해도 그게 얼마나 힘든지 실감하지 못했다. KTF 부사장 시절에는 돈을 이만큼 쌓아놓고 마음껏 물량 공세를 해도 돈 부족한 줄 몰랐다. 그러나 중소기업에서는 어림없는 말씀이다. 철저히 아이디어로 먹고살아야 한다.

아이디어를 얻으려면 현실에서 구하고 구하고 또 구해야 한다. 애경 제품 중에 울샴푸가 있었다. 이 제품은 겨울에만 신나게 팔리고 여름에는 도통 재미가 없었다. 당시 내 대안은 굉장히 간단했다.

"그럼 여름에도 사라고 해."

"아니, 여름에는 안 팔린다니까요."

"그러니까 여름에도 사가라고 하란 말야."

"안 팔리는데 사란다고 사갑니까?"

"안 팔리는 이유가 뭔데?"

"울이라고 하니 털 느낌도 있고, 겨울 생각도 나고 그러니까 안 사 가죠."

"아, 바로 그게 정답이잖아. 안 사는 소비자에게 사라고 외치란 말이야. 소비자를 혼내란 말이야. 이 좋은 걸 왜 안 사느냐고. 큰소리로 강하게 주장을 해. 그러면 소비자가 '내가 몰랐네' 하면서 사 가게 돼 있어."

내가 요구한 것은 '자신감'이었다. 자신감 있는 말은 누구나 귀 기울인다. 이 말이 어쩌면 관념적으로 들릴 수도 있고, 헛소리처럼 들릴 수도 있다는 걸 안다. 하지만 자신감에는 무서운 힘이 있다. 나는 과감히 소비자를 혼내라고 했다.

"아무리 그래도, 소비자가 호통친다고 말을 듣나요? 이미 울 샴푸 이미지가 있는데요."

"이 제품은 여름에 써도 좋아?"

"네, 물론이죠."

"그럼 광고해보자. 여름에도 울샴푸. 걸레 같은 거 빠는 데 쓰지 말고, 우리 가족 소중한 옷에만 쓰라고 해봐. 그리고 울 말고 면, 모시, 마에도 다 쓰라고 해."

이 제품은 광고를 대대적으로 하지도 않았다. 신제품이 아니라 마케팅 비용을 과하게 쓸 수 없었다. 그래서 TV 광고는 하지 않고 인쇄매체 광고만 했다. 대신 신뢰감 있고 우아한 분위기의 모델을 써서, 이렇게 우아한 주부는 여름에도 울샴푸를 쓴다는 느낌을 주고자 했다.

그랬더니 정말 사람들이 여름에도 울샴푸를 사기 시작했다. 여름 공백기를 극복하면서 모은 돈을 다시 울샴푸 마케팅에 모두 투하했다. 그렇게 해서 여름을 공략하고, 시장점유율을 85%까지 올려놓았다. 뒤늦게 울샴푸를 따라 한 제품들이 나오긴 했지만, 이미 굳혀놓은 시장은 흔들리지 않았다.

무릇 질문 속에 답이 있는 법인지라, 울샴푸 또한 여름에 팔리지 않는다는 고민 속에 답이 있었다. 어떻게 생각하느냐에 따라 기회가 생기기도 하고, 사라지기도 하는 법이다.

기업의 규모도, 자본의 유무도 그리 중요하지 않을 수 있다. 결국 차별화할 수만 있으면 된다. '차별화할 게 없는데요?' 이렇게 반문할지도 모르지만, 그건 거짓말이다. 문제가 무엇인지 묻고 또 물으면 답은 나오게 돼 있다. 성공하는 사람은 기회가 없다고 말하지 않는다. 지금의 문제 속으로 들어가면 차별화할 건 수없이 보이기 때문이다. 그걸 보려고 노력하고 실행하는 사람만이 성공할 수 있다.

1등이 아니라면,
1등이 되는 길을 만들어라

내가 면접 볼 당시 KTF는 5조 매출의 대기업으로, 모든 구직자가 원하는 꿈의 직장이었다. 그러니 우수한 인재들이 얼마나 많았겠는가. 대한민국 최고 기업의 마케팅 수장이 되었으니, 출근 첫날은 기대감에 설레기도 했다. 그러나 회사를 둘러본 첫 느낌은 기대와는 딴판이었다.

'야… 이거 큰일이다.'

대한민국 최고의 인재들이 모였으니 일도 화끈하게 잘할 줄 알았는데, 왠지 모르게 복지부동하는 분위기였다. 큰 조직에서 보이곤 하는 줄서기, 라인 타기 같은 모습도 감지되었다. 첫 직장에서부터 입사 과정도 시끌시끌했고 진급도 빨랐던 편이니, 각종 텃새와 견제라면 나도 모자라지 않게 겪어본 터였다. 그런 경험에서 오는 직감이랄까, 호락호락하지 않을 것 같다는 느낌이 확 왔다. 이걸 어쩐다…?

뾰족한 수는 없었다. 이런 걸로 괜히 머리 쓰는 건 에너지 낭비다. 내가 아는 극복법은 그냥 곧이곧대로, 올바른 길을 가고 실력으로 승부하는 것뿐이다. 출근하자마자 나는 직원들을 모아놓고 이렇게 선언했다.

"지금부터 KTF는 2등이 아닙니다. 앞으로 우리는 무조건 최초로 하고, 최고가 될 겁니다!"

면접 때도 느꼈지만, 회사에 와서 보니 정말 뭐든지 2등이었다. 5조 매출 기업이 어떻게 업계 2위밖에 못하고 있는지 기가 막혔다. 그 똑똑한 직원들 수만 명이 모여 있는데도 '우리는 SKT에 안 돼' 하며 '안락한 2등'에 머물러 있었다. 1등은 처음부터 정해져 있다는 듯.

그래서였는지, 내가 1등이 되자고 해도 감지되는 분위기는 '에이, 우리가 어떻게…'였다. 어디서 비누 팔던 놈이 와서 헛소리한다는 느낌이었을지도. 1등 할 수 없다는 패배의식은 예상보다 뿌리가 깊었다. 어떤 식으로든 한번 '우리가 잘한다'는 기분을 맛보게 해줘야 이 패배의식이 극복될 것 같았다.

가장 먼저 시도한 것은 마케팅스쿨을 여는 것이었다. 명색이 마케팅 전략부서인데 마케팅 전문교육을 받은 사람이 별로 없어 보였기 때문이다. 매일 아침 모여 원서로 마케팅 공부를 하기 시작했다. 그런 다음 연세대학교 박흥수 교수에게 연락했다. 당시 그분은 AMSP라는 6개월짜리 최고급 마케팅 코스를 운영하고 있었다. 대기업의 마케팅 매니저, 부장, 상무 등을 대상으로 하는 강의를 우리 직원들에게 시켜야겠다고 생각하고 비용을 물었다. 5,200만 원이라고 했다.

"좋습니다. 선금으로 바로 보내드릴 테니 우리 좀 가르쳐주십시오."

그러고는 그 길로 사장 결재를 받아서 바로 지급했다. 아무리 돈 많은 기업이라 해도 몇천만 원을 아무 생각 없이 쓸 수는 없다. 하지만 사장님은 그때 사인하면서 매우 기분이 좋으셨다. 새로운 전략실장이 오니 드디어 뭔가 바뀌는구나 싶었던 것 같았다.

그런데 문제는, 정작 직원들이 교육을 안 받으려 한다는 것이었다. 대학에 찾아가는 것도 아니고 교수들이 회사에 와서 가르친다는데도 강의장에 가보면 절반밖에 없기 일쑤였다. 남들은 여건이 안 돼서 꿈도 못 꾸는 강의인데…. 이래서는 안 되겠다 싶어서 강의참여를 인사고과에 반영하겠다고 엄포를 놓고는 매번 출석을 체크하기로 했다. 공기업에서 가장 무서운 것은 역시 인사고과이니 효과는 즉각적이었다. 그럴수록 나에 대한 뒷담화가 무성했지만, 어쩌겠는가. 비누 팔다 온 놈이 뭘 안다고 까부느냐고 직원들이 육두문자 날리는 소리도 숨죽이고 앉아서 잠자코 들었다.

　나도 사람인데 날 욕하는 소리가 듣기 좋았을 리는 없었다. 그래도 참아가며 마케팅스쿨을 꿋꿋이 열었던 것은, 그 실제적인 효과를 알았기 때문이었다. 애경에서도 나는 될성부른 떡잎이다 싶은 직원들을 모아서 마케팅스쿨을 열곤 했다. 주 6일 근무를 하던 당시, 토요일이면 내 집무실 소파를 치우고 기다란 테이블을 놓고서 모여 앉아 마케팅 교과서를 함께 읽었다. 국내에 마케팅 교과서라 할 만한 책이 없었으니 죄다 영어로 된 원서들이었다. 이걸 밑줄 쳐가며 읽고 머리 터지게 토론하고서는, 그 내용을 현업에 적용하곤 했다.

　영어를 제대로 모르고, 마케팅은 더더욱 모르는 직원들을 데리고 했으니 그 과정이 어찌 순탄했겠는가. 술 덜 깬 얼굴로 억지로 앉아 있는 이가 있는가 하면, 읽기는 했으나 무슨 말인지 이해를 못 해 멍한 직원도 있었다. 모르긴 몰라도 그들 역시 내 험담을 어지간히 했을 터. 그러나 그렇게 우격다짐으로 읽은 책이 한 권 두 권 쌓여 서서히 그들의 자신감이 높아지는 게 보였다. 애경의 마케팅이 업계에 알려지기 시작하면서 마케팅스쿨에 대한 소문도 퍼져나가자 자신감은 한층 높아졌다.

　처음에는 억지로 앉아 있던 직원들이 점차 영어사전을 옆에 끼고 단어를 찾아가면서 열심히 읽기 시작했다. 명실상부한 마케팅스쿨, 학습조직이 된 것이다. 그때의 성공 기억이 있었기에, KTF에서도 반드시 결실을 거둘 것이라는 확신이 있었다.

마케팅에 대한 전문지식을 익혀가면서, 나에 대한 불필요한 텃세도 자연스럽게 가라앉는 듯했다. 하지만 분위기를 확실히 반전시키려면 마케팅스쿨 등으로 조직을 정비하는 것 외에 내 존재감을 각인시킬 무언가가 필요했다. '실적' 말이다.

그때 시도한 것이 대학생 대상의 나^{NA} 프로모션이었다. 경쟁사의 TTL 브랜드가 잘나가니 KTF도 20대 브랜드 '나'를 만들었는데, 아무리 해도 초반 이미지가 강력했던 TTL을 이길 수 없었다. 이때 내가 겁도 없이 호언장담했다.

"아무것도 바꾸지 않고 1등 하는 방법을 알려주겠습니다."

그랬더니 담당자들 눈이 동그래졌다. 그들을 한자리에 모아놓고 강의를 했다.

"자, 지금부터 '나'의 포지션을 옮기는 겁니다."

"어디로요?"

"20대 중에서도 대학생으로 갑시다. 캠퍼스 브랜드로 만들어서 다른 데는 거들떠보지도 말고 대학 캠퍼스에만 온갖 혜택을 주세요. 학과마다 학생회장들에게 통신비 지원하고, MT 비용도 지원하고. 캠퍼스 커플은 학교 안에서 통화도 공짜로 하게 해서 집단으로 가입하게 하는 겁니다. 그들은 나중에 대학을 졸업하고 기업에 취직할 것이고, 그중에서는 CEO도 나올 겁니다. 그들이 지금부터 KTF의 충성고객이 되는 겁니다."

"그럼 대학생 아닌 20대들은 못 쓰나요?"

"아뇨, 쓰게 하세요. 단, 캠퍼스 내에 주어지는 혜택 몇 가지는 못 받겠죠."

"공짜 요금제가 들어가면 손실이 클 텐데요."

"어차피 커플들은 캠퍼스 안에서 붙어 다니니 통화할 일이 별로 없어요. 설령 손실이 있다 해도 그리 큰 금액은 아니니 괜찮습니다."

마케팅에 대한 이해가 부족한 일부 사람들은 타깃을 더 좁히면 어떡하느냐고 걱정했다. 하지만 모든 20대의 취향을 어떻게 다 맞춰 줄 수 있는가? 다 먹겠다는 건 아무것도 안 먹겠다는 말과 똑같다. 그래서 오히려 타깃을 더 좁혔다. 대학생이 아니면 MT비 지원 같은 건 못 받겠지만, 도서관이나 영화 이용 혜택 등은 똑같이 누릴 수 있으니 '나'를 선택할 여지는 충분하다고 보았다.

그래서 '나'는 20대 브랜드에서 대학생 브랜드로 옮겨갔다. 1등? 당연히 했다. 애초에 그 시장은 아무도 없는 무주공산이었으니 깃발만 꽂으면 1등은 쉬웠다.

그러나 아무리 무혈입성이라 해도 1등에 걸맞은 전략은 있어야 하는 법. 학생회장들에게 휴대폰을 주고 전화비를 지원하는 대신, 휴대폰을 쓰다가 불편한 점이 있으면 리포트를 쓰게 해서 개선해나갔다. 또 커플은 패밀리 요금제로 묶어서 캠퍼스 내에서는 공짜로 통화하게 하는 등 대학생들의 일상에 최적화된 서비스를 선보였다.

광고도 "금요일은 '나'요일, 즐거움이 줄을 섰다"라는 카피로 추상적인 TTL과 대비되는 '나'만의 혜택을 알리는 데 중점을 두었다. 본인들의 캠퍼스라이프에 최적화된 서비스를 이용해본 대학생들은 자연스럽게 친구들에게도 '나'를 쓰라고 소문내기 시작했고, 요즘 말로는 바이럴을 탄 '나'는 큰 투자나 출혈 없이 1등을 지켜나갔다.

KTF에서 1등의 의미는 각별했다. 워낙 '2등 브랜드'라는 이미지가 강해서, 구성원 스스로도 '우리는 1등 못 해'라는 생각에서 쉽게 벗어나지 못했다. 그런데 '나'의 성공은 '우리도 1등 할 수 있잖아!'라며 신선한 충격을 선사했다.

그 당시 KTF 마케팅실의 하위 파트를 두루 섭렵하면서 직원들에게 어떻게든 '우리도 1등 할 수 있다'는 의식을 심어주고자 별별 짓을 다 했다. 못 하는 술을 사주고, 일주일이 멀다 하고 정신교육을 하고, 자그마한 성과도 칭찬하면서 긍정적으로 생각할 수 있도록 유도했다.

그러나 뭐니 뭐니 해도 나의 가장 중요한 임무는 1등 할 수 있는 전략을 짜는 것이었다. '나'를 성공시킨 것처럼 우리가 가진 브랜드를 하나하나 1등으로 만드는 작업에 심혈을 기울였다. 그중 가장 기억에 남는 것은 아무래도 쇼^{SHOW}의 성공이다.

전쟁에서 승리할 수 없으면
전장을 바꿔라

일찍이 잭 웰치가 '1, 2등 아닌 사업은 다 철수한다'는 경영전략을 구사한 바 있다. 언뜻 보기에는 피도 눈물도 없는 무시무시한 전략 같지만, 실은 깊은 위기의식에서 나온 전략임을 CEO라면 누구나 통감할 것이다. 이동통신 산업은 심지어 2등도 살아남기 힘든 분야다. 그만큼 1등과 2등 차이가 엄청나다.

이 차이를 극복하기 위해 면접 인터뷰 때 광고를 하라, 011을 독점하지 못하게 하라 등 나름의 대안을 제시했고 회사에 오고 나서 하나하나 실행에 옮겼다. 하지만 조금씩 개선이 되었을 뿐, 확실한 반전을 꾀하기에는 뭔가 부족했다.

가장 재미없었던 것은 의외로 '번호이동'이었다. 지인들에게 KTF로 옮기라고 아무리 권해도 통하지 않았다. 몇 년째 쓰고 있는 011 번호를 어떻게 바꾸느냐는 것이다. '번호의 자부심'이 있는지는 모르겠지만, 여하튼 휴대폰 번호 바꾸기를 매우 부담스러워하는 것은 사실이었다. 그래서 번호이동제의 필요성을 더욱 절감하고 통신부, 국회, 공정위를 내 집 드나들 듯 다니며 설득에 나섰다.

그러기를 1년여, 드디어 번호이동제가 시행되었다. 그런데 막상 해보니 우리에게 별로 득이 되지 않았다. 저 회사 고객은 우리에게 오고, 우리 회사 고객은 저리로 가고, 본전치기였다. 기발한 아이디어였지만 시장은 변하지 않은 것이다. 또 다른 대안이 필요했다. 결정적인 한 방이 있어야 했다.

싸워서 이기는 방법은 여러 가지다. 싸움의 기술을 익혀서 때려눕힐 수도 있고, 내게 유리하게 규칙을 바꿀 수도 있다. 아예 종목을 바꾸는 것도 훌륭한 전략이다. 싸움의 판을 바꿀 수도 있다. 홈경기 승률이 괜히 높겠는가? 남의 집 마당에서 싸우는 것과 우리 집 안방에서 싸우는 것이 어떻게 같겠는가.

경쟁사보다 10년 늦게 이동통신 산업에 뛰어든 KTF는 말하자면 남의 집 마당에서, 남이 먼저 정해둔 규칙대로 싸우는 격이었다. 영양가 높은 고객들은 이미 경쟁사가 다 가져가고 처음부터 핸디캡을 안고 시작하는 싸움이니 1등이 되기 어려운 것은 당연지사. 이 상황을 뒤집으려면 아무도 없는 곳에서 우리가 먼저 판을 벌여야 했다. 그래서 우리는 '쇼'를 런칭했다.

'쇼'를 런칭하기로 내부에서 결정을 내린 것은 2005년의 일이다. 2G로는 죽어도 SKT를 이길 수 없을 것 같아서 속이 탔던 나는, 죽든 살든 3G 시장에 먼저 가야 한다는 입장을 고수했다. 하지만 내부의 우려와 반발도 만만치 않았다. 3G 시장이 언제 열릴지 감도 안 잡히는 시점이었으니 내 주장이 뜬구름 잡는 말처럼 들렸던 것이다.

"영상 통화요? 그거 언제 될지도 모르는 것 아니오?"

"아닙니다. 모든 커뮤니케이션 수단은 '보는 것'으로 가게 돼있습니다. 3G 시장은 머지않아 반드시 옵니다. 그때도 SKT보다 늦으면 우리는 언제 1등을 노릴 수 있을지 기약조차 하지 못하게 됩니다."

"SKT나 LGT는 아직 조용하지 않소? 너무 빨리 내났다가 망하는 것 아니오?"

"SKT는 2G에서 잘 벌고 있는데 뭐하러 가겠습니까? 손에 든 떡이 있는데, 맛있을지 없을지도 모르는 떡을 먹으러 굳이 갈 필요가 없죠. LGT도 1, 2등이 가만있으니 섣불리 움직이지 못할 겁니다. 투자 여력 면에서도 우리가 LGT에 비해 훨씬 유리합니다. 그러니 우리가 먼저 가야죠. 가서 선점해야 1등 합니다."

사장님에게도 공적, 사적 설득을 쉬지 않았다.

"사장님, 저는 우리처럼 큰 공기업이 기막힌 전략으로 멋지게 성공해서 마케팅 교과서에 성공사례로 실리는 게 꿈입니다. 역사에 남는 건 1등밖에 없습니다. 2등을 누가 알아줍니까? 500억 이익 덜 내면 1등 할 수 있습니다. 1등 하고 교과서에 실려서 역사에 남는 사업을 한번 하시죠."

내 노력과 사장님의 전략적 결단이 맞물려 마침내 재기기 떨어지고, 1년여의 준비 끝에 2007년 3월에 '쇼'를 공식 런칭했다. '쇼'는 4개월 만에 100만 고객을 모으며 3G의 대표 브랜드가 되었고, 사장님에게 호언장담했던 대로 우리의 성공사례는 서울대학교 이유재 교수의 마케팅 교과서에 18쪽에 걸쳐 소개되기에 이르렀다.

위대한 사람은 기회가 없다고 포기하지 않는다. 없던 기회도 스스로 생각해서 만들어낸다. 아, 오해는 말기 바란다. 나 스스로를 위대한 사람이라 착각하는 것은 아니다. 당신이나 나는 위대한 사람일 수도 있고, 보통 사람일 수도 있다. 다만 나는 평범하기 그지없는 사람도 위대해질 수 있다고 믿는다. 스스로 위대한 사람이고 싶다는 열망이 강할 때 우리는 위대해진다. 열망이 커지면 기존과 다른, 기존과 차이 나는 생각을 하게된다. 그 차이만큼 시야가 넓어지고, 전략이 달라지고, 행동이 탁월해진다. 그 결과, 평범했을 때는 감히 넘보지 못했던 결과를 만들어낸다. 자신의 머리로, 자신의 손으로.

큰 성공은
작은 성공에서부터 시작한다

'쇼'의 런칭에 기여했다고는 하지만, 그 당시 내가 마케팅 전략실장은 아니었다. '쇼'의 준비가 본격화되기 전인 2004년, 나는 광주본부로 발령받았다. 앞에서 말했듯이 좌천이었다. 하지만 광주는 내게 애경만큼이나 각별한 곳이다. 아무도 기대하지 않은 역전승을 일군 곳이니까.

광주에 내려가 본격적으로 업무를 시작하고 보니, 꼴찌도 이런 꼴찌가 없었다. 인구분포 등 전체적인 조건 자체가 좋은 실적을 내기 힘든 지역이었다. 게다가 전라남북도에 제주도까지 포괄해야 하니 발바닥에 땀나도록 다녀도 한 바퀴 도는 게 쉽지 않았다. 감사하는 마음으로, 신혼생활하는 기분으로 살지 않았다면 한 달도 버티기 힘들었을지 모른다.

특히 목포는 전국 꼴찌인 광주본부 중에서도 꼴찌였다. 구매력도 크지 않은 지역이었던 데다 시장 규모에 한계가 있다는 게 업계의 정설이었다. 한 사람이 휴대폰을 두세 대씩 갖고 다닐 일은 없으니, 어린아이가 자라 휴대폰을 사거나 경쟁사 가입자를 뺏어오는 것밖에 기대할 게 없었다.

그런 마당에 왜 신규가입이 늘지 않느냐고 디그쳐뵈야, 짝 없는 사람에게 왜 아이 안 낳느냐고 타박하는 것밖에 되지 않는다. 일이란 스텝 바이 스텝, 순서를 밟아가며 해야 하는데 이게 잘 안 될 때가 많다. 외국인들이 가장 먼저 배우는 한국말이 '빨리빨리'라고 하는 것처럼, 한국인들은 대체로 급한 것 같다. 특히 기업은 더욱 그렇다. 빨리빨리 하는 게 좋다고 생각하는데, 내가 보기에 그건 오히려 일을 더 지체시킬 뿐이다.

진짜 빠르게 하는 사람은, 제대로 하는 사람이다. 바느질을 빨리하려면 바늘귀에 실을 제대로 꿰어야지 바늘허리에 매서는 안 된다. 그러니 시장이 작아서 먹을 것도 많지 않은데 실적 못 올린다고 타박만 해서는 안 된다. 잘할 수 있는 방법이 무엇인지 살피고, 그걸 끝까지 물고 늘어져야 한다.

그때 내가 내린 결론은 자신감을 키워줘야 한다는 것이었다. 나 또한 좌천됐다는 마음에 하루이틀 마음고생이 심했는데, 여기서 몇 년째 꼴찌만 도맡아 하던 사람들 마음은 오죽했겠는가. 이들에게 어떻게든 자신감을 심어줘야 뭘 하든 해볼 수 있을 것 같았다. 일단 직원들이 무슨 일을 하든 조금만 잘하는 게 보이면 무지하게 칭찬하기 시작했다.

"이야~ 넌 이걸 정말 잘한다. 이걸 잘 살려봐!"

다행히 직원들 밥 사줄 돈은 충분히 나왔으니 목포며 익산이며 쉬지 않고 돌아다니며 밥을 사주었다. 지점에는 그냥 가지 않았다. 지난번 만났을 때 들었던 말이나 최근 올라온 보고 중에서 칭찬할 거리가 있으면 까먹지 않으려고 메모해서 들고 갔다. 그러고는 조회 때나 회식 때 '정말 열심히 잘했다, 감동받았다'고 잔뜩 치켜세웠다.

서울에서 미끄러진 본부장이 기분 좋을 리 없으니 으레 오만 상을 구기며 '이것밖에 못했냐'고 다그칠 줄 알았는데, 기대하지 않은 칭찬을 하니 직원들도 처음에는 얼떨떨했던 모양이다. 그러나 칭찬은 의기소침해진 직원을 일으켜 세우는 최고의 명약이다. 칭찬을 받자 한 가지를 잘하던 직원이 두 가지를 잘하게 되고, 세 가지를 잘하게 되고, 그다음에는 백 가지를 다 잘하기 시작했다.

다만 별로 잘하지도 않았는데 아무거나 막 칭찬할 수는 없으니 처음에는 칭찬할 거리도 만들어줘야 한다. '뭘 그런 것까지 해야 하나' 하고 시큰둥할 수도 있지만, 그건 마음속에 잘하려는 바람이 간절하지 않기 때문이다. 어떻게든 칭찬해야겠으면 초반에는 칭찬할 수밖에 없도록 판을 만들 필요도 있다. 실제로 나는 그렇게 했다. 아예 대리점을 옮겨버린 것이다.

"여기는 너무 외진 곳이라 사람들이 별로 다니지 않습니다."

목포지점에 가면 이런 하소연이 가끔 들리곤 했다. '명필은 붓을 탓하지 않는 법'이라고 한바탕 잔소리를 할 수도 있겠지만, 일단 그들의 말을 핑계로 치부하지 않고 진지하게 들었다.

"그래? 그럼 목포에서 가장 번화한 거리가 어딘가? 한번 가보자."

목포지점을 방문한 어느 날, 대리점 직원과 함께 목포 최고의 번화가를 찾았다.

"사람들이 가장 많이 다니는 곳이 어디지?"

"네, 저쪽 사거리입니다."

손가락이 가리키는 곳을 보니 러닝셔츠나 팬티를 파는 속옷 매장이 눈에 띄었다.

"지금 매장에 들어가서 하루 평균 매출이 얼마나 되는지 물어봐라."

직원이 갔다 오더니 하루 매출이 얼마 정도라고 알려줬다.

"그래? 그럼 두 배 가격을 줄 테니 우리에게 넘기라 그래라."

"네?"

"내가 어떻게든 자네들 지원해주겠다고 했잖아. 목포에서 가장 목 좋은 곳으로 대리점 옮겨줄 테니까 한번 해보자고."

다른 사람의 사기를 높이고 행동을 변화시키고 싶다면 그들이 움직일 '건덕지'를 줘야 한다. 그 방법은 내가 먼저 행동해서 그들을 감동시키는 것뿐이다. 한쪽 구석에 있던 대리점에서 실적 뽑아내라고 닦달해봐야, 안 되는 걸 강요하는 것밖에 되지 않는다. 일은 사기만 가지고 되는 게 아니다. 의지 충만했다가 현실의 벽에 부딪혀 좌절하는 경우가 얼마나 많은가. 남을 변화시키려면 최대한 좋은 여건을 만들어줄 필요가 있다. 그래야 '저 사람이 정말 내가 잘되기를 바라는구나' 하는 믿음이 생기고, 실제로 일도 잘 풀리기 때문이다. 그래서 무리를 해가며 목포에서 가장 비싼 자리로 옮긴 것이다. 100등을 90등으로 만드는 건 작은 감동으로 되지만, 100등을 1등으로 끌어올리려면 그만큼 큰 감동을 줘야 하지 않겠는가.

기껏해야 밥이나 사주면서 말로만 칭찬하는 줄 알았는데 이렇게 행동으로 보여주니 직원들이 느끼는 놀라움과 감동은 실로 대단했다. 목포 사람들이 가장 많이 모이는 곳에 KTF 대리점을 딱 차려놓으니 우리 눈에도 꽤 근사해 보였다. 간판 자체가 광고판이 되어서 걷는 사람, 차로 이동하는 사람들 눈에 다 KTF 이름이 들어왔다. 사실 이것만 해도 매장 임대료는 건진 셈이다. 여기에 더해 한 도시의 중심지에 있다는 이유만으로 목포에서 KTF는 이동통신의 대표 격이 되었다. 위상이 강화된 것이다. 이 말은 곧 목포 소비자들에게 KTF에 대한 신뢰가 커졌다는 뜻이다.

사정이 이러니 실적은 가만있어도 저절로 올라갔다. 물론 직원들이 놀고만 있지는 않았다. 최고의 매장에서 일한다는 프라이드가 생기니 자연스럽게 분위기도 좋아지고, 의지와 노력도 배가되었다.

"이제 진짜 한번 해보자. 만날 꼴찌만 하라는 법 있냐? 우리도 1등 해보자."

그 기세로 목포 직원들은 밤새워 고객 분석을 하고 자기네끼리 토론하며 일하는 방식을 바꿔나갔다.

목포지점은 그동안 워낙 실적이 낮았기 때문에 조금만 잘해도 성장률이 확 올라가는 장점 아닌 장점이 있었다. 며칠만 바짝 일해도 실적이 달라지니 직원들이 신나기 시작했다. 그 옆에서 또 열심히 부추겼다.

"어때? 하니까 되지? 봐, 늘잖아. 목포가 시장이 없는 게 아니라니까."

이렇게 작게나마 성공을 겪으니 직원들 전체가 자신감을 갖기 시작했다. 1,000대 팔던 곳에서 2,000대를 파니 200% 목표 달성! 그럴 때마다 놓치지 않고 상을 주었다. 상을 다 주고 나서는 잔뜩 신난 직원들에게 또 약속했다.

"1등을 한 사람은 인사고과에서도 물론 특 A등급을 받을 겁니다. 그러니 열심히 해봅시다. 다음 달에는 300%에도 도전해봅시다."

이런 식으로 목포는 '죽음의 계곡'을 빠져나와 결국 전국 1등을 하기에 이르렀다. 그 비싼 자리로 대리점을 옮기면 휴대폰을 몇 대 더 팔아야 하는지 아느냐고 혀를 차던 사람들의 불평도 쏙 들어갔다. 세상일은 단순한 셈법으로 계산되지 않는 변수가 훨씬 많다. 임대료는 올랐지만 그 덕분에 KTF가 광고되고 위상이 높아지고, 직원 가족들이 오다가다 매장을 보고 '너희 대리점이 저 비싼 데 들어갔더라'며 놀랄 때마다 직원들 사기도 으쓱 올라가고, 결과적으로 꼴찌가 1등이 됐으니 얼마나 수지맞는 장사인가.

목포의 실험은 광주본부 전역으로 퍼져 나갔다. 익산에 가서도 잔뜩 칭찬하며 성공할 계기를 만들어주고, 광주에서도 그러고 순천에 가서도 그러고… 지역마다 실적이 몰라보게 올라가니 마침내 1년 후, 광주본부가 전국에서 1등을 했다. 그러자 본사에서 사장님의 전화가 왔다. 한껏 기분 좋은 목소리였다.

"조 본부장, 거기 더 있을 거요? 아니면 충청도로 가보는 건 어떻습니까?"

"사장님, 저더러 여기 더 있으라니요~ 저는 서울로 가야죠."

"아, 그러게. 당신을 서울로 데려와야 하는데, 지금은 받아줄 분위기가 아니야. 좀 더 기다려야겠어."

"하하하, 사장님, 솔직히 말씀해주셔서 감사합니다. 호남은 이 정도 해서 1등 만들어놨으면 됐습니다. 다시 꼴찌 충청도로 가겠습니다. 충청도는 제 고향입니다. 고향에 가보고 싶어요."

"고맙소. 그럼 내년에는 충청도에서 또 한 번 잘해주시오."

그래서 대전본부장으로 갔다. 거기서도 1등을 했다. 그동안 CEO가 또 새로 부임했다. 그러자 신임 사장님이 '이렇게 일 잘하는 사람을 왜 지방으로 돌리냐'며 나를 통합수도권 마케팅 본부장으로 전격 발탁했다. 광주본부로 밀려난 지 2년 반 만에 서울로 돌아온 것이다. 가는 곳마다 1등으로 만든다는 화려한 명성과 함께.

내가 어릴 적에는 비가 많이 와서 물이 불어나면 허술한 다리가 떠내려가는 일이 비일비재했다. 학교 가는 길에 다리 없는 개울을 건너려면 저 멀리서부터 도움닫기를 해서 점프했다. 그런데 이때 뛰려다가 말고, 다시 뛰려다가 멈칫하는 아이들은 결국 물에 빠지고 말았다. 성공할 거라는 자신감이 없어서다.

이때는 어금니 꽉 물고 뛰어서 한 번이라도 성공해내야 두려움이 없어진다. 어찌 보면 직장에서 리더가 해야 할 가장 중요한 일 중 하나가 구성원들에게 성공 경험을 제공하는 것이다. 집에서도 마찬가지다. 자녀에게 성공 경험을 선사해야 한다. 시험에서 80점을 받아온 아이에게 "우와, 잘했다! 아빠는 옛날에 70점 이상 받아본 적이 없어"라고 거짓말 섞어서라도 치켜세워줘라.

"야, 엄청 잘했다. 그런데 애야, 네 능력으로는 충분히 100점도 맞을 수 있는데, 아깝다. 그치? 그러니까 80점 맞은 것에 만족하지 말고 틀린 문제를 집중적으로 풀어봐. 그러면 다음에는 100점 맞을 거야." 이런 말로 희망과 기대를 준다면 더욱 좋다. 아이로서는 100점 받지 못해서 혼날 줄 알았는데 잘했다고 칭찬받아서 좋고, 부모를 기쁘게 했다니 보람도 느끼고, '정말 100점 받아볼까' 하는 도전정신도 생긴다. 그러면서 점점 큰 성공을 거두는 프로세스를 만들어가게 된다.

성공 경험을 밑불 삼는 전략은 훗날 내게도 큰 도움이 됐다. KTF 부사장직에서 물러나 있을 때 세계경영연구원IGM에서 기업 회장단 강연을 요청한 적이 있었다. 이름만 들으면 알 만한 높은 분들이 명단에 있기에 '나처럼 대기발령 신세가 이 앞에서 강의를 해도 되나' 하고 걱정이 컸다. 그런데, 사람 마음이 참 중요하다. 이들을 어떻게 볼 것이냐? 그룹 회장들로 볼 것이냐, 학생으로 볼 것이냐? 일단 강연을 수락한 이상 회장님이건 조상님이건 가릴 것 없이 다 학생이라 생각하기로 했다. 그러고서 평소 하던 대로 거침없이 했더니 청중의 반응도 좋아서 준비한 대로 강연을 잘 마쳤고, 평점도 최고점수가 나왔다는 피드백이 왔다. 그 뒤로 참석자들이 자기 회사에서 한 번 더 강연해달라고 요청하는 바람에 대기발령 시절을 정신없이 바쁘게 보냈다.

내가 그 강연에서 어리바리했더라면 그분들이 앵콜 강연을 요청하는 일도 없었을 것이다. 뭔가 할 때 한 번만 성공적으로 하면 된다. 그러면 자기도 모르게 성공 DNA가 붙기 시작해 실패에 대한 두려움이 사라지고, 톤앤매너 등 세부적인 요소까지 완벽하게 조절할 수 있는 능력이 생긴다.

아무리 스트레스받던 사람이라도 작게나마 성공 경험을 해보면 나도 뭔가 할 수 있다는 자신감을 갖게 된다. 성공 경험은 그만큼 강력하고 중요하다. 아무에게도 인정받지 못해 절치부심하던 직장생활 초기에 나를 일으켜 세운 것도 밤새워 문서번역을 하며 상사에게 인정받기 시작한 경험이었다. 그리고 훗날 내가 지역본부 직원들에게 마련해준 성공 경험은 그들을 살렸고, 부메랑처럼 돌아와 나를 살렸다. 지방에 있던 나를 다시 끌어 올려준 것이 나의 능력 덕분이라고는 생각하지 않는다. 내가 가리키는 대로 신명 나게 따라와 준 지역본부의 직원들이 아니었으면 내가 어찌 금의환향할 수 있었겠는가. '나는 안 돼'에서 '나는 된다'고 생각을 바꾼 그들이야말로 나를 구원해준 일등공신이다.

Better than Nothing!

내가 다시 서울로 돌아온 것은 2006년 7월 1일, 여름이 시작될 무렵이었다. 지방에서 1등을 할 때 나를 좋게 평가해주던 부사장님이 사장직으로 진급했다. 그분은 사장님이 되자마자 '가는 곳마다 1등 하는 사람을 왜 지방에 두느냐'며 나를 수도권 마케팅본부장으로 전격 발령 냈다. 수도권은 KTF 전체 매출의 50%를 차지하는 지역이다. 여기서 밀리면 다 무너진다고 봐야 했다. 어떻게든 수도권에서 경쟁사를 이겨야 했다. 서울에서 다시 시작하는 내 각오는 자못 비장했다.

그때 내가 집중공략한 곳은 기업이었다. 대표적인 곳은 KBS. KTF 면접 봤을 때 얘기 기억나는가? 가입자 구성이 안 좋다고 했던 사장님의 푸념. 그 말대로 KTF의 고객은 비싼 요금제 쓰는 비율이 높지 않았다.

무엇보다 돈이 되는 고객은 기업인데, 그쪽은 SKT가 꽉 잡고 있었다. SKT에서 신형 모델이 나올 때마다 증정도 하고 불만 처리도 하며 고객관리를 열심히 하니, 후발주자인 KTF는 비집고 들어갈 틈이 없었다. 임원이나 기자들은 휴대폰을 어마어마하게 쓸 텐데, 우리가 들어갈 뾰족한 수가 없으니 군침만 흘리며 남들이 돈 버는 것을 구경할 수밖에 없었다. 그런 와중에 내가 선언했다.

"KBS를 뚫읍시다!"

담당 상무가 난감한 표정으로 말했다.

"거긴 전부 SKT 고객입니다. 들어가나 마나예요."

"그러니까 뚫어야지요."

"...?"

"상무님은 들어갈 데가 없다고 하는데, 내가 보기엔 거기가 바로 꿀단지예요. SKT가 다 먹고 우리는 하나도 없으니, 뚫릴 여지가 무한한 것 아니오."

"아니, 그 정도가 아니고요. 아예 우리는 들어오지도 못하게 합니다."

"그래도 한번 해보시오. 키맨을 찾아봐요. 통신 담당이 누군지 찾고, 그 위의 보스가 누군지 찾고, 이 보스에게 딴죽 걸 사람은 또 누군지, 이 3명을 찾아봐요."

그러고 나서 며칠 후 '찾았다'는 보고가 올라왔다.

"이제부터 당신은 회사에 출근하지 않아도 되니 KBS에 가서 될 때까지 오지 마시오. 이 사람들을 어떻게든 설득해서 우리 고객으로 만들어봅시다. 되기만 하면 당신에게는 엄청난 포상 과 진급이 따를 거요."

"하지만 그들이 SKT에 불만이 없는데 굳이 우리로 바꿀 이 유가 있을까요? 인지도도 우리가 밀리는 판국에…."

"KTF가 불리하면 '쇼'로 싸우면 될 것 아뇨."

SKT와 KTF로 싸우면 SKT가 유리할 수밖에 없다. 그동안 쌓 여온 이미지가 그렇게 돼 있으니 우리 힘으로는 역부족. 하지 만 KTF의 '쇼'와 SKT의 'T'로 싸우면 그림이 달라졌다. '쇼'가 먼저 3G로 왔고, 광고 등으로 인지도도 우리가 훨씬 높았으니 KTF는 숨기고 주야장천 '쇼' 얘기만 했다.

예전에는 사정이 어떠했느냐 하면, 기업 담당자가 '어디서 왔소?' 하고 물어서 SKT라고 하면 '어, 설명해보쇼'라고 하고 는 죽 들어본 다음, 한쪽에서 기다리고 있던 우리 담당자에게 는 '어디서 왔다고?'라고 묻고는 KTF라고 하면 '짧게 얘기해봐 요'라고 하기 일쑤였다. 그런데 '쇼' 이후 사정이 180도 달라졌 다. '어디서 왔는데?' '쇼요.' '당신은?' 'T요.' 'T는 좀 기다리시 고, '쇼' 들어오세요.' 이렇게 판도가 뒤집혔다.

KBS뿐 아니라 조선일보를 비롯한 각 신문사, 대학교마다 이런 담당자들이 배치되었다. 일이 성사될 때까지는 회사에 들어오지도 말라고 엄포를 놓고, 조금씩 진척될 때마다 새로운 전략을 짜서 그들을 고무시키는 게 내 일이었다.

"키맨은 마음이 좀 움직인 것 같은데, 노조위원장이 가만있지 않을 거랍니다."

"그럼 다음부터는 노조위원장에게 가. 그러면 될 것 아냐."

며칠 후 담당자가 또 찾아왔다.

"노조위원장까지는 설득이 됐는데, 이번엔 통신 담당이 문제입니다."

이렇게 직원들이 난색을 표할 때마다 내가 한 말이 있다. Better than nothing! 안 하는 것보단 낫다는 것이다.

"그래? 그럼 통신 담당이 설득될 때까지 해보라고. 해보고 말해야지. 나중 생각하지 말고 그냥 해! Better than nothing! 그 사람들 입에서 '지독한 놈'이라는 말이 나올 정도로 하란 말이야. 어떻게든 프레젠테이션 기회를 만들어봐. 그래야 자네가 보람 있고 살맛 난다니까. 지금 그걸 못해내면 다른 데 가서도 못할 것 아니오."

그렇게 거머리처럼 찰싹 붙어 어떻게든 프레젠테이션 기회를 따내면, 그때부터는 본사 인력을 총동원해 그들에게 어떤 혜택이 돌아가는지 설득했다. 필요하다면 공짜 휴대폰을 주겠다는 파격적인 제안도 했다. 심지어 KBS를 위해서는 별도 기지국을 세워준다고까지 약속했다.

이처럼 과감한 약속을 하는 데는 나름의 이유가 있다. 설령 손해가 나더라도 이런 데서는 해볼 만하다고 생각했기 때문이다. 어차피 그곳은 우리에게 '0'이던 곳이니 100을 얻으면 고스란히 우리에게 100만큼 이익이고, 1,000을 얻으면 1,000만큼 이익이다. Better than nothing. 어쨌든 없는 것보단 나으니 과감하게 베팅을 걸 수 있었던 것.

이런 식으로 직원들의 성공 경험을 하나씩 늘려나갔다. 한 번 성공해본 사람, 한 번 승리의 쾌감을 느껴본 사람은 도전을 두려워하지 않게 된다. KBS를 뚫고 나서는 삼성증권, 삼성화재 등 삼성그룹을 구슬 꿰듯 뚫기 시작하고, 조선일보 등 언론사도 우리 고객사로 만들어갔다. 나중에는 '을'이 아니라 대등한 관계에서 제안할 정도로 파워가 커지기 시작했다.

"KBS도 S사 제품을 쓰다가 '쇼'로 바꿨습니다. 혜택이 이만큼이나 되는데 귀사도 바꾸지 않으면 귀사 입장에서 오히려 손해가 아닐까요?"

이렇게 배짱을 부릴 정도로 사정이 좋아졌다. 이런 식으로 기업을 하나씩 공략해서 마침내 그해 매출 순증점유율 84%를 기록하기에 이르렀다. 그 시기 KTF의 가입자가 100만 명 늘었다면, 그중 수도권에서만 84만 명이 늘었다고 보면 된다. 우리 직원들은 난공불락이라 여겼던 KBS를 고객으로 만들기 시작해서, 그 성공 경험을 밑천으로 엄청난 성과를 거둘 여력을 갖게 되었다. 그리고 나는 수도권에서 또 한 번 1등을 거두며 이듬해에 부사장으로 승진한 단 한 명이 되었다.

추운 날 웅크리면
얼어 죽는다

"쇼를 하라, 쇼!"

전 국민에게 퍼져나간 '쇼'와 함께 사상 최고 실적을 내서 당당히 부사장이 되었을 때는 '다 됐다'고 생각했다. 민영화된 공기업에서 내부 승진으로 올라갈 수 있는 한계는 부사장까지다. 수류탄이 터졌는데도 살아남고, 치열한 경쟁을 뚫고 회사에 들어와 아무것도 모르는 시장에서 전력질주한 끝에 경쟁자들을 다 제치고 부사장이 되었다. 내 딴엔 감개무량할 만도 했다. 하지만 역시 내 인생은 나를 편하게 놔두지 않았다.

부사장이 되었으니 그동안 필드를 뛰어다니며 체득한 현장 경험과 주경야독하며 얻은 이론적 기반을 결합해 제대로 회사에 기여해야겠다고 생각했다. 그런데 갑자기 회사가 통합됐다.

"부사장은 집에서 쉬는 게 어떻겠소?"

2009년에 KT와 KTF가 합병되면서 내 자리가 없어졌다. 대기발령. 1년 치 연봉과 처우는 그대로 해줄 테니 시간을 두고 앞으로 어떻게 할지 생각해보라고 했다. 훗날 사표는 내 손으로 냈지만, 누가 봐도 잘린 것이다. 몇 년을 신들린 듯 일해서 이제 좀 빛을 보나 싶었는데, 정신 차리고 보니 시퍼렇게 날 선 작두 위에 있었던 것. 이미 나이는 오십 중반이니 어디에 취직하기도 애매했다. 75세까지는 일하는 게 내 목표인데 망연자실, 경력이 두 동강 날 위기였다.

그때는 '쇼'를 성공시켜 인터뷰도 많이 했고 책도 출간돼서 내 이름 석 자나 얼굴을 아는 사람이 제법 있었다. 한창 잘나갈 때였으니 뒤에서 시샘하는 사람도 없지 않았을 것이다. 그런데 갑자기 반백수 신세가 됐으니 얼마나 창피했겠는가.

CEO가 갑자기 자리에서 밀려나면 열에 아홉은 두문불출 은둔자가 된다. 시쳇말로 쪽팔린다는 이유로 고개를 푹 숙이고 숨어 있기 일쑤다. 호의든 적의든 남들의 시선을 받는 것 자체가 너무 괴롭기 때문이다. 창업을 하더라도 준비하는 동안은 최대한 조용히 지내면서 사람들 눈을 피하게 마련이다.

하지만 난 반대로 했다. 만나는 사람마다 "요즘 뭐 하세요?"라고 물으면 "저 요즘 한가해요"라며 광고를 하고 다녔다. 소문을 안 내면 사람들이 내가 대기발령을 받았는지 직업이 있는지 어떻게 알겠는가. 포털사이트 인물 정보에 '조서환―대기발령'이라고 올려놓을 수도 없고.

겨울에 춥다고 웅크리고 있으면 그대로 얼어 죽는다. 마찬가지로 창피하다고 아무 짓도 안 하고 가만히 놀고만 있으면 앉은 자리에서 죽게 돼 있다. 울분에 찬 와중에도 가만히 생각해봤다.

'내 인생 끝났다고 생각하면 정말 끝난다. 50대 중반에 월급도 차량도 기사도 그대로 있으니 어떻게 보면 최고의 기회 아닌가. 운명이 내게 훨훨 날아가라는 날개를 달아준 건지도 모른다.'

물론 나도 사람이니, 나쁜 방향으로도 생각해봤다. '감히 나를 잘라? 가만두지 않겠어! 어떻게든 갚아주마.' 이렇게 생각했다면? 그저 원망하며 정계에 연줄을 대고 활동했다면? 내가 원하는 CEO가 될 수 있을까? 그럴 것 같지 않았다.

얼어 죽지 않으려면 뛰든지 체조를 하든지 덮을 것을 구하든지, 어떻게든 움직여야 한다. 이게 그동안 산전수전 겪으면서 터득한 생존의 지혜였다. 그래서 대기발령을 기회로 보고, 최대한 많은 사람에게 소문을 냈다. 심지어 잘리지도 않았는데 잘렸다고 내가 먼저 말하고 다녔다. 내가 조직하고 이끌고 있던 아시아태평양마케팅포럼에 가장 먼저 얘기했다.

오, 소문의 위력이란. 몇 군데 말하지도 않았는데 피드백이 삽시간에 왔다. 제약회사, 신발회사, 패션회사 등 업종에 무관하게, 대기업 중소기업 할 것 없이 여기저기서 강연을 해달라, 컨설팅해달라는 요청이 밀려들었다. 처량한 대기발령 신세였지만, 역설적으로 나는 그 해만큼 바쁘게 산 적이 없다. 새벽부터 밤늦게까지 전국을 누비며 마케팅 진단을 해주고 강연을 하며 돈도 많이 벌었다.

그때 가장 먼저 연락 온 곳이 세라젬이었다. 오늘날엔 모르는 사람이 없는 기업이 되었고, 당시에도 온열기 하나로 72개국에 진출한 대표적인 중견기업이었다. 이 회사의 이환성 회장님이 내 소식을 듣고는 골프나 한번 치자고 연락을 했다. 그러고는 자문위원직을 제안해서 함께 일하게 됐고, 몇 개월 후나는 중국에서 화장품 사업을 하는 세라젬 H&B의 CEO가 되었다.

길면 길 수도 있었던 대기발령 기간이었지만, 다행히 생산적으로 바쁘게 잘 살았던 것 같다. 재능기부의 일환으로 했던 강연에서는 평점 1, 2등을 다투기도 했다. 수많은 기업의 마케팅 전략에 대해 자문해주면서 내가 실제 몸담지는 못했던 많은 분야의 속내를 짧게나마 경험하는 기회도 되었다.

열심히 살았던 시간의 보상일까. KTF에서 발에 땀 나게 뛰어다니던 시절에도, 나중에 이 회사를 떠나게 되면 글로벌시장으로 가고 싶다는 막연한 꿈이 있었다. 내 박사학위 논문은 화장품 시장이 주제였다. 그런데 중국에서 화장품 사업을 하게 됐으니 이런 기막힌 인연이 어디 있겠나 싶었다. 이것이 다 위기를 열심히 극복한 덕분이다. 위기가 왔을 때 웅크리면 죽는다. 그러니 계속 움직이자. 당신의 움직임 하나하나에서 기회가 싹틀 것이다.

해보기 전까지는
한 게 아니다

한 해의 반을 넘게 중국에 머물 땐 한국에 올 때마다 뵈어야 하는 분이 많았다. 그렇게 몇 년 만에 뵌 분들은 요즘 뭐 하느라 얼굴 보기 어렵냐며 반가워해주셨다. 평소에 인복 있다고 생각하는 나로서는 한 분 한 분 반갑고 또 감사했다.

그런데 당시에 '세라젬에서 화장품 사업한다'고 하면 단번에 알아듣지 못하고는 미안해하는 분도 많았다. 그때 세라젬은 온열기를 만드는 회사로 유명했는데, 화장품이 웬 말이냐는 기색이 역력했다.

"죄송합니다. 제가 남자다 보니 화장품은 잘 몰라서….."

"아닙니다. 저희 제품은 중국에서 판매합니다. 모르시는 게 당연합니다. 한국에는 온라인 판매 위주고, 오프라인은 워커힐에만 들어와 있습니다."

그럼 얼마 후 전화가 와서 또 물어보시곤 했다. 중국에 갔는데 세라젬 화장품을 도통 볼 수 없다는 연락이었다. 이 사람이 하는 일도 없으면서 창피하니까 사업한다고 대충 둘러대는 것 아닌가 걱정하는 눈치 같기도 했다. 그럼 또 껄껄 웃으며 세라젬 화장품은 베이징이나 상하이 같은 대도시에는 들어가지 않았다고 말씀드렸다. "저희는 2급 도시 전략입니다."

이 말처럼 세라젬 화장품은 처음 시작할 때부터 강서성, 안휘성, 산둥성 같은 소위 '2급 지역'에서 출발하는 전략을 세웠다. 우리도 근사하게 대도시에서 휘황찬란한 매장을 열고 싶은 마음이 왜 없었겠는가. 하지만 인력도 인프라도 없는 처지에 그런 욕심을 낼 수는 없었다. 엘리자베스아덴, 에스티로더, 시세이도, 가네보, 디올, 샤넬… 이런 브랜드들이 이미 포진해 있는 시장이니 무작정 들어갔다가는 깃발도 꽂지 못하고 쫓겨날 게 빤했다. 맨몸으로는 당해낼 재간이 없으니, 그들이 신경 쓰지 않는 지역을 공략하기로 했다. 농촌 어촌에서 화장한 사람을 찾기는 어려웠지만, 뭐 어떤가. 그들에게 팔면 되지. 일단 맛을 들여 안 바르곤 못 배기게 만들면 되지.

'한번 해보면 되지.'

세라젬 화장품이 중국에 진출하는 매 순간순간 이 말을 되뇌곤 했다. 이런 배짱이 없으면 포화 상태인 화장품 시장에 들어갈 마음조차 먹지 못했을 것이다. 국제적인 경쟁자들을 무서워하기 시작하면 자꾸 '하지 않을 이유'만 늘어난다. 이건 이래서 안 되고 저건 저래서 안 되고… 핑계만 늘어놓다가 사업 접고 들어와야 했을 것이다.

그래서 사람들이 '그게 되겠어?' 하고 뜨악해할 때마다 '한 번 해보고, 안 되면 말고' 하며 우직하게 돌파해나갔다. 1급 지역이 어려우면 2급 지역에 팔면 되고, 설비투자가 어려우면 OEM으로 해결하기로 했다. 나는 아예 한술 더 떠서 작은 화장품 회사를 인수해버렸다. 내게는 기술력이 없지만 국내에 화장품 브랜드가 수없이 많으니, 그중에는 울며 겨자 먹기로 억지로 끌고 가는 회사도 있을 터. 그들의 기술력과 나의 마케팅 역량을 결합하면 맨바닥부터 시작이라도 승산이 있을 거라 봤던 것이다.

마침 적당한 화장품 회사를 찾았다. 경영은 어려웠지만 제품은 좋다고 해서 아내, 딸, 지인의 아내 등 주변의 여성들에게 한번 써보라 했더니 반응이 괜찮았다. 이 좋은 기술력을 갖고도 순전히 마케팅이 안 돼서 애를 먹고 있었던 것이다. 제품은 이렇게 간단히 해결했다. 국내에는 워커힐 면세점에 상징적으로 플래그숍만 입점한 후, 국내 판매 온라인을 열어놓고 본격적으로 중국을 넘보기 시작했다.

하지만 어찌 보면 그때부터 본격적인 고생길이 시작됐다. 중국의 진입장벽은 엄청났다. 선크림 하나 허가받는 데 3년이 걸린 적도 있다. 한국에서 멀쩡히 잘 팔리고 있는 제품인데도 동물실험 해보라, 유해하지 않다는 걸 입증하라면서 진을 뺐다. 유해하지 않으니까 한국에서 팔지 않느냐고 항변해도 '그건 당신 나라 얘기고' 하며 받아주지 않았다. 중국인과 한국인 피부가 다르지 않다고 해도 막무가내고, 말 그대로 제품 레시피를 고스란히 갖다 바치기 전에는 허가를 내주지 않은 태세였다.

문제는 또 있었다. 공장 돌리기도 쉽지 않았다. 자체 설비를 갖추기는 시기상조여서 다른 공장에 생산을 위탁해야 하는데, 물량이 많지 않으니 받아주는 공장이 없었다. 공장 책임자를 찾아가서 '당신 회사의 회장과 친하다'라며 으름장을 놓아가며 부탁하고서야 겨우 제품을 생산할 수 있었다. 아주 구식이지만 때로는 이런 방법이 필요할 때마저 있었다.

어렵게 제품을 만들고 본격적인 프로모션 단계에 들어서자 이번에는 본격적으로 돈이 문제가 됐다. 애경과 KTF에서는 넉넉한 자금을 밑천으로 광고도 하고 프로모션도 원 없이 할 수 있었는데, 신생 중소기업 CEO가 되고 보니 광고비는커녕 이벤트 한 번 마음대로 할 수 없었다. 없는 돈으로 제품을 알리려면 머리를 쓰는 수밖에.

그때 마침 떠오른 단어가 '한류'였다. 중국에서는 한국 연예인이 선망의 대상이니 이들의 힘을 빌려야겠다 생각했다. 한국 연예인이 우리 제품을 쓰고 있다고 하면 관심을 가지지 않을까 싶었던 것이다.

"지금 중국에서 가장 인기 있는 한국 드라마가 뭔가?"

"〈대장금〉이죠."

"그래? 그 드라마에 어떤 배우가 나오지?"

그길로 우리는 당시 중국에서 인기 있던 한국 드라마와 영화에 출연한 배우들을 찾아갔다. 우리 제품이 정말 좋은데 홍보할 방안이 뾰족하지 않다, 이 제품을 충분히 협찬할 테니 사진 한 장만 찍자고 부탁해서 제품을 들고 싱긋 웃는 사진을 얻었다. 그러고는 중국 전역을 돌며 화장품 대리점 사업자들을 모아놓고 홍보하기 시작했다.

"보십시오! 저 아름다운 배우가 쓰는 화장품이 바로 세라젬 제품입니다!"

한류스타가 쓰는 화장품이라 하니 과연 반응이 달랐다. 처음에는 이름도 낯선 화장품을 팔아달라고 들이민다고 사업자들이 시큰둥하게 듣다가, 한류스타의 후광이 생기니 "아, 그래?" 하며 제품을 다시 보기 시작했다.

사업을 할 때는 물건만으로 되지 않는다. 가장 중요한 것은 오히려 신뢰다. 내가 사업 파트너로서 믿을 만한지 판단이 서지 않으면 아무리 제품이 탐나도 가자미눈을 하고 나를 볼 수밖에 없다. 그러니 우리 회사를, 그리고 나를 믿어도 된다는 인식을 심어주려 모든 방안을 총동원했다. 더욱이 안에서 새는 바가지는 밖에서도 새는 법이니, 고객에 앞서 우리 제품을 팔아줄 대리점 사람들과 우리 직원들에게 먼저 신뢰를 얻어야 했다.

방법을 고민하다가 눈에 들어온 것이 바로 간판이었다. 산둥성 지역에만 해도 화장품 매장이 엄청나게 많을 것이다. 여기에 우리 제품을 빨리 집어넣는 게 관건인데, 무명인 우리에게 매장 주인들이 마음을 열어줄 리 없었다. 어떤 방식이 좋을까 고민하던 중 그들의 간판이 눈에 들어왔던 것이다.

대도시가 아니니 화장품 매장의 간판도 대개 오래되고 허름했다. 이름도 별다른 의미 없이 '르네상스 화장품' 하는 식으로 막 붙인 것투성이였다. 그들에게 찾아가서 간판을 바꿔 달아주겠다고 제안했다. '메이디커'라는 우리의 메인 브랜드를 넣은 깔끔한 새 간판으로 교체해주고, 이 간판을 1년 동안 지속하면 우리 화장품을 몇 세트씩 매달 지급하겠다고도 했다.

화장품 업장에서는 구미가 당길 수밖에. 애초에 별 뜻 없이 지은 이름이니 르네상스 화장품이 메이디커 화장품이 된다고 마다할 이유가 없었다. 오히려 번듯한 간판 덕에 분위기 자체가 달라졌다. 그러다 보니 처음에는 우리가 간판 달자고 제안

하다가 나중에는 거꾸로 자기네 간판도 바꿔달라는 전화를 받기 시작했다.

브랜드 노출이 늘어나니 제품 판매가 늘어나는 것은 당연지사였다. 이렇게 작은 조치로 성과가 높아지니 지역의 대표사업자들은 신이 나서 판촉을 확장하고 사람들 앞에 서서 성공사례를 발표하기도 했다. 이런 식으로 하니까 성공하더라, 그렇게 자랑하면 이번에는 다른 지역 사람들이 자극을 받아서 판매 촉진 아이디어를 냈다. 이런 식으로 사업이 조금씩 커졌다.

흔히 중국이라 하면 꽌시를 중시한다, 대의를 중시한다고 하지만 내가 느낀 중국은 그렇지 않았다. 중국은 언어만 어려운 게 아니라 성향 자체가 우리와 완전히 달랐다. 오죽하면 차이나china는 우리와 차이 난다고 해서 차이나라고 할까. 한국 사람들은 의리 때문에 실리를 버리기도 한다. 나만 해도 다국적 기업에 있다가 은혜를 갚겠다고 연봉도 토막 내어 애경으로 복귀한 적 있지만, 중국 사람들에게는 어림없는 소리다. 중국인들은 그 어느 민족보다 실리를 추구한다. 그러면 이걸 어떻게 활용할 것인가. 그들에게 실리가 무엇인지를, 미래가 어떻다는 것을, 함께하면 부자가 될 수 있음을 확실히 보여줄 필요가 있었다.

그래서 중국 전역을 돌며 강연하기 시작했다. 산둥성 등 한 지역의 화장품 대리점 사업자 수백 명을 거대한 호텔 연회장에 모아놓고, 왜 우리 제품을 판매해야 하는지 설득했다. 그 자리에서 우리 회사가 얼마나 믿을 만하고, 우리 제품이 얼마나 훌륭하고, 이 회사 사장인 내가 얼마나 성공한 사람인지 납득시켜야 했다. 세라젬이 중국에 잘 알려져 있으니 회사 알리는 문제는 그것으로 됐고, 제품은 한류스타들의 도움으로 해결하더라도, 당장 조서환이란 사람이 얼마나 대단한지 알리는 게 숙제였다.

이때 요긴하게 써먹은 것이 KBS 〈아침방송〉 동영상이다. 《모티베이터》를 출간한 후 여러 매체에서 인터뷰 요청이 왔는데, KTF의 부사장으로 막 부임해 눈코 뜰 새 없이 바빴던 터라 웬만한 데는 거절하곤 했다. 그런데 〈아침마당〉 작가가 포기하지 않고 계속 찾아오더니 나중에는 이런 말을 했다.

"부사장님, '쇼' 15초 광고 한 번 하는 데 얼마인가요?"

"3,000만 원쯤 하죠."

"그런데 60분 동안 부사장님이 마음대로 회사 홍보를 할 수 있는데도 안 나오신다는 거예요?"

아… 계산이 그렇게 되나? 그런 마케팅 감각을 발휘해 설득하는 데는 이겨낼 재간이 없어서 출연을 승낙했다. 하지만 난생처음 공중파 생방송에 나가려니 다리가 후들거리고 괜히 나왔다 싶었다. MC들이 진행을 잘해줘서 실수 없이 끝난 것을 다행이라 생각하고 방송은 곧 잊어버렸다.

그런데 일이 잘되려고 그랬는지, 중국에서 나를 어떻게 알릴지 고민할 때 방송이 딱 떠오르는 것이다. 이처럼 과거의 행적이 생각도 못 한 곳에서 발목을 잡기도 하고 디딤돌이 돼주기도 한다. 이게 인생의 묘미인가 싶다. 여하튼 방송을 떠올리고는 부랴부랴 동영상을 받아서 사업자들에게 제품설명회를 할 때마다 틀었다. 그러고는 사회자가 포문을 열었다.

"여러분, 후진타오 주석이 CCTV에 1시간 내내 나온 적 있습니까?"

"아뇨."

"그런데 이분, 조서환 동사장은 한국의 CCTV라 할 수 있는 KBS 프로그램에 1시간씩 두 번이나 나오셨습니다. 이 정도로 한국에서 유명하신 분이 중국에 온 이유는, 중국 시장이 그만큼 크기 때문입니다. 이 큰 시장에 들어온 여러분은 이미 행운아입니다. 한국에서 첫째 가는 마케팅의 전설, 조서환 동사장이 오늘 이곳 하남성에 오셨습니다. 우리 모두 이분께 예의를 표합시다!"

한국에서는 상상하기 쉽지 않지만, 사회주의 국가인 중국에서의 사업설명회는 인민대회를 연상케 하는 분위기가 있었다. 기본적으로 중국은 보스에 대한 존경심이 강한 나라인 데다 TV에 몇 번씩 나왔다고 하니 사장이 대단한 사람인 것 같고, 사회자까지 요란하게 추임새를 넣으니 나의 권위는 이미 꼭대기까지 올라간 상태였다. 그때 내가 스포트라이트를 받으며 등장하면 당의장을 환영하듯 전원이 기립박수를 치며 나를 맞이해줬다. 그만큼 대접해준다는 것은 이미 나를 대단한 사람으로 믿어준다는 뜻이다. 나는 그 여세를 몰아 열정을 다해 설득했다.

"여러분, 여러분의 나라는 부자이지만 개인은 아직 가난합니다. 가난의 고리를 이 대에서 끊어야 하지 않겠습니까? 그런 점에서 여러분은 행운아입니다. 중국 화장품 시장이 어마어마한 속도로 크고 있습니다. 시진핑의 시대가 열리면서 앞으로는 내수 진작을 위해 성장 위주에서 소비 쪽으로 힘이 쏠릴 겁니다. 자연스럽게 사람들이 몸을 돌보게 되고, 꾸밈에도 관심이 생겨 화장품을 바르고, 한번 바른 사람은 화장품을 끊을 수 없으니 계속해서 시장이 커질 겁니다. 그때 우리가 주역이 되어야 합니다. 72개국에 진출해 있는 세라젬이 가장 먼저 중국에 온 이유입니다. 이 시장에 뛰어든 여러분은 이미 부자나 다름없습니다!

그러나 부자가 그냥 되는 건 아닙니다. 가난의 고리를 끊는 방법은 딱 하나밖에 없습니다. 열심히 하되, '결과'를 도출해내야 합니다. 결과를 도출하려면 어떻게 해야 되는가? 실행이 중요합니다. 뭘 해야 하는가? 액션 리스트는 이것입니다."

이러면서 여러 가지 방법을 죽 설명한다. 물론 홀을 가득 메운 수백 명의 사업자들은 이미 설득당한 상태다. 대한민국에서 유명한 사람이 사장으로 왔다는 것과 한류 드라마에 나온 스타 연예인이 쓰는 화장품이라는 사실에서 이미 게임은 끝난 것이나 다름없었다. 거기에 품질이 좋으니 한 번 주문한 사업자들이 또 찾게 돼 있었다.

내친김에 그들이 알아서 우리 제품을 찾을 수밖에 없도록 만들 방법은 없을까? 어떤 아이디어든 생기면 미루지 않고 바로 처리하는 편이라, 이런 궁금증이 들자 직원들에게 바로 과제를 냈다.

"중국과 한국을 링크시킬 수 있는 게 뭐 없을까? 기왕이면 국위선양 할 수 있는 걸로 찾아봅시다."

그래서 기사를 찾고 인터넷을 뒤진 끝에 어느 직원이 월척을 낚아왔다.

"옛날에 진시황제가 제주도 서귀포에 사람을 보내 불로초를 찾았다고 합니다."

진시황제라면 중국 사람들이 가장 위대한 황제라고 칭송하는 이다.

"그 약초 이름이 뭐지?"

"시로미입니다. 한라산에 나는 신선초 이름입니다."

"그거다. 우리 브랜드로 하자!"

머릿속에서 안개가 걷히듯 아이디어가 착착 정리되더니 어떤 화장품이 나올지 단박에 그려졌다.

"진시황제 화장품을 만듭시다. 용포와 비슷하게 패키지를 쓰고, 진시황제 이미지에 어울리게 아주 비싼 고급 화장품으로 만드는 겁니다."

황제에 어울리는 톤앤매너를 잡은 다음에는 본격적인 스토리텔링에 들어갔다. 진시황제가 찾은 불로초가 제주도 한라산에 있다. 그 이름은 시로미다. 시로미 화장품은 진시황제가 먹은 불로초로 만든다. 그뿐 아니라 모든 원료를 불로초가 나는 제주도에서 가져온다. 제주도를 하와이만큼 좋아하는 중국 사람들에게 이보다 기막힌 스토리텔링은 없었다.

한발 더 나아가, 우리가 말로만 하면 믿지 않을지 모르니 아예 제주도의 인증마크를 병에 새기기로 했다. 그래서 제주도청에 찾아가 인증마크를 사용할 수 있도록 허가를 받았다. 처음에는 제주도에서 허가해주지 않으면 어쩌나 걱정도 했지만, 실제로 가보니 우려만큼 어렵지는 않았다.

패키지도 중요했다. 웬만한 중국인 월급의 절반에 육박하는 비싼 가격에 걸맞게 케이스도 꼬냑 박스처럼 두껍게 만들었다. 그랬더니 소비자들이 박스를 버리지 않았고 저마다 다양한 용도로 사용했는데, 이 자체가 다시 재홍보 효과를 불렀다.

회사에서 할 수 있는 마케팅 방법은 대개 이런 것들이었다. 가끔 중소기업 사장님들을 만날 기회가 있다. 세상에서 중소기업을 일으켜 반석 위에 올린 오너만큼 훌륭한 사람도 없다. 나도 직접 해보고서 중소기업 경영이 정말로 어렵다는 걸 체감했다. 큰 울타리 안에서 마케팅 전략을 수립할 때는 차별화만 하면 다른 일은 일사천리다.

하지만 중소기업은 차별화가 고작 출발선에 서는 자격밖에 안 된다는 걸 그때 온몸으로 느꼈다. 자금도 사람도 시스템도 없는 삼중고에 시달리며 직접 뛰어다니느라 직원들 등 두드려줄 시간도 없었다. 그분들의 노고와 위대함을 알기에, 중소기업 사장단 강연을 가면 다른 때보다 더 열정적으로 강의를 하게 되기도 한다.

그때마다 빠지지 않고 나오는 질문이, '제품은 좋은데 마케팅할 자금도 없고 방법도 없으니 어떡하냐'는 것이다. 그분들에게 나는 사장이 마케팅 전문가가 되든지, 아니면 외부에서 컨설팅을 받아서라도 문제를 뚫고 나가라고 조언해드린다. 물론 컨설팅을 받는 게 비용 문제도 있고 쉽지는 않다. 그렇다고 해도 포기하지 말라고 한다. 주변에서 조언해줄 사람을 소개받아 밥을 열 끼라도 사면서 도움을 구하면 된다. 같이 밥 먹으면서 대화를 해보면 한두 개의 쓸 만한 말을 건질 수 있다.

실제로 의욕 강한 중소기업 사장님들 중에는 내게 자꾸 연락해서 밥 한번 먹자고 하는 분들이 있다. 중국에 있었을 때도 한국에 오면 꼭 보자고 하는 경우가 많았다. 내가 도와주지 못하면 하다못해 도와줄 사람이라도 소개해줄 것임을 알기 때문이었을 것이다. 이런 사람들이 앞서나간다. 당장 내게 시급한 문제라면, 그걸 해결해줄 사람에게 메일 한 통 쓰는 걸 주저해서야 되겠는가?

언젠가 한번 대학교 1학년 학생에게서 이메일 한 통을 받았다. "저희 교수님이 인생에는 꼭 멘토가 필요하다면서 대표님을 추천해주셨습니다. 저를 한번 만나주실 수 있나요?"

그러면서 내게 묻고 싶은 말을 쓰고는, 소원이니 꼭 만나달라고 했다. 어린 학생이 이런 메일 쓰기 쉽지 않았을 텐데, 기특한 마음에 사무실로 불러서 함께 식사도 하고 인생 선배로서 이런저런 조언도 해주었다.

같이 강의를 들은 다른 학생들도 이메일을 쓰고 싶었을지 모른다. 하지만 실제로 행동에 옮긴 사람은 한 명뿐이었다. 거절당하면 어떤가. 그 학생이 특별히 적극적인 성격이어서 내게 연락한 것도 아니었다. 막상 오라고 하니 혼자 만나기는 쑥스러웠는지 친구를 데리고 왔다. 그렇게 해서라도 기어코 온 것이다. '도전정신이 있다'는 말은 원래 두려움이 없어서 아무렇지도 않게 모험에 뛰어든다는 의미가 아니다. 다른 사람들과 똑같이 두려움을 느끼지만, 그럼에도 시도한다는 뜻이다. 용기

내어 나를 찾아온 그 학생처럼 말이다. 그 학생은 돌아가면서 '좀처럼 느끼지 못했던 감동과 감흥을 받았다'고 했다. 한 번의 용기를 내서 그런 도움을 얻었다면 얼마나 큰 소득인가.

중국에 있을 때 진시황제 화장품, 시로미를 개발하는 데만 1년 6개월이 넘게 걸렸다. 중소기업이 감당하기에 결코 만만한 기간은 아니었다. 공정은 또 얼마나 복잡했던지… 일단 약초를 감귤 끓인 증기에 9시간 쐰다. 그런 다음 제주도에서 원료 가져와야지, 포장도 두껍게 만들어야지, 병에 붙일 브랜드 인쇄도 신경 써야지… 지금은 모르겠지만 그때만 해도 중국의 기술력이 우리나라 수준에 한참 못 미쳐 병에 제품을 주입하고 포장하는 것도 잘됐는지 일일이 품질검사를 해야 했다. 결정적으로 가격도 비쌌다. 이런 어려움을 모두 이겨내고 시로미는 성공했다.

그런데 그때 이 어려움 중 하나를 트집 잡아서 '중국 소도시에서 누가 이런 화장품을 사냐?' 하고 물었다면 만들 의욕이 사라졌을 것이다. 우리는 대개 시도하기도 전에 '이것 때문에 안 되고 저것 때문에 안 된다' 하는 생각을 머릿속에 넣고 얘기한다. 그런 습관부터 버려야 한다.

좋은 습관이란 뭘까? 내게 묻는다면 나는 '된다'고 생각하는 습관이라고 대답하겠다. 거절당하면 어쩌지, 실없는 사람이라고 망신당하면 어쩌지 하는 걱정은 쓸데없다. 해보고, 안 되면 그때 포기하면 된다. 부딪쳐보면 의외로 문은 쉽게 열린다. 그러니 두드려라, 열릴 것이다. 구하라, 구해질 것이다.

재능이 없어서가 아니라 목표가 없어서 실패한다

목표. 누구나 목표가 중요하다고 말한다. 하지만 목표를 좇아 사는 사람은 그리 많지 않다. 심지어 주어진 일만 하기도 바쁜데 목표에 따라 살면 인생이 피곤하지 않냐고 하는 사람들도 있다. 그러나 반대다. 항상 성취감을 느끼고 보람과 기쁨을 만끽하며 즐겁게 살게 된다. 내가 바로 그렇다. 영문학과를 나와 어렵사리 취직해서 피켓맨 노릇을 하다가 장차 성공하려면 마케팅을 알아야겠다고 생각해 밤에 경영대학원을 다녔다. 그때만 해도 밤에 공부하는 직원을 상사들이 좋아하지 않았다. 동기들의 견제는 더 심했다. 교수 할 것도 아닌데 괜히 잘난 척하면서 술자리에도 빠진다는 것이다. 하지만 나는 감내할 수 있었다. 목표가 있었기 때문이다. 그리고 세상일은 모르는 법, 내가 훗날 교수가 될 수도 있지 않겠는가? 당장은 헛고

생처럼 보여도 준비해두면 나중에 다 쓸모가 생긴다. 나태해지고픈 유혹에 빠질 때마다, 미리 준비해두지 않으면 정작 기회가 와도 잡지 못한다는 생각을 하며 버텼다.

그리고 진짜 기회가 왔다. 마케팅 석사과정을 마칠 무렵, 마케팅부서에서 브랜드마케팅을 하라는 것이었다. 그때부터 내 인생은 열리기 시작했다. 영어와 경영학의 시너지 효과가 나자 합작투자를 한 외국인과 업무를 하게 되고, 그들은 내 장애는 개의치 않고 열정적으로 일 잘하는지만 갖고 나를 평가해주었다. 그때 마케팅 공부를 하지 않았으면 지금 내 이름 석 자를 누가 알아주겠는가?

꿈이 없는 사람은 안타깝다. 꿈을 잘게 쪼개보면 그 안에는 목표가 있다. 즉 꿈이 없다는 것은 목표가 없다는 의미이다. 인생은 재능이 없어서 실패하는 게 아니라 목표가 없어서 실패한다.

2009년, 내 인생에서도 오랜만에 쉴 기회가 주어졌다. 대기발령으로 KTF 부사장직에서 내려왔을 때다. 예기치 않은 휴가를 맞아 지방까지 강의를 다니곤 했는데, 그때 귀한 인연을 만났다. 대구 강연에서 내 명함을 받아간 시 낭송가 오영희 씨는 곧바로 내 책을 구입하고는 목표를 세웠다고 했다. 책 열 번을 읽고 날 다시 만나겠다고 말이다. 그분은 아홉 번 읽은 후 내게 전화를 했단다. 마지막 한 번은 대구에서 올라오는 기차 안에서 읽었다고 한다. 책은 누더기가 돼 있었다. 본인은 그저 시가 좋아서 낭송할 뿐이라고 겸손하게 말했지만, 난 그분이 시 낭송가로서 성공할 것이라 확신했다. 그처럼 목표를 구체적이고 확실하게 세우고 실천할 수 있는 사람이면 어떤 일이든 잘할 것이라 봤기 때문이다.

목표가 확실한 사람은 눈빛 하나 몸짓 하나도 예사롭지 않다. 그리고 이들에게는 또 다른 공통점이 있다. 목표를 달성해 기어코 성공하는 사람들은 목표를 크게 잡는다. 목표가 소박해서는 죽도 밥도 안 된다. 목표를 통해 성장하고 싶다면 목표를 크게 잡아야 한다. 목표가 큰 만큼 성과도 늘어난다.

5% 성장하기는 엄청나게 힘들다. 그런데 30% 성장하겠다고 하면 생각보다 달성하기 쉽다. 왜 그럴까? 5%는 만만해 보이니 색다른 생각을 하지 않는다. 반면 30% 성장하려면 지금까지와는 다른 비상한 아이디어가 나와야 한다. 그렇게 머리를 굴리다 보면 30%는 의외로 어렵지 않게 넘어설 수 있다. 300%로 목표를 올리면 더 쉬울 수도 있다. 왜? 이건 머리를 굴리는 차원으로 해결되지 않기 때문이다.

이쯤 되면 기존의 방식을 버리고 새로운 방식을 취해야 한다. 그러다 보니 인프라를 다시 깔고 새로운 성장동력을 찾게 된다. 30% 목표에서는 생각할 필요도 없었던 영역, 생각지도 않았던 일도 다시 보게 된다. 없던 가능성이 열리는 셈이다. 그러니 목표든 계획이든 크게 가져야 한다.

KTF 수도권 마케팅본부장이 된 직후, 나는 정해진 목표에 30%를 더 얹어달라고 했다. 전국 매출이 100만큼 증가했다면 보통 수도권이 50 정도를 차지했는데, 65 정도로 목표를 높인 것이다. 일단 나를 수도권본부장으로 발령낸 사장님은 기분이 좋았을 것이다. 뭔가 해보겠다는 분위기가 만들어졌으니. 그러나 한편으로는 과한 욕심이 아니냐는 염려도 해주었다.

"안 되는 게 어디 있습니까? 수도권은 무조건 해내야 합니다. 제가 직접 가겠습니다. 언론사와 대기업을 뚫겠습니다. 그리고 학교도 뚫어야 합니다. 총장이 우리 설명만 잘 들으면 혜택이 이렇게 좋은데 하지 않을 리 없습니다. 이런 건 밑에서 위로 올라가기 어렵습니다. 톱다운Top-Down으로 해야 합니다. 밑에서 하려면 아부해야 하고, 성사되고 나서도 괜히 뒷돈 거래라도 있었냐고 오해받기 십상입니다. 제가 총장을 만나보겠습니다."

처음 접촉한 곳은 모교인 경희대였다. 마침 정보처리처장이 영문학과 후배였다.

"야, 내가 기가 막힌 아이디어를 줄게."

"뭔데요?"

"경희대 안에서는 말이야. 모든 직원과 학생들이 공짜로 휴대폰 통화할 수 있게 해줄게. 그건 우리 KTF만 갖고 있는 거야. 어느 회사도 그렇게 못해."

누가 들어도 솔깃한 제안 아닌가? 그래서 정보처장이 총장에게 보고하고, 캠퍼스 내에서 무료로 통화할 수 있는 'n존 서비스'를 경희대에서 처음 실시했다. 경희대에서 좋은 반응을 얻은 후에는 다른 대학을 속속들이 공략하기 시작했다. 신입생 오리엔테이션 브로슈어에도 n존 서비스 설명을 넣으라고 했다. 대학생이 됐다고 새로 휴대폰을 구입할 텐데, KTF와 계약 체결해서 학교 내에서 무료라고 미리 알려줘야 우리 서비스로 가입할 테니 말이다. 물론 대학은 대학대로 혜택이 많다고 어필할 수 있으니 말 그대로 누이 좋고 매부 좋은 전략이었다.

그다음에는 성신여대에 같은 제안을 했다. 내가 당시의 성신여대 총장을 직접 찾아가 만났는데, 총장은 서비스 설명을 듣더니 정말 좋다면서 오히려 우리에게 고마워했다. 이런 식으로 대학과 제휴를 이어가고, KBS 등의 언론사를 공략하고, 기업은 삼성계열사를 필두로 주요 대기업과 하나씩 계약을 체결해나갔다. 이쯤 되자 목표달성이 문제겠는가. 65%로 올린 목표를 훌쩍 뛰어넘어 그 해 수도권본부는 순증점유율 84%를 기록했다.

세라젬 H&B에서 중국에 진출할 때 내 목표는 200%였다.

문화도 모르고 언어도 모르고 사람도 몰랐지만, 배짱은 어디 가지 않았다. 그리고 '두 배 성장'에는 사실 지극히 현실적인 이유도 있었다. 110% 성장 정도로 목표를 잡으면 잘해봐야 120%이고, 못하면 80%도 할 수 있다. 우리가 못해서 그러면 개선사항이라도 나오겠지만, 환율변동 같은 외부변수 때문에 매출이 휘청거린다면 불안해서 어떻게 비즈니스를 하겠는가. 하루하루 불안과 초조, 스트레스 속에서 헤어나지 못할 것이다. 이처럼 우리가 통제하지 못하는 요인들에 휘둘리지 않으려면 성장목표가 외부변수를 뛰어넘을 정도가 되어야 한다. 환율 때문에 20% 매출변동이 예상된다면 20% 이상의 성장목표를 가져가야 한다는 뜻이다.

그래서 나의 목표는 항상 '더블'이었다. 그리고 그 목표를 향해 매진한 결과, 중국 진출 3년 만에 드디어 이익을 내기 시작했다. 맨바닥에서 시작해 철저히 이익을 좇는 중국인들과 호흡하며 일군 값진 성과다. 나는 중국 문화도 모르고 언어도 모르고 사람도 모르니 천천히 가겠다고 했으면 이만한 성과나 거두었을까? 천만의 말씀이다.

"목표가 너무 크면 무엇부터 해야 할지 막막하잖아요."

이렇게 반문하는 분도 있을 것이다. 그건 커다란 목표를 실행 계획으로 잘게 쪼개지 않고 큰 덩어리 그대로 놔두기 때문이다. 운동할 때도 그렇지 않은가. 중국에 있을 때는 근처 공원을 돌며 운동하는데, 세 바퀴 도는 데 1시간 정도 걸렸다. 그런데 사람 마음이 간사해서, 1시간 운동하겠다고 생각하면 지루한데 운동장 세 바퀴만 돌겠다고 하면 별로 부담이 없었다. 한바퀴 더 돌면 '이제 한 바퀴만 돌면 끝이네' 하는 생각에 오히려힘이 났다. 목표를 구체적으로 쪼개놓았기 때문이다. 목표가구체적이면 눈앞에 해야 할 일도 구체적으로 손에 잡힌다. 자기 힘으로 목표를 장악할 수 있으면 힘이 나는 법이다.

예전에 KMA 리더스 모닝포럼 조찬강연을 준비할 때 일이다. 담당자였던 한선혜 씨에게 물었다. "강연 들으러 대략 몇명이나 오십니까?"

"최대 300명, 보통은 250명 정도 오십니다."

"그래요? 그럼 우리는 목표를 500명으로 잡읍시다."

"에이, 500명 못 들어가요."

"그래도 목표는 그렇게 잡읍시다. 내가 강연을 안 오곤 못배기게 해줄 테니."

그러고는 농담 삼아 500명 넘게 오면 나중에 결혼 주례를 서주겠다고 담당자에게 즉석에서 약속도 했다.

두 배 넘는 인원을 모으려면 그에 맞는 대책이 있어야 한다. 일단 테이블을 있는 대로 동원하고 연단 앞쪽도 싹 뜯어내고 뒷문도 터서 공간을 확보했다. 원래 강연 제목은 '대한민국 1등 상품 마케팅'이었는데, 이것만으로는 300명 모으기도 벅차 보였다. 그래서 '진정한 블루오션은 레드오션 속에 있다'를 제목으로 정하고, 레드오션에서 블루오션 찾는 방법 일곱 가지를 알려준다고 홍보했다. 이렇게 구체적으로 니즈를 자극하면 욕심 많은 CEO들은 혼자 오지 않고 마케팅 이사도 데려오고 마케팅 부장도 데려올 것이라는 계산이 섰다. 일주일에 한 번씩 보내던 홍보 메일, 전화를 사흘에 한 번씩, 막판에는 하루 두 번씩 보냈다. 그랬더니 그날 몇 명이 왔느냐면, 524명이 왔다. 8명씩 앉는 원형 테이블에 10명씩 앉혀도 모자랄 지경이었다. 사실 그 정도일 줄은 나도 몰랐다. 훗날 한선혜 씨의 주례를 해준 것은 물론이다.

더러는 약간 부족한 때 더 많은 것을 이루기도 한다. 부족한 것을 메우고 싶은 마음에 목표를 갖게 되고, 그것이 우리의 동력이 되기 때문이다. 나도 학벌이 엄청나게 좋았으면 취직한 후 공부하지 않았을지 모른다. 양손이 다 있었으면 덜 겸손했을지도 모른다.

크게 다쳐서 병상에 누워 있던 때, 힘든 와중에도 이런 생각을 계속했다.

'길이 없어도 길을 찾아라.'

'그래도 길이 없으면, 길을 만들어가자.'

상심이 컸을 텐데도 내색 않고 나를 지켜준 지금의 아내와 부모님 덕분에 그런 생각도 했던 것 같다. 고 정주영 회장께서도 그런 말을 자주 하셨다고 들었다.

"해봤어?"

어떻게 보면 책망하는 듯하고 논리도 없어 보이는 말이지만, 난 대단한 철학이라고 생각한다. 안 해보고는 알 수 없다. 반면 해보면 생각지 않게 그 속에서 길이 나온다.

그러니 일단 벽이라고 생각하지 말고, 담쟁이가 벽을 타고 올라가듯이 우리도 올라갈 수 있다고 생각하자. 길은 찾기 시작하면 분명히 나온다. 더러 길이 없을 때는 만들어서 가자. 길을 만들어줄 목표를 최대한 크게, 높게 갖자.

한 뼘짜리라도 좋다,
그곳에서 독점적 지위를 창출하라

스위스 로슈에서 이사로 신나게 일하고 있을 때였
다. 애경으로 돌아와달라는 장영신 회장님의 연락이 왔다.

처음 해외 스카우트 제의를 받고 회사를 옮기기로 결심하고
는 회장님께 거짓말을 하려 했다.

"회장님, 저 미국에 유학 갑니다."

"갑자기 웬 유학? 어디로 갑니까?"

갑자기 둘러대려니 생각이 안 나서 "워싱턴이요" 했더니 회
장님이 고개를 갸웃했다. "워싱턴에는 학교가 없는데…."

당황한 나, 얼떨결에 "아, 그렇습니까?" 하고 말았다.

"똑바로 얘기하세요. 무슨 일이에요?"

"저 미국 회사로 유학 갑니다."

"아니, 그게 무슨 얘기예요?"

"회장님, 제가 선진 마케팅 기술을 배워서, 회장님이 다시 부르시면 와서 쓰겠습니다."

사실 당시에 웃으며 헤어지기 위해 둘러댄 말이었는데, 그로부터 4년이 지나고서 회장님이 정말 다시 부른 것이다. 그러면서 '시간이 없다'고 했다. 외국 회사에서 좋은 대우를 받고 있었지만, 차마 그 때문에 못 간다고 할 수는 없었다. 보은하는 마음으로 돌아가겠다고 했다.

와서 보니 왜 회장님이 시간이 없다고 했는지 알 것 같았다. 애경의 1등 브랜드들이 경쟁사의 공세에 밀려 말라죽기 직전이었다. 세탁세제 시장에는 제일제당이며 LG생활건강 등의 대기업들이 들어와 애경 제품은 1, 2등 안에 들지도 못하는 신세였다. 그 좋던 회사가 어쩌다 적자기업이 됐을까.

세제 시장에서 확실히 밀렸으니, 새로운 분야에서 승부를 걸어야 했다. 내가 주목한 분야는 화장품이었다. 하지만 직원들이 말렸다. 소비자조사를 했더니 애경이 만든 화장품에서는 트리오 냄새가 날 것 같아서 안 산다고 했다나.

"뭐라고 물어봤는데?"

"애경에서 화장품을 만들면 사시겠냐고 했죠."

"그렇게 물어보니까 그러지! '애경' 하면 '트리오'가 떠오르는데 당연한 것 아냐? 그럼 애경 이름을 안 쓰면 될 것 아냐."

식당에서 쓰는 물은 생수 브랜드를 가리지 않지만, 집에서 먹는 생수를 살 때는 브랜드를 따진다. 그래서 개인 소비자가 직접 고르는 제품은 부정적인 브랜드 이미지를 그대로 두면 안 된다. 당연한 말 아닌가. 마케팅이란 어려운 게 아니라 이처럼 매우 기본적인 상식에서 출발한다.

그래서 화장품 사업을 할 때는 애경이라는 이름을 제품 바닥으로 숨겨버렸다. 그것도 읽기 힘들게 영어 필기체로 썼다. 대신 프랑스 잡지인 '마리끌레르' 브랜드를 들여와서 런칭했다. 결과가 궁금하지 않은가? 100억 넘게 적자를 보던 회사가 내가 돌아오고 1년 만에 23억 흑자가 났다.

그 비결은 거듭 이야기한 차별화였다. 언뜻 생각하기에 화장품은 차별화하기 어려운 제품이다. 애경이 진입할 당시 국내에는 태평양의 아모레를 비롯해 450여 개의 화장품 회사가 있었다. 에스티로더, 샤넬 등 해외 브랜드까지 합하면 600개는 됐을 것이다. 그런데 트리오 만들던 회사에서 나온 제품이 3년 만에 1,000억 매출, 방문판매 외 시장판매에서 업계 4위에 오를 정도로 급속히 성장한 이유는 차별화에 성공했기 때문이다.

자, 한번 생각해보자. 경쟁사가 600개나 되는데 무엇으로 차별화할 수 있을까? 그때 내가 한 고민은 이것 하나였다. 그리고 그 답으로 '틈새'를 떠올렸다.

여드름 화장품. 수백 개 화장품 회사 중에서 누구도 여드름 화장품을 만들지 않았다. 에이솔루션은 국내 최초로 출시된 여드름 전용 화장품이었다. 모공 화장품은 또 어떤가. B&F는 세상에 처음으로 '모공 화장품'으로 포지셔닝했다. 남들이 별로 신경 쓰지 않았던 클렌징도 마찬가지다. "화장은 하는 것보다 지우는 것이 중요합니다"라는 문장은 지금도 회자되는 명카피다. 고현정이 광고한 포인트클렌징 라인은 국내의 클렌징 시장을 새로 개편할 정도로 성공했다.

전문가로서 마케팅의 정의를 내려보라 하면 나는 이렇게 말하겠다. 마케팅이란 차별화다. 마케팅이란 독점적 지위를 확보하는 것이다.

내가 점찍은 분야에서 누구도 범접하지 못하도록 확실하게 자리를 잡으면 성공한 마케팅이고, 성공한 사업이고, 성공한 인생이다. 한 뼘짜리 좁은 영역이어도 상관없다. 아니, 오히려 좁을수록 좋다. 마케터로서 나는 시장세분화segmentation를 매우 중시한다. 이렇게 좁은 시장을 공략해서 과연 무슨 이익이 남느냐는 우려가 절로 나올 정도로 핵심 타깃을 쪼개고 또 쪼개라고 입버릇처럼 말하곤 한다. 거기에 우리가 살 길이 있기 때문이다.

마리끌레르도 처음에는 20대 초반 여대생이라는 작은 타깃을 대상으로 했다. 그러나 정작 주요 고객층은 지난날을 그리워하는 30대 여성과 여대생을 선망하는 여고생들이었다. 이 말은 어떤 의미인가. 남들이 신경 쓰지 않는 틈새만 정확히 공략하면 의외로 큰 시장을 창출할 수 있다는 뜻이다.

내 경험으로 볼·때 인생을 바꾸는 기회, 내가 두고두고 뿌듯해할 수 있는 성취는 작은 곳에서 시작되는 경우가 많은 것 같다. 생각을 조금만 바꾸면 된다. 특히 이런 발상은 지금 출발선에 선 사람, 뒤처진 사람, 조건이 불리한 사람에게 더욱 중요하다. 생각을 약간만 틀면 다른 기회가 보일 것이다.

중국에서 공장을 운영하는 어떤 CEO와 만난 적이 있다. 동전 세는 기계를 만드는 회사였다. 동전 세는 기계라니, 이게 돈이 될까 싶어서 실례를 무릅쓰고 물어봤다. 그러자 사장이 웃으며 대답했다.

"무슨 말씀이세요? 세계 시장의 85%를 우리가 가지고 있습니다."

"대기업이 안 들어오나요?"

"어우, 대기업이 뭐하러 코 묻은 돈 먹으러 들어옵니까."

그의 대답은 대단히 신선하고도 시원했다. 그 회사는 어찌보면 굉장한 강점을 가지고 있는 것이다. 어설프게 약점이겠거니 생각한 내가 미안할 지경이었다. 그를 만난 후, 중소기업 사장들을 만나면 이 회사 얘기를 종종 들려준다. 자기 시장을 레드오션이라 생각하는 사람들이 태반이지만, 사실은 그 안에 블루오션이 있음을 잊지 말라는 뜻이다. 틈새에 깃발을 꽂을 수 있다고 생각하면 흔히 생각하는 약점이 누구도 범접 못 할 강점이 될 수 있다. 일본 아오모리현 사과를 보라. 일본 아오모리현에 태풍이 불어 수확 직전의 사과가 다 떨어지고 10%만 남았다. 이 참사를 극복할 방안이 절실할 때 한 농부가 아이디어를 냈다. 이 사과는 초속 50m의 강풍에도 떨어지지 않고 매달려 있었다. 그러니 수험생이 먹으면 떨어지지 않고 붙는다는 스토리텔링을 생각해낸 것이다.

이렇게 해서 합격 사과, 행운의 사과가 탄생했다. 결과는 대성공. 이 사과를 수험생만 먹었겠는가? 암 환자도 먹고 재미있으니 친구끼리 선물도 했다. 아오모리 농민들은 낙과落果의 손실을 보상하고도 남을 만큼 높은 매출을 올렸다.

내가 가지고 있는 것이 어쩌면 그토록 찾아 헤맨 진짜 보석인지도 모른다. 그러니 남의 것을 넘보지 말고 내가 가지고 있는 것에서 틈새를 찾고 깃발을 꽂자. 아무리 작은 것이라도 남들이 보지 못한 틈새를 보고 내 것으로 만드는 것, 그것이 창의성이자 비즈니스 역량이 아니겠는가.

회의를 느끼지 않는 방법은 하나뿐이다

살다 보면 슬럼프에 빠질 때가 있다. 일이 뜻대로 안 되거나 힘에 부치거나 신나지 않으면 문득 '내가 잘하고 있는 건가' 싶은 생각이 고개를 든다. 비단 어려울 때뿐이겠는가. 안 되면 안 돼서 회의를 느끼고, 잘되면 잘되는 대로 또 회의를 느끼고, 가만있어도 회의가 든다. 100명 중 99명은 아마 이런 말에 공감할 것이다.

그런데 어떤 사람들은 섣부른 회의에 빠지지 않는다. 끊임없이 미래를 준비한 사람들이 그렇다.

KTF에서 내가 특히 아끼던 참모가 있다. 이홍기 상무는 삼성을 거쳐 한솔텔레콤에 입사했다가 KTF로 인수합병되면서 들어왔다. 나는 그가 처음부터 마음에 들었다. 나처럼 외부에서 들어왔고, 나이도 같고, 산전수전 다 겪은 공통점이 있었기 때문이다. 아무래도 조직의 성골聖骨이 아닌지라 그 또한 알게 모르게 소외감을 느꼈던 것 같았다. 그래서 처음 본 자리에서 그를 고객담당 상무로 임명해 내 참모로 두었다. 그러다 내가 강북본부로 발령받으면서 갈라졌는데, 그 사이에 이홍기 상무가 덜컥 대기발령을 받았다. 그는 나를 찾아와서 일 열심히 한 죄밖에 없는데 대기발령이라니 너무 억울하다며 하소연했다. 가만히 들어보니 그 말이 일리가 있었다. 그래서 그를 일단 다독인 다음 사장 면담을 신청했다.

"사장님, 어떤 기준으로 대기발령을 내셨는지 모르겠지만, 이건 아닌 것 같습니다. 이 상무 덕분에 제가 지금까지 업무를 잘 수행해올 수 있었는데, 이 사람이 어떤 이유로 밀렸는지는 본인도 알아야 하고 상사인 저도 알아야겠습니다."

사장님은 인사담당과 상의하라고 했다. 그래서 담당 상무를 찾아갔다. 당신이 지금 얼마나 말도 안 되는 인사발령을 했는지 아느냐고 따지고는, 사장님이 나더러 이 상무를 데려가도 된다고 했다고 거짓말을 해버렸다. 안 되면 혼나고 말지 하는 심정으로 내지른 것이다. 그런데 이게 통할 줄이야. 이 상무는 곧바로 강북본부 영업담당으로 발령받아서 나와 함께 일하게 됐다.

이 과정을 모두 지켜본 이 상무가 나를 어떻게 보았겠는가.

자기 사람을 끔찍하게 챙기는 모습이나 발령을 뒤집는 돌파력에 감탄해서 그전보다 더욱 열심히 나를 도왔다. 평생 현장 영업은 해본 적 없었던 내게 현장에서 잔뼈가 굵은 이 상무는 정말 든든한 존재였다.

그러다 내가 갑자기 광주본부로 내려가면서 다시 헤어졌다가 수도권본부장으로 복귀할 때 만났다. 하지만 회사생활이 순탄해 보이지는 않았다.

그러던 연말에 이 상무가 날 찾아왔다.

"갑자기 회사에서 저보고 관두랍니다."

"왜? 당신이 뭘 어쨌길래?"

"모르겠습니다. 별로 잘못한 것도 없는데 그만두랍니다."

"그래서 어떻게 할 건데?"

"자회사 사장으로 가라고 합니다."

"잘됐네! 이 상무가 언제 사장 소리 들어보겠나? 잘됐네."

잘린 사람에게 잘됐다니, 그는 '이 사람 너무하네' 하는 표정으로 날 쳐다봤다.

"거기 사장 임기가 6년밖에 안 되는데요."

"그 정도면 행복한 거요. 일단 그렇게 생각해. 해고됐다고 생각하지 말고 행복하다고 생각하란 말이오. 내가 이제부터 어떻게 해야 할지 알려줄 테니 잘 들어봐요. 일단 생각부터 '난 행복하다'고 해. 남들은 그냥 옷 벗고 나올 수도 있는데 6년 사장 임기가 보장됐으니 행복한 거라고. 그리고 자신의 경력을 잘 봐요. 당신은 삼성전자에서 상무를 했고, KTF 상무를 했어. 그리고 이제 KT 자회사 사장이 되는 거야. 이 이력서가 얼마나 아름답소. 그리고 당신은 6년이라는 시간을 벌었으니, 지금부터 내 말대로 하는 거야."

숨을 고르고 다시 말을 이었다.

"일단 대학에 가서 석사를 해. 반드시 마케팅 석사를 해. 당신은 계속 마케팅 인생을 살아왔으니 마케팅 석사를 하는 게 매우 중요해. 그거 따는 데 2년밖에 안 걸려. 그런 다음 4년이면 박사도 충분히 딸 수 있소. 난 2년 반 만에 땄어. 당신은 사장이니 시간은 충분히 조정할 수 있을 것 아니오? 그런 다음 옷을 벗으면 뭘 할 수 있을까? 마케팅 교수를 할 수 있지. 당신 이력을 봐. 삼성전자 마케팅 상무, KTF 마케팅 상무, KT 자회사 사장, 마케팅 교수. 이런 멋있는 이력서가 어디 있나? 이번 일은 하늘이 준 기회라고 생각해야지."

이렇게 말했더니 이 상무의 눈빛이 달라졌다.

"예, 알겠습니다. 당장 하겠습니다."

그러더니 곧장 석사과정에 등록했다. 모집기간이 끝났다는 소식에 브랜딩 컨설팅 과정에 우선 등록한 후 나중에 석사과정에 편입하는 열의를 보였다. 중간에 힘들어서 포기하고 싶은 때도 있었다는데, 결국은 학위를 따는 데 성공했다.

그는 해고를 절체절명의 위기로 생각했지만, 아니었다. 그가 자회사 사장으로 간 지 2년도 되지 않아 동년배 임원들이 다 옷을 벗고 나왔다. KT와 KTF가 통합되었기 때문이다. 그때는 정리되는 사람이 많아서 자회사 사장 자리에 앉아보지도 못하고 그대로 쫓겨났다. 그중에는 나도 포함돼 있었다. 그들에 비해 그는 얼마나 운이 좋은가. 시한부 인생이라 생각하면 울적하지만, 반대로 미래를 준비할 6년이라는 기회를 얻었다고 생각하고 노력하면 무엇이든 할 수 있다.

그때는 위기였지만, 생각을 어떻게 하고 마스터플랜을 어떻게 짜느냐에 따라 기회가 될 수 있다. 공부할 계획만 세웠는데도 이 사장에게 '교수'라는 새로운 비전이 생긴 것처럼. 이렇게 어떤 상황에도 기회를 보고 준비해가는 인생이 얼마나 활기차고 재미있는지 상상해보라. 회의를 느끼고 슬럼프에 허우적거릴 이유가 없다.

'우리가 선을 행하되 낙심하지 말지니, 포기하지 아니하면 때가 이르매 거두리라.' 성경에 이런 말씀이 있다. 우리 생활에도 고스란히 적용되는 말이다. 내가 올바름을 추구하면, 그리고 중상모략에 연연하지 않고 내 페이스대로 죽 가다 보면 어느 순간 하늘이 돕는 것 같다는 느낌이 온다. 옛날에는 일이 잘

되면 내가 잘나서 그런 줄 알았다. 그러나 나이 먹고 지혜의 눈이 조금이나마 떠지면서 '아, 이게 순리구나' 하는 생각이 점점 강하게 든다. '하늘은 스스로 돕는 자를 돕는다'는 이런 경우를 두고 하는 말이라는 것을 깨닫기 시작했다. 내가 잘나서 성공하는 게 아니라, 내가 기회를 맞이할 수 있도록 준비해왔기 때문에 성공한 것이다. 그러니 성공하고 싶다면, 준비하자. 어떤 상황에서도 기회를 찾는 게 그 첫걸음이다.

작은 치욕에
연연하지 마라

"그런 치욕을 어떻게 견디셨어요?" 내가 성공 경험을 얘기해주면 많은 사람이 이렇게 묻는다. 좌천에 대기발령에, KTF에서 거둔 값진 성공도 성공이지만, 그 기간을 견뎌낸 자체가 더 놀랍다는 분위기다. 하긴, 요즘에는 직장인들도 예전과 달라서 자존심을 건드리면 참지 않고 쉽게 사표를 던지는 것 같다. 도저히 용납할 수 없는 저마다의 역린逆鱗이 있을 테니, 사표를 던진다고 해서 경솔하다고 비판만 할 것은 아니라고 본다. 하지만 때로는 자존심과 자존감을 지킨다면서 너무 쉽게 흥분하고, 신중해야 할 결정도 경솔하게 할 때가 있다.

불운인지 행운인지, 나는 사람들이 놀랄 만한 치욕적인 순간을 적지 않게 겪었던 것 같다. 장애 때문에 당하는 부당한 처우는 말할 것도 없고, 승진을 빨리한다고 '삐져나온 못' 취급을 당할 때도 많았다. 일본의 어느 기업가는 '삐져나오는 못은 더 삐져나오게 하라'고 했다지만 그건 창의성이 중시되는 오늘날의 이야기이고, 내가 직장생활을 할 때는 '모난 돌이 정 맞는다'가 정설로 통하던 시절이었다. 그러다 보니 의도치 않게 구설수에 휘말리기도 하고, 억울한 소문의 희생양이 되기도 했다. 비난의 구실을 제공한 내 실수이겠지만, 막상 그런 상황에 휩쓸리게 되면 그 억울함과 치욕스러움은 말로 형언하기 어렵다.

그때마다 나를 지켜준 것은 '이 또한 지나가리라'라는 지혜의 말이다. 다윗왕이 승리감에 취했을 때나 패배감에 빠져 있을 때 되뇌며 스스로를 다스리곤 했다는 문구다.

광주본부로 발령받았을 때 나는 치욕을 느꼈다. 아무리 긍정적 마인드로 감사하며 살겠다 다짐했어도 순간의 치욕을 잠재우긴 쉽지 않았다. 하지만 치욕스러움에 사로잡혔다면 내가 본래의 자리로 돌아올 수 있었겠는가? 악감정에 연연하지 않았기에 그곳 직원들과 의기투합해 1등을 할 수 있었고, 지방생활에서 인생의 여유를 찾을 수 있었다.

생각해보면 그때 광주본부의 크고 작은 거점을 다니며 직원들에게 했던 얘기도 '작은 치욕에 연연하지 말라'는 것이었다. 아침이면 방문할 지점에 '오늘 그곳에 가겠다'고 언질을 넣어놓고 출발하곤 했다. 으레 지점에 방문하면 전 직원들과 회식을 했는데, 그때마다 본사에서 하던 습관대로 간단하게 직원들 교육을 했다. 교육이라고 해서 거창한 건 아니고, 내가 살아온 내력을 이야기해주고 우리는 반드시 1등 할 수 있으니 힘내자는 내용이었다.

"나는 23살 때 손을 잃고 직업도 잃고 다 잃었습니다. 하지만 딱 하나 잃지 않은 게 있어요. 그게 뭐냐고요? 용기입니다. 죽을지 살지 모르는 상황이었지만 용기는 잃지 않았어요. 그리고 삶에 대한 애착이 누구보다 강했어요. 간절했기 때문에 위기를 극복할 수 있었죠. 혹여 여러분 중에서 지금 어려운 분이 있으면, 나를 봐서라도 견뎌내기 바랍니다. 그리고 이겨내세요. 어떤 상황에서도 꿈을 잃지 마십시오. 꿈이 있는 자가 가장 행복한 법입니다."

이렇게 조곤조곤 이야기를 해주면 직원들이 나를 새삼스레 다시 보는 게 느껴졌다. 내 보스가 저런 사람이었다는 데 대해 굉장히 좋게 생각하는 눈치였다. 본사에서 잘나가던 보스가 저런 어려움을 겪었구나, 보스의 성공이 거저 얻어진 게 아니구나 하고 깨닫는 것이다. 그때 했던 사내교육은 내가 했던 그 어떤 교육보다 반응이 좋았다.

살다 보면 부끄러울 때도 있고, 창피할 때도 있다. KTF 부사장으로 잘 나가다가 하루아침에 대기발령을 받았던 순간도 그랬다. 사람들이 날 얼마나 우습게 볼까. '에이, 저 인간 마케팅 전문가라고 요란하게 소문내고 잘난 척은 다 하더니 사장까지 올라가지도 못하고 그냥 미끄러지네' 하고 뒷말할 것이 눈에 선했다. 그것도 내 발로 걸어 나온 것도 아니고 어정쩡한 '대기발령' 신세였으니 처량하기 이를 데 없었다.

그렇다고 의기소침해서 풀 죽어 있으면 '내 저럴 줄 알았다' 하는 비아냥만 들었을 것이다. 그때 그랬으면 아마 내 커리어는 정말 죽어버렸을 것이다. 55세, 물러나기도 딱 좋은 나이 아닌가. 하지만 대기발령은 작은 치욕일 뿐이다. 물론 사람들이 보기에는 큰 치욕일지 모르지만, 내 기준에선 그 사건이 내 업을 접어야 할 이유가 안 됐다.

그때 난 속으로 생각해둔 게 있었다. 여기저기 소문내고도 날 불러주는 데가 없으면 사장님을 찾아갈 생각이었다. 부사장 말고 상무도 괜찮으니 다시 날 쓰시라고 할 참이었다. 월급? 부장 월급 받을 각오도 돼 있었다. 돈이야 부사장하면서 모아둔 것도 있고 자식들도 다 키웠으니 욕심부릴 이유가 없었다. 그렇기 때문에 직급이 깎이거나 월급이 반 토막 나는 건 치욕이라 여기지도 않았다.

그런데 이걸 못 견디는 사람들이 있다. 자리에서 밀려나고도 현실을 받아들이지 못하고, 더 낮은 곳으로 옮기지 못하는 것이다. 기껏 지인들이 자리를 소개해줘도 "내가 그 큰 기업에서 팀장을 했는데, 요만한 회사에서 일하라고? 나는 못해!"라며 되레 화를 낸다.

이런 불만으로 시작하니 무슨 일이 되겠는가. 아무리 잘난 사람이라도 세상 사람들이 그걸 온전히 인정해주는 경우가 많던가? 세상인심이 얼마나 냉정한데, 그럴리가. 그런데 '나를 이렇게 대접하다니' 하고 으르렁대는 건 어리석은 일이다.

치욕스럽다 여겨지는 순간이 오거든, 기회가 왔다고 생각하자. 세상 살면서 반드시 필요한 '겸손'의 지혜를 배울 수 있다. 겸손이야말로 끊임없이 배우고 자신을 성장시킬 수 있는 가장 중요한 에너지다. 겸손이 없는 사람은 다른 사람들로부터, 조직으로부터 아무것도 배울 수 없다.

오늘도 사이코 같은 상사 때문에, 비열한 동료 때문에 '이런 대접이나 받자고 그렇게 아등바등해서 입사했나' 하는 자괴감에 빠졌을지도 모르는 당신. 그러나 한 번만 더 생각해보자. 내 감정이 불필요하게 격앙된 건 아닌지. 살면서 '치욕스럽다' 느낄 만한 순간은 생각보다 흔치 않다. 더욱 중요한 사실은, 치욕을 극복할 기회는 더 드물다는 것이다. 치욕을 극복하다 보면 슬기를 발휘하게 된다. 슬기를 발휘하다 보면 지혜가 생긴다. 그리고 그 지혜가 몸에 배게 된다. '아, 이런 고난과 역경에는 이런 식으로 대응해야겠구나' 하는 그림이 그려지고, 결과적으로 오히려 시련이 있기 전보다 더 좋아지는 경우도 종종 있다.

그러니 크지 않은 치욕, 작은 치욕에 너무 연연하지 말고 과감하게 건너뛰기 바란다. 그것이 정말 좋은 경험이 되었다는 것을, 실은 아무것도 아니었다는 것을, 시간이 지나고 나면 알게 될 것이다.

"그럼 참지 말아야 할 큰 치욕은 뭔가요?" 이쯤에서 이런 의문이 들지도 모르겠다. 사람마다 다르겠지만, 나는 '명예'가 아닐까 싶다. 큰 치욕까지 감내하면 사람이 우스워진다. 그러니 큰 치욕이라 생각되면 기꺼이 맞서 싸울 각오를 해야 한다. 그리고 가능한 한 싸워야 할 치욕을 당하지 않도록, 그런 빌미를 주지 않도록 노력해야 한다. 나는 명예를 지키고자, 정의롭게 경쟁하고자 노력한다. 이 나이 때까지 공부하고 또 공부하고, 읽고 또 읽는 이유도 결국 치욕스럽게 살지 않기 위해서다. 어쭙잖은 연줄이나 운에 기대지 않고 성공하는 길은 실력으로 승부하는 것밖에 없기 때문이다.

4

근성, 끝까지
너를 이겨라

정공법으로
승부하는,
실력

누구나 성공하고 싶어 한다. 그리고 기왕이면 편하게 성공하고 싶어 한다.

그런 기대, 일찌감치 접어놓자. 그런 길은 없다.

편법으로 약간의 이득을 취할 수는 있지만, 크게 성공하지는 못한다.

특히 회사는 실력 있는 직원, 능력 있는 직원을 원한다.

그리고 어떻게든 해내는 직원을 원한다.

논리적으로
엉뚱해져라

2001년, KTF에 입사하고 나서 사장님과의 식사 자리에서 물어봤다. 왜 하필 나를 선택하셨냐고. 나름대로 면접을 잘 봐서 자신은 있었지만, 그래도 내심 이유가 궁금했다. 대답은 단순명쾌했다.

"조 실장 대답이 엉뚱했는데, 논리가 있었어요." 통화품질이 안 좋아서 걱정이라는 말에는 통화품질이 좋다고 광고하라고 하고, 싼 맛에 우리 전화 쓴다는 푸념에는 국민에게 혜택을 주는 공기업이라고 해석했으니 엉뚱하다면 엉뚱하다. 하지만 그 안에 허점을 찌르는 논리적 날카로움이 있었다는 것이다.

기업이나 학교뿐 아니라 요즘은 국가 차원에서 창의성을 키워야 한다고 목소리가 높다. 그래서인지 젊은 직원들이나 취업준비생들을 보면 참 재기발랄하고 생각이 톡톡 튄다. 재미있는 아이디어도 많이 낸다. 기성세대는 결코 하지 못할 기발한 생각, 엉뚱한 발상을 많이 한다. 문제는, 그 아이디어 대부분이 쓸모없다는 데 있다.

무작정 엉뚱하기는 쉽다. 그러나 그 안에 논리가 없으면 듣기 좋은 말장난에 불과하다. 그런 아이디어로는 사업을 할 수 없다. 기성세대들이 왜 엉뚱한 생각을 하지 못하는지 아는가? 생각 자체가 참신하지 않을 때도 많지만, 오히려 더 중요한 이유는 논리가 서지 않는 엉뚱함을 스스로 용납하지 못하기 때문이다. 그래서 아이디어를 내다가도 자체검열을 하는 것이다.

애경에서 출시한 비누 중 '럭스'와 '비놀리아'라는 비누가 있다. 이 두 비누는 포지션이 정반대다. 초창기에 슈퍼마켓에 가서 사람들을 살펴보니 럭스는 세안할 때 쓰는 미용비누로, 비놀리아는 목욕탕에 들고 가는 '막비누'로 사 갔다. 둘 다 서로 다른 영역에서 시너지 효과를 내며 히트한 제품들이다.

제품 하나가 잘되면 가지를 치게 마련이다. 비누와 샴푸는 형제 사이이니까 럭스샴푸를 만들면 럭스비누처럼 잘 팔리지 않을까? 실제로 일본에서 럭스샴푸가 히트했다. 그래서 우리도 제품을 확장하기로 하고 먼저 비놀리아샴푸를 만들었다. 자, 이 제품의 결과는 어땠을 것 같은가? 내가 만난 사람들 대부분 비놀리아비누는 알아도, 비놀리아샴푸를 아는 사람은 여태껏

손에 꼽을 정도다.

왜 럭스는 됐는데 비놀리아는 안 됐을까? 가만히 생각해보니, 비놀리아에는 고급스러움이 없었다. 목욕탕에서 막 쓰는 이미지니까. 럭스는 세계 미인들이 쓰는 비누라고 포지셔닝 했던 터라, 샴푸도 굉장히 고급스러운 느낌을 준다. 하지만 비놀리아는 모양도 특이하고 색깔도 원색으로 강렬해 차별화하긴 했으나 고급스러움은 없다. 비놀리아의 메인 콘셉트는 '아직도 그대로네'인데, 샴푸를 쓰면서 누가 지금 그대로이길 바라겠는가. 이처럼 비누와 샴푸의 콘셉트가 모순되니 안 팔린 것이다. 똑같이 욕실에 있는 제품인데도 콘셉트에 따라 하나는 성공, 하나는 실패로 갈린다.

브랜드 변신이란 이처럼 복잡미묘하다. 애경 시절의 히트작, 에이솔루션은 여드름 화장품이다. 그런데 누군가가 에이솔루션 브랜드로 립스틱을 만들자고 했다. 입술에 여드름 나는 사람이 세상에 있을까 모르겠는데, 실제로 이런 의견을 아이디어라고 낸 사람이 있었다. 모공 화장품 B&F를 가지고도 비슷한 일을 겪었다. 모공 화장품은 어디까지 확장 가능할까? 내 상식으로는 숨 쉬는 파우더까지는 가능할 것 같다. 그러나 립스틱이나 아이섀도는 아니다. 그런데 립스틱이나 아이섀도까지 라인을 확장하면 그 제품이 잘될까? 어림없는 소리다. 생각 없는 확장은 멀쩡한 히트작까지 사장시킨다.

내가 마케팅에서 후배들에게 가장 강조하는 것은 물론 차별화이지만, 이 차별화에서 또 가장 중요한 부분은 바로 로직logic이다. 아무리 창의적이라 해도 로직에 모순이 있어서는 안 된다. 로직이라고 하면 거창하지만, 한마디로 '말이 되게' 하라는 것이다. 이 제품이 팔고자 하는 속성, 즉 본질에 들어맞게 하라는 것이다. 제품 콘셉트, 마케팅 메시지, 제품 이미지에 무엇 하나 모순이 없어야 한다.

예컨대 시로미를 개발할 때 진시황과 불로초의 이미지와 제주도의 판타지를 차용했다. 고급 이미지에 걸맞게 효과는 반드시 좋아야 했다. 이 제품의 핵심 이미지는 '최고'라는 것. 물론 최고의 원료에 최고의 기술로 만들었으니 품질도 당연히 좋다. 하지만 어떻게 해야 소비자가 척 보기만 해도 '아, 이 화장품 정말 좋은가 보다' 하고 사게 만들까? 그래서 'Only Jeju'라는 인증마크를 넣었는데, 그것만으로도 100% 신뢰한다는 보장이 없었다. 그래서 실물에도 최고라는 느낌을 주고자 화장품의 점성을 무척 강하게 만들었다. 실제로 써보면 금방 흡수되지만, 제품을 손에 덜어낼 때는 하도 끈적여서 병을 털어야 나왔다. 소비자에게는 이렇게 설명했다. '이 제품은 매우 끈적인다. 왜 그런 줄 아느냐. 영양덩어리라 그렇다. 그래서 모이스처라이징 효과가 오래 간다.' 소비자들은 로션이 조청처럼 끈끈한 걸 눈으로 확인하고 절로 '좋은 제품'이라고 인식했다.

이처럼 제품의 콘셉트를 설득하려면 삼박자를 다 맞춰야 한다. 로직이 합치하지 않는 순간 소비자 설득에 실패한다. 모든 일의 순리가 이렇다. 아무리 기발한 아이디어가 있다 해도 실행 가능해야 하며, 나름의 논리가 있어야 한다. 튀는 데 힘쓰다가 본질을 놓치는 것만큼 허탈한 것도 없다. 그래서 '논리적으로' 엉뚱해져야 하는 것이다. 논리적으로 엉뚱할 때 창의성이 꽃 피울 수 있다.

에이솔루션을 보라. 여드름 전용 화장품이 무슨 창의적 발상이냐고 되물을 사람도 있을 것이다. 하지만 진정한 창의성은 이제껏 듣지도 보지도 못했던 제품을 개발하는 게 아니라, 오랫동안 있어왔지만 남들이 주목하지 않던 시장을 발굴할 때 발현된다. 이때 반드시 필요한 것이 논리적 타당성이다. 피부 트러블로 고민하는 사람 중 여드름 때문에 고생하는 사람이 25% 정도 된다. 여드름이 가장 말썽인 연령대는 10대 후반, 화장품 업계에서는 작은 시장이다. 그러나 작다고 버릴 것인가? 에이솔루션을 바르던 청소년이 성인이 되면 시장이 없어지는 것이 아니라 그 자리를 새로운 청소년이 메운다. 그들에게 또 팔면 된다. 즉 규모는 작더라도 화수분처럼 마르지 않는 시장이라 할 수 있다. 이렇게 계산기를 두드리면 아무리 좁은 시장에서도 블루오션을 발견할 수 있다. 레드오션에서 혼자 블루오션을 발견한다면, 그것만큼 위대한 창의성이 어디 있겠는가.

이렇게 논리를 강조하는 것은, 내가 수십 년간 종사해온 마케팅 현장이야말로 창의성이 생명이기 때문이다. 그런데 마케팅을 하다 보면 의외로 말도 안 되는 걸 창의성이라고 우기는 경우도 많다. 본질을 망각한 채 화려한 외양에 치중하다가 망하는 경우도 적잖이 보았다.

예전에 KTF에 근무할 때는 먼발치에서도 저 매장이 장사가 되는 집인지 아닌지 척 보면 알았다. 내게 대단한 능력이 있어서가 아니라, 포스터 붙여놓은 품새만 봐도 짐작이 되기 때문이었다.

KTF에는 대학생 브랜드인 '나'뿐 아니라 30대 여성 타깃의 '드라마'와 10대 타깃의 '비기'가 있었다. 그런데 매장마다 입지 조건이 다르니 어느 매장에는 대학생이 주로 오고, 어느 매장에는 동네 아주머니가 주로 온다. 중고등학교 주변이라면 당연히 '비기' 손님들이 올 것이다. 브랜드마다 혜택이 한두 가지가 아니니, 1년에 만드는 포스터만 해도 수십 종에 이른다. 하지만 매장에 붙일 수 있는 양은 뻔하니, 그중 뭘 붙일 것인가? 당연히 타깃 소비자에 맞는 포스터를 붙여야 한다. 다른 포스터는 다 버려도 된다. 되레 그러는 편이 시각적으로 유리하다. 매장마다 노리는 주요 타깃에 적합한 혜택을 눈에 띄게 보여줘야 한다.

이렇게 적어놓으면 아주 쉬워 보이지 않는가? 하지만 대부분은 이렇게 하지 못한다. 그냥 새 포스터가 오면 그걸 붙인다. 새로운 포스터가 내려오면 그저 새것을 붙이는 것이다. 왜? 붙이라니까. 심지어 어느 본부는 매장마다 돌아다니며 새 포스터를 붙였는지를 체크해 고과에 반영하기까지 했다.

인간은 종종 본질을 망각하곤 한다. 그러다 문득 정신을 차려보면 혼자 엉뚱한 데서 헤매고 있다는 사실을 깨닫곤 한다. 그럴 때 해결책은 딱 하나, 본질을 보는 것이다. 본질을 보면 답이 나온다. 업의 본질을 정리하고 타깃 고객을 잘 정의하면 어디에 중점을 두고 어떤 혜택을 줘야 하는지가 금방 나온다. 마케팅 전략이란 게 결국 이런 판단 아닌가. 돈을 쓰고 노력을 해도 실적이 안 나온다면 대개 어떤 혜택을 줘야 하는지를 못 짚고 있다는 뜻이다.

작은 매장뿐 아니라 큰 기업도 이런 착각 속에 망가질 수 있다. KTF의 브랜드 중 '메인'이 있었다. 아시는 분이 얼마나 될지 모르겠지만, 젊은 남성 직장인들을 타깃으로 한 브랜드였다. 말 그대로 '메인 타깃'을 상대하겠다고 호기롭게 나섰지만, 인기를 전혀 얻지 못한 채 쓸쓸히 사라졌다. 왜일까? 이 세상에 '메인'이라는 게 없기 때문이다. 10대에게는 '비기'가 메인이고, 주부에게는 '드라마'가 메인이고, 대학생은 '나'가 메인인데, '메인'이라는 브랜드가 어떻게 따로 있느냐는 것이다. 그래서 얼마 못 가 없어졌다. 본질을 놓친 결과다.

논리 없는 엉뚱함이 가장 빈번히 발생할 수 있는 분야는 아무래도 광고다. 단시간에 이목을 사로잡아야 하다 보니 아무래도 과할 때가 있다.

당신이 휴대폰 사업자라 해보자. 매장이 중학교 앞에 있다. 새 학기를 맞아 판촉물을 만들어야 하는데 누구를 타깃으로 할 것인가? 잘 생각해야 한다. 중학교 앞에 매장이 있다고 해서 학생이 타깃인 매장인가? 아니다. 구매는 엄마의 손을 거쳐야 한다. 그러니 실질적인 타깃은 엄마다. 엄마가 이해하기 쉬운 광고를 만들어야 한다. 엄마의 눈높이에 맞춰서 너무 복잡하게 만들면 안 된다. 대학생이 타깃이라면 또 말이 달라진다. 이건 철저히 대학생에 맞춰야 한다. 돈은 엄마 지갑에서 나오더라도 구매는 본인이 직접 하기 때문이다. 이런 상식적인 패턴에 마케팅이 부합하지 않으면 아무리 제품이 좋아도 성공하기 어렵다.

내가 보는 좋은 광고의 기준은 분명하다. 판매를 증가시키는 광고다. 광고란 누가 뭐라 해도 예술 이전에 비즈니스다. 비용을 들여 투자했다면 그 이상의 효과를 뽑아야 한다. 광고가 아무리 예술적이고 멋있어도 판매와 연결되지 않으면 단순한 홍보 이상이 될 수 없다.

처음에 '나' 브랜드가 나왔을 때 이렇게 광고했다. "아버지, 나 누구예요?" "나도 몰러~" "나는 공짜가 좋아요" "세상에 공짜가 어딨어~" 이렇게 부자가 나와서 주거니 받거니 하다가 "세상을 다 가져라, '나'" 하고 끝난다. '나'라는 용어는 딱 한 번 나온다. 임팩트는 있었다. 하지만 소비자들은 정작 이게 무슨 광고인지를 몰랐다. 광고는 강렬했지만 정작 어떤 서비스인지, 어느 회사 광고인지도 알리지 못한 채 3,000만 원짜리 15초를 허공에 날린 것이다.

내가 마케팅 전문가로서 가장 많이 비판했던 광고가 바로 '나'였다. 이런 광고는 지구상에서 없어져야 한다는 생각으로 신문 칼럼에 대놓고 쓴소리도 했다. 그런데 내가 그 회사로 갈 줄이야. 그러니 내가 어떻게 움직였겠는가. 나는 가자마자 '나' 광고부터 내리라고 했다. 그런데 직원들이 말을 듣지 않았다.

"여기에 들어간 광고비가 얼만데 내립니까?"

"우리 사장님이 굉장히 좋아하는 광고입니다."

"광고대상 후보에 오른 광고입니다."

이렇게 구구절절한 이유가 있는데 화장품 팔다 온 무지렁이가 광고 내리라고 그러니 미치겠다는 분위기였다. 그래서 이렇게 말했다.

"당신 광고 왜 만들어? 사장님 좋으라고 만들어?"

"아닙니다."

"그럼 당신은? 광고대상 타려고 만들었어?"

"아닙니다."

"그럼 이게 재미있는 광고라서 못 내린다고? 여러분은 광고 재미있으려고 만듭니까?"

"아닙니다."

"바로 그겁니다. 광고에는 목적이 있어야지. 왜 만들었는지, 그게 본질이라고요. 결국 판매를 증대시키기 위해 만든다고 한다면, 이게 판매에 도움이 되는 광고인지 봐야 하잖아요. 사장님이 아니라 타깃 소비자가 좋아해야지. 그리고 광고를 잘못 만들었다고 판단되면 빨리 내리는 게 돈 버는 거지, 지금까지 들인 돈이 얼마이니 더 투자하겠다는 건 돈을 더 잃겠다는 말 아니오? 우리가 하던 게 잘못됐다면 빨리 정상으로 돌아가야지, 그게 여러분이 일을 올바르게 하는 겁니다."

이런 광고가 어디 '나'뿐이겠는가. 당시에 유독 이동통신업계에서 엉뚱한 광고가 많았다. 한때 시대를 풍미한 광고, "잘 자, 내 꿈꿔" 역시 정작 무슨 광고였던지 기억하는 사람은 많지 않다. 기억나는 건 '잘 자, 내 꿈꿔'뿐이고, 광고 덕에 팔린 것은 모델이 들고 나온 곰인형뿐이다. 광고가 정확한 목적 없이 그냥 흘러가 버렸다는 것이다. '잘 자, 내 꿈꿔' 뒤에 진짜 전하고 싶은 메시지가 있었을 텐데, 그건 머릿속에 없다. '잘 자'가 너무 크게 남았기 때문이다.

나는 광고란 샴푸 광고를 닮아야 한다고 믿는다. 샴푸는 어떻게 광고하는가? 이 제품을 쓰면 풍성하고 윤기가 난다, 모이스처라이징이 좋아서 들뜨지 않고 차분해진다, 그윽한 향기가 오래간다, 심지어 없던 머리카락이 다시 난다는 식으로 제품의 장점을 말한다. 이처럼 광고에서는 철저히 혜택을 강조해야 한다. 엉뚱한 소리 하지 않고 혜택이 뭔지 정확히 보여주는 광고가 좋은 광고다.

"하지만 남들은 다 브랜드 이미지 광고를 하는데, 이동통신에서 혜택을 보여주려면 어떻게 해야 합니까?"

샴푸처럼 광고하라고 했더니 직원들이 이렇게 반문했다. 아니, 요금제며 제휴 할인이며 혜택을 그렇게 많이 넣어놨으면서 혜택 광고를 어떻게 만드느냐고?

"'나'에 어떤 혜택이 있는지 소비자는 모를 것 아니오. 그러니까 광고에 혜택을 보여주란 말이에요. '나'에 가입하려면 KTF에 들어와라, KTF에 들어오면 금요일에 영화 공짜표를 준다, 그리고 MT비도 지원한다, 캠퍼스 안에서는 '나'끼리 무료 통화다, 이런 것들을 알리라고요."

그래서 나온 콘셉트가 "금요일은 '나'요일"이다. 금요일이 되면 동전 하나도 없는데 자판기에서 캔이 튀어나오고, 영화관 앞에 줄 서 있는 젊은이들이 모두 '나'를 가지고 있고… 이런 식으로 광고 방향을 완전히 틀었다.

그때 광고제작사와 다투기도 많이 다퉜다. 우리 담당자는 광고제에서 상도 받은 유명한 광고인이었는데, 광고의 목적이 뚜렷하지 않다고 지적하니 처음에는 나를 좋아하지 않았다. 이동통신의 광고가 모두 이미지 광고 일색이던 시절이었는데, 그에게 내가 단도직입적으로 말했다.

"우리는 저런 식으로 광고 안 합니다. 제가 마케팅 전략실장으로 있는 한 '아버지 나 누구예요' 같은 광고는 없습니다."

"그럼 어떤 광고를 하실 겁니까?"

"우리의 차별화된 이점을 보여주는 광고를 할 겁니다. 우리는 5년밖에 안 된 젊은 회사입니다. 또 우리는 다른 회사처럼 주유소를 하는 것도 아니고 오직 통신업에만 종사해온 전문회사입니다. 오래된 회사가 좋은 회사라 믿는 소비자에게, 우리의 이점을 보여주는 광고를 만들어주세요."

생각 없는 광고주들은 '멋있는 광고 만들어달라'고 대행사에 맡겨버린다. 하지만 그렇게 해서는 광고주가 제품에 담은 콘셉트, 알리고 싶은 콘셉트가 광고에 담기기 어렵다. 광고대행사를 쓰는 이유는 제작 등 실무에 도움을 받기 위해서지 전략을 일임하는 것이어서는 안 된다.

그래서 나는 광고 기조를 바꿀 때 아예 광고대행사 담당자들을 모아놓고 강의를 했다. KTF는 젊은 기업이고, 우리 통화품질은 최고라는 점을 강조하라고. '나 누구예요' 이런 건하지 말라고. 다른 회사는 광고를 어떻게 만드는지 모르겠지만 적어도 내가 있는 동안에는 광고를 이렇게 만들어야 한다고, 업계 최고의 광고 전문가들을 모아놓고 강의한 것이다. "나이는 숫자에 불과하다"는 카피는 이런 노력의 소산이었다.

거기에 한술 더 떠서 나는 발군의 광고인에게 제품 브리프며 광고 브리프를 쓰라는 등 잔소리를 늘어놓았다. 처음에는 안 쓰던 문서를 쓰라고 하니 그들도 피곤해했지만, 나중에는 정말 편하다며 좋아했다. 정확한 가이드라인이 문서에 있으니, 광고의 목적이 뭔지 헷갈릴 때 문서를 보면 된다. 이 광고 예산이 얼마였지? 문서를 보면 된다. 톤앤매너는? 재미있게 할까, 우아하게 할까? 역시 문서를 보면 된다. 헤맬 때마다 광고 브리프 한 장이 우리의 이정표가 되어주었다.

잘나가던 브랜드인 '드라마'도 예외는 아니었다. 이 광고에는 이영애 씨가 나왔다. 우아한 이미지의 그녀가 "벨이 울리면 생활이 드라마가 된다"고 하니 그것만으로도 광고효과는 충분했을지 모른다. 광고도 고급스럽게 잘 만들었고. 그러나 고급스러움만으로는 안 된다고 생각해 여기서도 실질적인 혜택을 강조했다. 우리 번호가 016, 018이었으니 '드라마'의 혜택을 18가지 생활 서비스, 16가지 뷰티 서비스로 정리해 알리기 시작했다. 가사도우미 지원부터 화장품 할인까지 일목요연하게 담으니 비로소 경쟁사와 차별화되기 시작했다.

우리나라 사람들이 창의적이지 않다고 걱정하는 목소리가 가끔 들리는데, 나는 오히려 반대가 아닌가 싶다. 하지만 목적 없는 창의성이란 얼마나 공허한가. 그런데도 많은 사람이 겉보기에 화려하고 멋있어 보이는 것에 쉽게 경도되는 듯하다. 전략 방향과 맞지도 않는 콘셉트에 현혹돼 일을 망치고, 겉보기만 요란한 일에 인생을 허비한다.

우리는 말이 되는 광고, 말이 되는 마케팅, 말이 되는 비즈니스를 해야 한다. 돈을 벌 목적이면 조금 촌스럽더라도 돈 벌어주는 전략을 택하는 진솔함이 있어야 한다. 크리에이티브를 위한 크리에이티브, 변화를 위한 변화에 목매지 말라. 잠깐은 멋있어 보여도 우리의 비즈니스나 인생에 하등 도움 되지 않는 허상일 뿐이다.

결국 오른팔이
사고 친다

　　내게는 힘들 때 조언을 구하고, 반대로 내가 힘들
때 지지대가 되어주는 '오른팔'들이 많다. 애경에서, KTF에서
내게 마케팅을 배우고 좌절과 성공을 함께 한 고마운 후배들
이다.

　하지만 세상을 살다 보면 이 '오른팔'이 문제가 될 때도 많
다. 내로라하는 재벌그룹 CEO들이 하루아침에 자리에서 밀려
나거나 구속되는 경우를 보면 대개 오른팔의 역할이 결정적이
었음은 세상이 다 아는 일이다.

　왜 오른팔이 사고를 칠까? 비즈니스 세계는 냉정하니 인간
적 관계는 필요 없다고 생각하면, 그건 하수 중에서도 하수다.
이런 이들은 사람을 겉으로만 사귄다. 명함으로 사귀고 돈으로
끌어들인 관계는 부실할 수밖에 없다. 평소에 아무리 친하게

지내도 마음으로 통하지 않으면 그건 겉만 번지르르한 관계에 불과하다. 이런 관계에서 한쪽이 위기에 몰리면 혼자 죽느냐? 천만의 말씀. 성인군자가 아닌 다음에야, 벼랑 끝에 몰리면 누구도 혼자 죽으려고 하지 않는다. 누구라도 끌어들여 목을 조르게 마련이다. 그래야 자기 위로가 되니까. 세상사가 그렇다.

그러니 앉아서 당하지 않으려면 예방을 해두어야 한다. 나만 해도 괜히 꼬투리 잡힐 일을 만들지 않으려고 무던히 애를 쓰며 살았다. 일례로 나는 KTF에서 부사장으로 있을 때 접대비를 일절 쓰지 않았다. 내 지인을 만나면 내 돈을 냈다. 그만큼 지출이 생기지만 다행히 내 월급에서 감당할 정도는 됐다. 한 회사의 CEO가 되고 나서도 하도 돈을 안 쓰니까 한 번은 재무관리 상무가 내게 잔소리 아닌 잔소리를 하기도 했다. 이렇게 안 쓰면 어떡하느냐고.

"내 돈 써서 하겠다는데 무슨 말씀이오? 내 연봉이면 커피값 정도는 낼 수 있으니 신경 쓰지 마시오."

이렇게 말하고 넘어갔지만, 사실 접대비 쓰지 않는 것은 일종의 전략이었다. 잘나갈 때는 돈을 쓰든 안 쓰든 괜찮다. 하지만 내 처지가 곤란할 때가 오면 반드시 문제가 된다. 내 발목을 잡는 꼬투리가 되고 약점이 되는 것을 방지하기 위한 방편이었다.

법인카드를 긁는 순간 내가 몇 월 며칠 몇 시 몇 분에 어디에 있었는지가 그대로 찍혀 나온다. 내 일거수일투족이 기록되는 셈이다. 그런데 이 카드를 개인 용도로 막 긁는 사람들이 있다. 무제한 카드를 쓰는 회장이든, 거래처 접대하라고 몇십만 원짜리 카드를 받은 영업 사원이든, 정신 못 차리는 사람들의 행태는 똑같다. 한마디로 전략이 없는 것이다.

리더라면, 또는 리더가 되고 싶다면 떳떳하지 않은 짓은 멀리 하려고 노력해야 하고, 불가피하게 나쁜 짓을 하게 된다면 충분한 이유가 있어야 한다. 일신의 영달을 위해, 자기 잇속을 챙기기 위해 저지른 나쁜 짓은 누구도 봐주지 않는다. 최소한 '정상참작'이 될 여지가 있어야 한다. 내 생각에 그 여지란 바로 '진심'이 아닐까 한다. 목적이 좋으면 과정이 나빠도 괜찮다는 뜻은 아니다. 다만 인간적으로 이해할 여지가 그나마 생긴다는 것이다.

누구나 인생에 자신을 위해 모든 걸 바칠 수 있는 사람 한 명쯤 있었으면 하고 바랄 것이다. 특히 리더는 외로운 자리라, 인간적인 믿음을 보여주는 사람을 간절히 원할 수밖에 없다. 그렇다면 어떻게 해야 그런 사람을 얻을 수 있을까? 어떤 사람은 매일 함께 밥을 먹고 술을 사면서 가까워지려고 한다. 어떤 사장은 승진을 팍팍 시켜주며 '너는 내 사람'이라는 의중을 전한다. 돈이 많은 사장은 성과급을 퍼주거나 따로 돈을 챙겨주기도 한다. 이렇게만 하면 사람들이 나를 믿고 어려울 때도 나를 잘 따라줄까? 글쎄다.

아무리 처우를 잘해줘도, 월급을 두 배로 줘도, 진심을 함께 주지 않으면 위기의 순간에는 허망한 물거품이 될 뿐이다. '내년부터 월급을 일괄 100만 원씩 올려주겠다'고 선언한다고 직원들이 고마워하고 일을 더 열심히 하고 충성을 다할 것 같은가? 그럴 리가. 생각이 있는 직원이라면 '한 달에 100만 원이면 1년에 1,200만 원. 기타 운영비까지 합치면 내가 추가로 기여해야 하는 매출이 5,000만 원은 되는데' 하며 책임감을 느낄 테지만, 나머지는 공돈 생겼다고 술 마시고 옷 사느라 바쁠 뿐이다. 그러다가 10만 원이라도 더 준다는 다른 회사가 보이면 미련 없이 떠나는 건 어차피 마찬가지. 진심을 주고받는 관계가 아닌 다음에야 돈을 더 주어도 로열티는 따라오지 않는다.

기업의 오너부터 신입사원까지, 회사생활에서 성공하려면 역지사지가 필요하다. 가만히 생각해보라. 우리 사장이 유독 박 팀장을 예뻐하는 이유가 무엇일지를. 내가 생각하기에 첫 번째는 이유는 이것이다. 박 팀장은 내가 보든 안 보든 열심히 제대로 일할 사람이라고 믿기 때문이다. 두 번째는 박 팀장은 우리 회사에 부를 쌓아주는 사람이라 믿기 때문이다. 어찌 보면 사장 입장에서는 두 번째 이유가 더 중요하리라. 여하튼 박 팀장이 열심히 해서 부를 축적해주면 내 마음속에 신뢰가 생긴다. 이 사람에게 맡기면 틀림없다는 생각이 들고 마음이 놓이는 것이다.

평생직장 개념이 없어졌다고 하지만, 회사를 옮기더라도 같은 직종에 종사하는 한 상사와 부하직원은 언제든 다시 만날 수 있다. 언제 승진했고 언제 미끄러졌는지 한 다리만 건너면 다 알게 된다. 그 인연이 신입사원 때부터 시작해 15년이고 20년이고 계속된다고 생각해보라. 만약 두 사람 모두 회사를 옮기지 않는다면 상사, 부하 관계로 20년 넘게 지내는 것이다. 20년쯤 같이 일하다 보면 싫어도 그 직원은 내 오른팔이 된다. 그런 질긴 인연에 신뢰가 없다면 어떻게 되겠는가? 인간적인 믿음이 없다면 그 관계가 계속 유지될 수 있겠는가?

사회생활을 하면서 보게 되는 수많은 인간군상 가운데 가장 초라한 유형이 후배에게 배신당해서 망가지는 사람이다. 윗사람에게 골탕 먹는 경우도 있지만 비교적 초창기 때 당하기 때문에 재기할 여지가 있다. 하지만 후배의 배신은 대개 인생의 정점에서 일어나기 때문에 충격이 훨씬 크다. 속된 말로 한순간에 '골'로 갈 수 있다. 그래서라도 후배를 무서워해야 한다. 후배 덕은 못 보더라도 후배 때문에 쓰러지지는 않아야 하기에. 나아가 장기적으로 선한 영향력을 미치겠다는 마음으로 후배를 마음으로 존중하고 선배로서의 역할을 다해야 한다.

중국에서 생활하다가 한 번씩 한국에 들어왔을 적에도 후배들과 잊지 않고 식사를 함께하려 했다. 그들의 고민을 들어주고, 조언을 해주고, 칭찬도 한 보따리 안겨주려 만든 자리였다. 그들은 그때마다 매번 내게 고맙다고 인사를 했지만, 지금 생각해도 사실 내가 더 고마운 일이다. 쫓겨나다시피 나온 상사에게 뭐 뽑아먹을 게 있다고 변함없이 나를 챙겨주느냔 말이다.

중국을 다녀온 지금도 마찬가지이다. 활동하는 공간이 달라지고 물리적으로 멀어졌어도 한결같은 그들은, 지금도 여전히 고마운 후배들이다. 나 또한 후배에게 물먹을 뻔한 적이 있기에 그들에 대한 고마움이 더욱 각별하다. 상사와 부하 관계를 뛰어넘어 인생의 선후배로서 인간적인 사이가 되었기에, 한국에서 정신없이 바쁜 일 정을 소화하다가도 그들을 만나면 마음이 편안해진다.

이게 다 10년, 20년 전에 그들에게 최선을 다해서 충성했던 보답이라 생각하면 나 스스로가 대견해지기도 한다. 내 피 같은 시간을 들여, 내 진심을 준 결과를 확인할 때마다 마음이 든든하다. 언제든 내 목을 비틀 '오른팔'이 아니라, 내가 어떤 어려움에 처해도 나를 든든하게 지지해줄 '오른팔'들임을 알기 때문이다.

인간관계,
달다고 삼키고 쓰다고 뱉지 마라

초등학교 때 나는 1등을 한 번도 못했다. 옆 동네 살던 여자애가 나보다 공부를 훨씬 잘했기 때문이다. 하도 약 올라서 '얘를 내가 꼭 이기고 만다'고 다짐했는데, 이 감정이 시간이 지나면서 점점 우정으로, 사랑으로 변했다. 언젠가부터 여자를 보는 기준이 이 여자에게 맞춰졌다. 나의 첫사랑 그녀는 지금 나와 살고 있다.

여성 청중이 많은 자리에서 이 얘기를 들려주면 성공률 100%, 사방에서 부러움 섞인 탄성이 터진다. 초등학교 경쟁자에서 고등학교 때 펜팔친구로, 연인으로 이어진 인연의 끈이 경이롭다는 반응이다.

사람 인연이란 참 신비롭다. 연결되고 연결되어서 전혀 예상치 못한 사람에게 가 닿는다. 그리고 그 사람이 내 인생에 크고 작은 영향을 미친다. 일례로 당시의 서울과학종합대학원 김일섭 총장님은 내 강의를 듣고는 지인에게 나를 종종 추천해주었다. 나와 개인적으로 인사를 나누기는커녕 강의 한번 들은 인연밖에 없는데도 그렇게 정성을 보였던 것이다. 훗날 그 얘기를 전해 듣고 어찌나 감사하던지, 지금도 그분과는 좋은 인연을 맺고 있다.

아들 결혼식 때는 하객이 무려 1,000명이나 와주셨다. 외국에서 오로지 결혼식 참석만을 위해 일부러 잠시 귀국한 가족도 있었다. 참 감사할 따름이었다. 그때 오신 하객들은 인파로 꽉 들어찬 식장을 둘러보며 내게 '그동안 잘 사셨나 보다'고 내게 엄지손가락을 치켜세웠다. 그렇게 인정해주니 또한 감사한 일이었다.

"누구나와 쉽게 친해지고 좋은 관계를 유지하는 비결이 뭡니까?"

가끔 듣는 질문이다. 인연을 맺는 데 무엇이 가장 중요할까. 내 생각에는 정직이 아닐까 한다. 아울러 올바로 대해주고, 내 일이라 생각하고 조언해주는 게 중요하다. 자기 상황의 장단점이 정작 내 눈에는 안 보일 때가 많은데, 그때마다 객관적으로 편견 없이 보아주면 얼마나 큰 도움이 되는지 모른다. 내가 이홍기 사장의 경력설계를 해준 것처럼.

인간관계는 결국 헌신이다. 상대방에게 선한 영향력을 끼치는 것이다. 그것도 무차별적이어야 한다. 저 사람은 고위직이니까 더 잘해주고, 저 사람은 계약직 아르바이트생이니까 대충 대하는 식이어서는 곤란하다. 지금 별것 아닌 것처럼 느껴진 사람도 나중에 어떤 힘을 내게 행사할지 모른다는 게 인간관계의 위험이자 묘미다.

그래서 나는 불특정 다수를 만나는 강연에서도 혼신의 힘을 다한다. 사람 마음이 간사해서, 때로 30명짜리 강연을 가면 힘이 빠질 때가 있다. 대충 해도 괜찮을 것 같은 마음이 들 때도 있다. 하지만 그런 마음이 들수록 더 열심히 해야 한다. 한 명 한 명에게 눈을 맞추고 강의내용이 잘 전달되는지 확인하면서 더욱 최선을 다해야 한다. 그러면 여기서 또 관계의 눈덩이가 굴러간다. 실제로 대규모 강연보다는 작은 강연에 모인 청중들이 '이 사람 강의는 정말 감동'이라며 주위 기업가들에게 추천하는 경우가 훨씬 많다. 이처럼 선한 영향력을 주다 보면 그것이 눈덩이처럼 굴러서 내 앞으로 온다.

흔히 말하는 '갑을관계'에서도 마찬가지다. 상대방이 을이건 병이건 존중하고 헌신해야 한다는 데는 변함이 없다. 앞서에서도 말했듯 골프에는 4C가 중요하다고 한다. 날씨, 동료, 컨디션 그리고 진행 요원, 흔히 하는 말로 '캐디'다. 혹자는 캐디를 골프채처럼 으레 따라붙는 존재 정도로 생각하는데, 결코 그렇지 않다. 누가 보조해주느냐에 따라 경기 결과가 천차만별로 달라진다. 그런데도 많은 사람이 캐디를 쉽게 대한다.

난 골프장에 갈 때면 캐디 선물로 손거울 하나를 꼭 가지고 간다. 곱게 포장한 박스를 건넨다.

"이게 뭐예요?"

"예쁜 거울이에요."

"거울은 왜 주세요?"

"거울 보고 더 예뻐지시라고요."

이렇게 농담 섞어서 얘기를 건네면 웃음이 터지고, 거울이 예쁘다며 분위기가 금방 좋아진다. 그러면서 대화가 순조롭게 이어진다. 그 순간 이 얘기를 한다. "사실은 이게 의수예요."

그러면 요원이 깜짝 놀라면서 '이분에게 더 잘해줘야겠다'는 생각을 하게 된다. 그때 내가 미리 양해를 구한다. "저도 다른 사람하고 똑같이 대해주시면 됩니다. 다만 제가 잡을 손이 없으니 제 채를 먼저 받고 나서 다음 채를 제게 주세요."

드디어 경기가 시작되고, 내가 한 손으로 치는 걸 감탄하며 보던 캐디가 퍼팅 라인을 봐줄 때도 다른 사람보다 정확히 재주고 응원해준다. 손이 없어서 징그럽다고 여길 수도 있을 텐데 외려 약간의 존경심을 갖는 것 같아 나도 기분이 좋다. 그중 몇몇 사람은 경기 끝날 때 "힘들 때 괴롭다는 생각 많이 했는데 오늘 선생님 보고 정말 놀랐다, 반성했다"고 하기도 한다.

나중에 비용을 줄 때는 가능하면 봉투에 깨끗하게 넣어서 준다. 어떤 지인에게 들어서 나도 그렇게 하기 시작했는데 반응이 예상보다 훨씬 좋다. 하긴 내가 그 입장이라도 주머니에서 꾸깃꾸깃한 돈 꺼내서 주는 것보다 훨씬 존중받는 느낌이 들 것도 같다.

인맥이 중요하다고 하니까 누구나 넓은 인간관계를 맺으려 노력한다. 하지만 얕은 관계는 작은 위기에도 허물어지게 마련이다. 어려운 상황에 놓이면 '맺지 않느니만 못한' 관계가 낱낱이 드러난다. 물론 반대로 '이 사람 정말 진국이다' 하고 새삼 감동을 주는 경우도 만난다.

내 인생의 몇 안 되는 슬럼프 중 하나였던 광주본부장 시절, 마음 추스르고 일은 열심히 했지만 개인적으로는 적잖이 외로웠던 것도 사실이다. 밀려난 사람과 친하게 지내다가 덩달아 찍힐 거라 생각했는지, 그동안 잘 지내던 사람들과도 연락이 뜸해졌다.

그런데 평소와 다름없이 전화를 주고, 광주까지 찾아온 사람이 있었다. 판촉물 납품사업을 하는 민태웅 사장이었다. 볼일도 없는데 왜 내려왔냐고 했더니 그냥 내가 심심할 것 같아서 왔단다. 그때 나는 그를 다시 봤다.

민 사장과는 애경 때 인연을 맺어서 다이알로 옮긴 후에도 계속 연락해왔다. 그에게는 미안한 말이지만, 사실 그때 나는 판촉물을 납품해서 얼마나 성공하겠는가 싶었다. 그런데 웬걸, 알고 보니 그 기업이 보통 탄탄한 게 아니었다. '어떻게 저런 성공을 거두었을까?' 싶어 관찰해보니 과연 그에게는 확실한 성공비결이 있었다. 누구보다 끈끈한 인간관계였다.

그는 상대방 처지가 곤궁해졌다고 해서 외면하거나, 자기 일에 도움 되지 않는다고 해서 관계를 소홀히 하지 않았다. 내가 KTF로 옮긴 후에는 그에게 판촉물을 의뢰할 일이 없었지만 나와 꾸준히 관계를 유지했다. 지금도 잊지 않고 연락하고 안부를 주고받으니, 웬만한 친척보다 훨씬 살가운 사이다. 그 마음이 고마워서 오랫동안 아시아태평양마케팅포럼 감사를 맡기기도 하고, 후배 마케터들에게 그를 소개하며 도움을 주기도 한다.

비단 보상 때문이 아니더라도, 상대가 외로울 때 더 잘해야 한다. 그리고 길게 보고 관계를 유지해야 한다. 외롭고 쓸쓸할 때도 변치 않는 마음은 어찌 보면 가장 좋은 관계를 유지하는 힘이다.

때로는 관계를 어떻게 풀어가느냐에 따라 악연도 인연으로 만들 수 있다. 껄끄러운 관계를 반전시키는 능력은 사회생활에 매우 중요하다.

경희대 박사과정을 시작할 때, 대단히 까다로운 교수님이 계셔서 석사를 이 학교에서 했다고 해도 전혀 가산점을 주지 않았다. 오히려 그런 질문을 했다가 찍히기만 할 판이었다. 꼼짝없이 영어시험부터 다시 시작해서 입학했는데, 문제는 그다음부터였다. 박사논문은 지도교수에게 찍히면 정말 힘든데, 시작부터 한번 틀어졌으니 어떡한다?

그래서 이분을 완벽한 내 사람으로 만드는 전략을 나름대로 구사했다. 별다른 방법이 있겠는가. 그냥 정말 할 수 있는 최선을 다해 정성스럽게 모셨다. 그러자 교수님이 나중에는 수업의 시시콜콜한 것까지 불러서 상의할 정도로 나를 믿어줬다. 그분이 열심히 가르쳐준 덕분에 박사학위도 2년 반 만에 땄다. 회사생활하면서, 학비 지원받아가면서 공부한 나로서는 그분만한 은인이 없다.

아부하며 비위 맞추라는 말이 아니다. 윗사람들은 아부로 다가가는 사람을 별로 좋아하지 않는다. 아부가 아니라 진심으로 대해라. 마음을 담아서 좋은 건 좋다고 하고, 모르는 건 묻고, 혼날 건 혼나면서 관계를 풀어가야 한다. 간혹 상사에게 혼날까 봐 궁금한 게 있어도 묻지 못하는 경우가 있는데, 그래서는 안 된다. 오히려 아는 것도 물어봐야 한다. 그래야 상사와 내 생각이 같은지 확인할 수 있다. 열심히 물어보면 상사는 '이 친구가 나를 상사로 대접하는구나' 하고 생각하게 된다. 나는 고졸 상사를 모셔본 경험이 있는데, 그분에게 하나하나 물어보면서 일을 진행하니까 '많이 배운 놈이 내게 꼬박꼬박 물어보네' 하며 좋게 생각하셨다.

"박사까지 한 사람이 뭐 이런 걸 다 물어보나?"

"제가 학위로만 박사지, 이 일은 전무님이 세계 제일 아니십니까?"

이렇게 너스레를 떨면서 여쭤보면 그분은 기분이 좋아져서 하나부터 열까지 꼼꼼히 알려주셨다. 그렇게 해서 그분의 지식과 지혜를 내 것으로 가져왔다. 그런데 어떤 사람은 '내가 어떤 대학을 나왔는데', '내가 명색이 박사인데' 하면서 자존심을 내세운다. 웃기는 소리다. 지혜란 그렇게 얄팍한 자존심으로 얻어지는 게 아니다. 배울 자세가 안 돼 있는데 누가 가르쳐주려 하겠는가. 진심으로 존중하고, 진심으로 존경하고, 진심으로 관심을 보여라.

응석과 땡깡으로
해결될 일은 없다

'땡깡'으로 되는 일은 없다. 땡깡 부리는 사람을 두려워할 자는 아무도 없다. 하다못해 사기꾼도 사기 한번 치려고 여러 번 시나리오를 짜고 연습한다. 그런데 땡깡 부리는 사람은 이런 연습마저 없다.

애경 시절에 어느 소비자의 항의전화를 받은 적 있다. 우리 세제로 빨래를 했는데 세제 찌꺼기가 빨래에 하얗게 묻어난다는 것이다. 세제를 적정량만 썼는지, 제대로 헹구었는지 물어도 막무가내, 무조건 책임자를 바꾸라고 큰소리였다. 이대로 끌려다녀서는 안 되겠다 싶어서 회사로 오시라 했다. 그랬더니 이불이며 담요를 들고 식식대며 사무실로 찾아와서는 세제를 이따위로 만들어서 어떡할 거냐, 안 물어주면 소비자보호원에 고발하겠다고 기세등등했다. 그 사람에게 말했다.

"잠시만 기다려주십시오. 제가 경찰을 불렀습니다. 같이 경찰서에 가셔서….."

그러자 말이 끝나기도 전에 그 사람이 도망쳤다. 조금 전까지 세상 무서울 것 없던 사람이 왜? 경찰서에 가자니까 겁난 것이다. 자기가 땡깡 부리고 있다는 걸 스스로 알고 있었다는 뜻이다. 혹시나 싶어서 다른 기업에 알아보니 아니나 다를까, 회사마다 블랙리스트에 오른 인물이었다.

기업에는 이런 일이 참 많다. 중국에서의 사업 초기, 개인 업장 간판을 우리 회사의 메인 브랜드인 '메이디커'로 바꿀 때도 대부분의 사업자가 문제없이 많은 판촉 혜택을 봤는데, 그중 몇몇 사람들은 편법을 쓰려 했다. 간판을 교체하면 즉시 사진을 찍어 보내야 하는데, 사진은 보내지 않은 채 '날 믿고 간판 비용이나 먼저 보내라'고 요구한 것이다. 원칙과 룰이 있는 조직에서 그런 꼼수가 통하겠는가? 그랬더니 회사로 와서 상무의 멱살을 잡고 소리치며 깡패 수준으로 패악을 부리기 시작했다.

직원들 모두 겁을 먹고 망신당할까 봐 두려워 내게도 이들과 상대하지 말라고 했지만, 나는 반대로 이것을 기회로 봤다. 그래, 확실하게 본보기를 보여주마. 타협하고 은근슬쩍 넘어가면 끝이다. 잠시의 고통 때문에 흔들려서는 안 된다.

"우리 회사는 조금도 양보할 생각 없으니, 나가시오! 룰과

질서를 잘 지키는 사람에게는 인센티브와 보너스로 보상하지만, 불필요한 시간과 에너지를 낭비하는 사람과는 함께할 수 없소. 당장 나가시오!"

서슬 퍼렇게 소리치며 내쫓으니 드러누워 행패를 부리던 사람들이 창피해하며 슬금슬금 일어나 나갔다. 다시 우리와 일하지 못했음은 물론이다.

누구나 성공하고 싶어 한다. 그리고 기왕이면 편하게 성공하고 싶어 한다. 그런 기대, 일찌감치 접어놓자. 그런 길은 없다. 편법이나 정도가 아닌 방법으로 약간의 이득을 취할 수는 있지만 크게 성공하지는 못한다. 특히 회사는 실력 있는 직원, 능력 있는 직원을 원한다. 그리고 어떻게든 해내는 직원을 원한다.

KTF 때 차장 진급이 안 됐다고 사장에게 메일을 보낸 직원이 있었다. 내용은 대강 이랬다.

"사장님, 연초에 모두가 즐거워하지만 저는 고향에 내려가지 못하고 있습니다. 창피해서요. 제가 서울대 나온 것도 지금은 너무 부끄럽습니다. 서울대 나온 제 동기들은 죄다 승진했는데 저만 3년째 못 하고 있습니다. 제 상사인 마케팅 전략실장은 일을 잘 알지도 못하고, 그 밑의 상무들은 절 찍어놓고 인사고과에 D를 줍니다. 이렇게 불공평한 일이 어디 있습니까. 사장님께서 선처해주십시오."

사장님이 그 메일을 어떻게 했겠는가? 그대로 내게 전달했다. 비록 울분을 토로한 메일이지만 귀담아 들을 내용도 있을 것 같다는 의견도 덧붙여서. 읽어보고 기가 막혀서 한숨을 쉬고 있자니, 사장님이 물었다.

"애경에는 이런 사람 없었죠?"

울고 싶은데 뺨 때려준 격. 속에서 열불이 터지던 참이었는데 말 나왔으니 차라리 잘됐다 싶었다.

"이런 사람은 즉각 해고합시다."

"왜요?"

"지금 이 편지 하나로 상사 몇 명을 능멸하는 겁니까? 나아가 사장님도 능멸하는 겁니다. 그리고 저런 사람은 승진시키면 더 오만방자해져서 주위 사람들까지 망칩니다. 조직의 암초와 같은 존재이니 가장 먼저 내보내야 합니다. 저러니 3년 내내 진급을 못 하죠. 자기가 부족한 점을 깨닫고, 더 열심히 할 테니 다음 인사고과 때는 선처해달라고 해도 모자랄 판에, 저렇게 땡깡을 부리면 어쩌란 말입니까. 그 많은 상사들이 참여해 객관적으로 인사고과를 내는데도 거기에 불복하는 사람의 의견을 참고할 가치는 별로 없어 보입니다. 다만 혹시 옳은 지적이 있는지는 살펴보겠습니다."

그런 다음 해당 직원을 불렀다.

"진급 안 돼서 실망이 크겠지만 용기를 내시게. 그리고 혹시 인사에서 불공정하다고 생각한 점이 있으면 얘기해보시게."

내가 무슨 감을 잡았다고 생각했는지, 한참 동안 말을 못하다가 어렵게 입을 뗐다.

"좀 심하긴 합니다."

"뭐가 심하다고 생각하나?"

"상무가 매번 제게 D를 줍니다."

"그럼 상무하고 이런 얘기를 진지하게 해봤나?"

"아닙니다."

"왜 안 했나?"

"창피하게 그런 얘기를 어떻게 합니까?"

"그런 마음으로 사장님한테는 어떻게 편지를 썼나?"

"그걸 어떻게…?!"

순진한 건지, 어리석은 건지…. 그 과장은 사장님에게 떼를 쓰면 특별승진이라도 시켜줄 거라 기대했던 걸까, 아니면 상사들이 혼쭐날 거라고 생각했던 걸까. 앞뒤 분간 못하고 얕은꾀를 쓰다가 자기 입지만 좁힌 셈이었다.

이와 비슷한 사건을 어느 문화계 인사에게도 당했다. KTF에 부임한 지 얼마 안 됐을 때, 대뜸 찾아오더니 무슨 잡지를 만든다며 5억이라는 돈을 달라고 했다. 5억을 맡겨둔 것도 아니고, 왜 줘야 하냐고 물었더니 내 전임자가 약속했단다. 정상적이라면 사업계획서와 함께 결재 사인이 있어야 하는데, 그런 절차가 완전히 빠진 상태에서 무턱대고 요구해오니 황당했다. 내 마음을 아는지 모르는지, 그 인사는 정보통신부 장관 이름, 사장 이름을 들먹이면서 '누구 오빠도 준다고 했다'고 했다.

그런데 조직생활을 오래 하면서 이런저런 함정 파놓는 사람도 보고 사기꾼도 겪다 보니 나름의 감식안이 생긴다. 유식하게 영어를 섞어 써가며 '오빠'를 들먹이는데, 왠지 믿음이 가지 않았다. 왜 그 돈을 줘야 하는지도 납득이 안 돼서 결국 정중히 거절했다.

그랬더니 며칠 뒤 사장님이 내게 또 편지를 전해줬다. 이렇게 오만하고 무례한 사람이 중역으로 있으면 회사 이미지를 망친다는 그 '문화계 인사'의 편지였다. 내가 처음 보는 자리에서 반말을 했다며 회사의 암 같은 존재라고도 했다. 글쎄, 나는 충청도 사람이라서 소위 '다나까'를 확실하게 발음하지 않고 눙치는 경우가 있지만, 처음부터 반말하는 법은 없는데 그렇게 들렸던 모양이다.

그 편지를 읽으며, '이 사람 정상이 아니다'는 생각이 들었다. 그렇지 않으면 차마 이런 구차한 거짓말을 할 수는 없었다. 대한민국에서 그 이름 석 자를 모르는 사람이 없을 명망가가 그런 식으로 땡깡을 부린단 말인가. 자기 실력으로 승부해도 될 것을 뭐하러 땡깡을 부리는지. 백번 양보해 떼를 쓰더라도 상대방이 받아들일 수 있는 수준으로 해야 할 것 아닌가. 부임한 지 얼마 되지도 않은 내게 몇억을 내놓으라고 밀고 들어오면 어쩌란 말인지. 배울 만큼 배운 사람이 왜 저럴까 싶었는데 아니나 다를까, 그녀는 나중에 이력을 거짓말한 사실이 들통 나서 망신을 당했다.

응석도 부질없기는 매한가지다. 내가 뭔가 부족하다고 느꼈을 때는 빨리 극복하거나, 자기 강점을 살리려고 노력하는 게 삶의 정석이다. 그런데 남에게 대충 기대려고 하는 사람들이 꼭 있다. 응석받이로 사는 것이다. 회사에 동문 선배라도 있을라치면 '선배님, 선배님' 하면서 매달린다. 응석은 본인의 발전도 없지만, 선배까지 망치는 짓이다. 후배라서 허용해주고 후배라서 물건 사주고 하면서 올바른 방식을 외면하게 만드니 말이다.

KTF로 옮긴 지 두 달여, 설 명절이 돌아왔을 때였다. 그때 그런데 갑자기 옻을 사겠다고 몇천만 원짜리 기안이 올라왔다. KTF에서 옻을 뭐하러 사지? 궁금해서 물어보니 톨게이트에서 귀성객들에게 나눠준다는 것이다. 왜? 다시 물어보니, 우리에게 가입하라는 판촉활동이라고, 소비자와 좋은 관계를 유지하려고 나눠준다는 것이다.

"옻으로 관계를 맺는다고?"

"KTF가 옻 선물을 줬다고 하면 아무래도 우리 회사에 호감을 갖게 되죠."

그래서 결재를 하긴 했는데, 뒤통수가 계속 찜찜했다. 그런데 한번 결재를 해놓고 나니 문제가 생겼다. 다시 설이 되자, 지난번에는 물량이 모자랐다며 윷 예산이 더 늘어서 기안이 올라왔다.

"이봐, 아무리 생각해도 이건 좋은 아이디어가 아닌 것 같아. 윷 준다고 가입자가 늘어날 것 같지도 않고 관계가 좋아질 것 같지도 않네. 이번엔 좀 신중하게 생각하자."

"하지만 지난번에 결재하시면서 분명히 좋은 아이디어라고 하셨습니다."

나는 좋다고 말한 기억이 없는데도 작년에 결재했으니 이번에도 하라며 막무가내였다. 투자 효과가 없으면 다시 투자하지 않는 건 상식인데, 지난해에 했던 결재가 내 약점이라도 되는 것처럼 계속 그 얘기만 반복하는 게 이상했다. 속사정을 알아보니 윷 판촉업자와 인연이 있었던 모양이었다. 솔직히 말해 윷을 4,000만 원어치 뿌렸는지 2,500만 원어치 뿌렸는지 내가 알아낼 방법이 없었다. 톨게이트마다 돌아다닐 수도 없고, 어차피 배포까지 납품업자가 대행했으니 우리로서는 측정할 수 없는 예산이었다. 이처럼 측정할 수 없고 예측할 수 없는 일은 결재하지 않았어야 했는데, 한번 실수로 사인했더니 계속 그걸 물고 늘어지는 것이었다. 내 직원이 응석받이가 된 것이다.

이럴 때는 과감히 '아니다'라고 끊어야 한다. 내가 잘못한 점이 있다면 사과를 하고서라도 더는 응석 부리지 못하도록 해야 한다. 그래야 앞으로 잘못된 판단을 하지 않게 되고, 후배도 큰다. 관례라는 미명에 기존에 했던 대로 답습하면 그 관례가 내 발등을 찍게 돼 있다.

한때 헌법재판소장 인사청문회에서 후보자가 과거에 판공비로 백화점에서 가족 옷을 산 의혹에 대해 "관례였다"고 말해서 빈축을 산 적 있다. 그만큼 높은 자리에까지 오른 사람들이 옷 살 돈이 없어서 공금을 썼겠는가? 관례라는 타성에 젖은 것이다. 그 타성이 훗날 인생에 다시 못 올 큰 기회를 무너뜨리지 않았는가.

상대방을 진정으로 아낀다면, 아닌 건 아니라고 해야 한다. 실수한 건 실수했다고 사과하고 잘못된 관례가 정착되는 걸 막아야 한다. 이게 말처럼 쉽지 않다는 건 누구나 안다. 말을 번복하기는 너무 힘들다. 창피하기는 또 얼마나 창피한가. 하지만 한 번만 힘들면 된다. 그러니 그게 남는 장사다.

원칙이 흔들리면 모두가 흔들리는 법. 응석으로 되는 일은 없다. 떼써서 되는 일도 없다. 그게 세상 이치다. 쉬워 보이는 길은 있어도, 정말 쉬운 길은 없다. 떼쓰지 말고, 조르지 말고, 정석대로 가는 게 결국엔 옳다.

사람은
소중하게 뽑아라

사람은 소중하게 뽑고, 신중하게 사귀어야 한다. 인맥이 중요하다고 이 사람 저 사람 가리지 않고 만나는 경우도 있지만, 그런 인맥이 영양가 있는 경우는 드물다. 특히 파트너로 함께해야 할 사람인 경우는 더더욱 신중하게 사귀어야 한다. 인사人事가 만사萬事라는 경구는 누구나 알지만, 얼마나 금과옥조 같은 지혜인지는 일을 할수록, 하루하루 살아갈수록 더욱 절실하게 느낀다.

문제는 이 사실을 좋은 사람들과 어울리며 행복할 때는 정작 알지 못하다가, '잘못된 만남'으로 호되게 홍역을 치른 후에야 절감한다는 것이다. 인복이 많다고 자부하는 나도 어쩔 수 없이 사람을 잘못 만나서 고생한 적이 몇 번 있다. 특히 인사의 최종 결정을 하는 CEO의 자리에 올랐을 때는 막중해진 무게감

만큼 고민과 갈등도 컸다. 실적을 부풀리는 임원, 공금을 넘보는 사람 등… 직장생활이 나만 잘한다고 되는 게 아니라는 사실을 그때 뼈저리게 느꼈다.

그들과 헤어지는 과정이 고통스럽긴 했지만, 지금 생각해보면 그때 헤어지길 얼마나 잘했는지 모른다. 계속 같이 있었으면 그들이 일 잘하나 못하나 점검하느라 정작 내 일은 못 했을 것 아닌가. 더 큰 문제는 그 사람 때문에 제대로 된 사람을 뽑지 못하는 것이다. 없는 것보다 못한 무능한 사람이 자리를 차지하고 떡하니 버티는 꼴이었다. 그때 아무리 급해도 바늘허리에 실 매는 실수는 하지 않겠다고 다짐하고 또 다짐했다.

사람을 뽑을 때는 그 분야에서 탁월한 사람에게 비전을 보여주며 모셔와야 한다. 연봉도 올려주고 인센티브도 제시하고 더 성장할 것이라는 가능성을 보여줘야 한다는 말이다. 이 비용이 아까워서 실패한 사람을 써봐야 꿩 대신 닭밖에 안 된다.

어느 날 중국 총경리가 사람 한 명을 추천했다. 대만의 어느 회사 R&D 부장이 나를 꼭 보고 싶어 한다는 것이었다. 대만 회사 사람이 나를 왜 보고 싶어 할까? 의아해서 되물으니, 2년제 계약직 신분이라 안정적인 직장을 원한다는 것이다. 그때 만난 사람이 마상철 부장이다. 마침 우리는 R&D 부장을 찾고 있던 터. 다만 제대로 된 사람인지 검증하려면 버선발로 뛰어나가 모셔오면 안 되겠다는 생각이 들었다. 그래서 일부러 어려운 과제를 내주며 어떻게 하나 시험해보았다.

우선 내가 쓴 책을 주면서 다섯 번 읽고 독후감을 제출하라고 했다. 내 철학을 완전히 몸에 배게 한 다음 입사 인터뷰를 하자는 취지였다. 마침내 다섯 번 읽었다는 연락이 왔고, 면접을 본 후 업무를 주기 시작했다. 원래 R&D는 장기적인 프로젝트를 주로 맡게 돼 있지만, 일부러 나는 그에게 어려운 일을 골라서 주었다. R&D는 기본이고 중국 공장, 물류, 심지어 구매까지 중요한 업무는 다 시켰다. 그런데 그는 다 해냈다.

내가 의자에 앉아 눈을 감고 있으면 다른 사람들은 낮잠 잔다고 생각했겠지만, 마 부장은 대뜸 "또 무슨 고민이 그리 깊으십니까?" 하고 물어봤다. 사장이 게으름 피우지 않는다는 신뢰가 없으면 나올 수 없는 질문이었다. 이런 사람이니 우리 조직의 핵심 중 핵심 인재가 되지 않을 수 없었다.

한 사람을 뽑기 위해 이런 프로세스를 거칠 때면 피평가자가 힘든 만큼 평가자도 쉽지 않다. 그런데도 굳이 몇 단계에 걸쳐 테스트한 이유는 잘못된 인선의 전철을 다시 밟지 않기 위해서였다. 사람을 잘못 뽑으면 큰일이니 '이런 사람은 다시 뽑지 말아야지, 이런 검증과정을 거쳐야지' 하고 스스로 조심하게 된 것이다. 어찌 보면 속 썩이고 나간 예전 직원들이 내 스승이 된 셈이다.

사람은 소중하게 뽑아야 한다. 이 말을 하면 사장이든 팀장이든, 리더의 위치에 있는 사람들은 하나같이 고개를 끄덕인다. 일할수록 정말 이 말을 실감한다는 것이다. 그런 만큼 당신이 리더라면 특히 간곡히 당부하고 싶다. 소중하게, 어렵게 뽑아야 당사자도 '내가 소중하게 뽑혔구나' 하는 자부심을 갖는다. '사람 없어서 아무나 뽑은 거야'라는 말로 직장생활을 시작한다면 무슨 자부심과 책임감을 느끼겠는가.

애경, 다이알을 거쳐 로슈로 옮길 때 나도 소중하게 뽑혔다는 생각에 기분이 참 좋았다. 로슈에서 마케팅 책임자를 구하려고 2년 동안 20명 이상을 만났는데 못 뽑았다는 말을 들었다. 그만큼 사람을 까다롭게 고른다는 뜻이었다. 사장이 누군데 저렇게 까다롭게 굴까? 왠지 모르게 기분 좋은 승부욕이랄까, 자극이 전해졌다. 그래서 다짜고짜 로슈에 전화를 걸었다.

"Hello, My name is Cho. I'm a marketing director in Dial corporation."

저쪽에서 왜 전화했냐고 묻기에, 똑똑한 마케팅 디렉터를 뽑고 있다고 들었는데 내가 바로 그 사람이라고 대답했다. 초면에 내 입으로 내가 똑똑하다고 하니 전화기 너머로 껄껄 웃는 소리가 들렸다. 그러고는 이력서를 보내라고 해서 팩스로 보내고, 바로 면접을 보게 됐다.

면접이라고 했지만 실상은 나 혼자 한참을 떠들다 끝난 자리였다. 면접점수가 괜찮았는지 희망연봉을 묻길래 금액을 말하니 한국지사장 입이 떡 벌어졌다. "그건 내 연봉이오." 그래서 내가 말했다, 나는 비싼 사람이라고. 혹시 더 싼 사람을 구하면 다른 사람 찾아보라고 말했다. 결과적으로 난 합격했다.

20명을 퇴짜 놓은 자리에 합격했으니, 내 기분이 얼마나 좋았겠는가. 회사에서 다른 사람은 다 물리치고 나를 뽑았다는 사실 자체가 내게는 매우 각별했다. 그런 만큼 혼신의 힘을 다해서 일했고, 이듬해에 매출도 올라가고 이익도 내서 소기의 목적을 모두 달성했다.

조인의 한재권 회장도 임원을 단번에 뽑지 않는다. 조인은 계란과 메추리알을 납품하는 회사다. 자그마한 병아리 부화장에서 시작한 이 회사의 2023년 매출은 연 3,000억. 이런 곳의 수장인 그가 점찍은 사람이 있으면 초청해서 골프도 하고 식사하고 대화하면서 능력은 물론 인성과 캐릭터까지 다 파악한 다음에 '이 사람이면 됐다' 싶을 때 뽑는다. 그는 특이하게도 '일에 목숨 건다'는 사람은 뽑지 않는다. 가정을 중시하는 사람이 책임감도 있고 직원에 대한 애정도 있다는 본인의 철학 때문이다. 이처럼 한 사람 뽑는 데 몇 개월씩 공을 들이니 수준 미달의 사람이 들어올 가능성이 현저히 낮다.

나도 직원을 뽑을 때 직급의 높고 낮음을 막론하고 신중하게 뽑았다. 내가 중국에서 일할 당시, 중국인들은 임금이 높지 않았다. 특별히 능력이 출중하지 않은 한 인근 대학 한국어학과 나온 여직원은 한국 임금으로 월급이 50만 원도 안 됐다. 그러니 아무나 뽑아도 괜찮았을까? 천만의 말씀이다. 나는 신입 직원이라도 반드시 사장 면접을 봤다. 혹시 내가 중국에 없었을 땐 총경리라도 면접을 보게 했다. 그것도 과장, 부장, 임원을 단계별로 거치면서 까다롭게 봤다. 그래야 직원들이 같은 월급을 받아도 자부심을 갖고 애사심을 느끼지 않겠는가. 자신이 쉽지 않게 뽑혔다는 자부심은 그렇게 중요한 것이다. "자네 뽑을 때 경쟁률이 ○○ 대 1이었어"라 말만 해줘도 직원들의 눈빛이 달라진다. 하다못해 옷 하나라도 단정하게 입으려고 신경 쓰게 된다.

신입직원은 스펙이 훌륭하다 해도 사실 역량 면에서는 큰 차이가 없다. 흰 도화지 같은 상태여서 회사가 어떤 밑그림을 그리느냐가 중요하다. 자부심을 갖고 출발하느냐, 무수한 조직원 중 한 명이라는 생각으로 출발하느냐에 따라 그려지는 그림이 전혀 달라지는 건 당연하지 않겠는가? 들어오자마자 실무에 투입되는 경력사원은 말할 필요도 없다. 그러니 소중하게 뽑아야 한다. 소중하게 뽑힌 사람도 기분 좋을뿐더러 생산성도 올라간다. 그런 사람은 나중에 헤어지는 순간이 와도 좋은 회사에서 좋은 리더로부터 잘 배우고 간다고 고마워하게 된다.

열심히 살면
약점도 아이콘이 된다

'열심히 살면 손 없는 게 나의 아이콘이 될 것이고, 막 살면 삼류인생도 못 살 것이다.'

지금은 손을 다치면 의수를 하지만, 나 어릴 적에는 의수 대신 갈고리를 찬 사람들이 간혹 있었다. 나 살던 동네에도 그런 남자가 있었다. 그 사람은 나무 꺾을 때도 갈고리로 단번에 쳐내고, 갈고리로 낫질도 잘했다. 그렇게 한 손으로 열심히 살았지만, 한번 성질이 나면 갈고리를 치켜들고 사람들을 위협하곤 했다. 열등감이 있었는지 아무렇지도 않은 일에 곧잘 시비를 걸었고, 싸울 때는 멀쩡한 손 말고 꼭 갈고리 손을 들어서 사람들을 두렵게 했다.

손을 다치고 나서 종종 그 남자가 생각났다. 잘못 살면 그 남자처럼 열등감에 사로잡혀 힘들게 살 것만 같아서. 두 손 가지고도 힘든 세상인데, 한 손으로 살려면 남다른 각오를 다져야 했다.

'비록 손 하나가 없지만, 내가 열심히 잘 살면 손 없는 게 외려 나를 좋게 만들어줄 것이다.' 그리고 정말 그렇게 됐다. 오른손은 내 아이콘이 돼서 나를 기억하기 쉽게 만들어주었다. 처음 만나는 사람과 인사를 할 때면 왼손을 내밀며 죄송하지만 손이 불편하다고 양해를 구한다. 그러면 상대방은 으레 놀란 표정으로 그러냐고, 어쩌다 그랬냐고 묻는다. 짧게나마 나를 소개할 시간이 주어진 셈. 간단하게 말해주면 "어우, 그러셨어요, 대단하십니다" 하면서 일종의 라포가 형성된다. 여기서 한 술 더 떠서 "저요, 골프도 해요"라고 하면 상대방 입이 떡 벌어진다. "의수인데 어떻게 골프를 하나요?" 그러면 오른손은 거들 뿐이라며 신나게 나만의 스윙을 시연해준다.

손 다친 게 인간관계 맺는데 오히려 유리하게 작용하기도 하는 것이다. 처음에 악수하는 몇 초만 불리한 듯하다가 "제가 육군 소위 때 오른손을 잃어서요" 하고 말하면 곧바로 동정으로 바뀌고, 속으로 '아, 이 사람은 기업 사장까지 한 사람이지, 대단하다' 하는 눈빛을 보내다가, '어, 힘들었을 텐데 이렇게 자신만만하고 유머가 있네?' 하면서 정을 느낀다. 그러면 며칠 내에 골프 요청이 들어온다. 지금도 주말마다 그런 골프 약속을 다니느라 바쁘다.

물론 처음부터 이렇게 넉살 좋게 굴었던 것은 아니다. 직장 생활 초기만 해도 모르는 사람을 만날 때면 악수할 생각에 괜히 자신 없어졌다. 심지어 사람 만나는 것 자체를 망설일 지경이 되었다. 지금이야 나이 먹고 위치가 있으니 내가 먼저 왼손을 내밀면 되지만, 새까만 말단이 먼저 악수를 청할 수도 없고 딱 죽을 맛이었다. 덩치 커다란 놈이 쭈뼛거리면 상대방도 덩달아 '사람 대하는 매너가 뭐 저래?' 하는 눈빛으로 나를 보니, 내 평가는 어떻게 될지 그 또한 걱정이었다.

한동안 스트레스를 받다가, '에라 모르겠다' 하는 심정으로 말을 해버렸다. 그랬더니 세상에, 그렇게 마음이 편할 수 없었다. 사람들이 사정을 이해해주니 건방지다는 험담이 쏙 들어갔다. 그것만으로도 살 것 같았다. 이렇게 쉬운 걸 그동안 감춰보려 쓸데없이 애쓴 것이다. 손 다치고 나서 새벽마다 목욕탕 가는 것과 다르지 않았다. 나 혼자 괜히 걱정하며 나를 가둬놓고, 그 안에서 혼자 피해자라도 된 양 못나게 굴었다. 훨훨 날 수 있었는데 스스로 못났다고 생각하고, 잘못도 없는 사람들을 괜히 원망한 것이다.

이런 약점이 어디 나에게만 있겠는가. 누구나 저마다의 약점을 안고 살아간다. 이런 약점을 아이콘으로 만들기는 어렵다 할지라도, 약점에 휘둘리지 않도록 잘 승화시킬 수 있어야 한다. 나의 오른손은 이제 나의 트레이드마크가 되었다.

아들 결혼식에 아끼는 후배 부부가 하객으로 왔다가 집에 돌아가서 이런 대화를 나눴다고 한다.

"당신, 저 선배 이름 '조서환'을 들으면 어떤 게 먼저 떠올라?"

"어, 당연히 마케팅 전문가가 떠오르지."

"그래? 다음은?"

"성공한 사람이라는 게 떠오르지."

"또 어떤 단어가 떠올라?"

"자신감 넘치는 사람이라는 게 떠오르는데."

이런 식으로 스무고개가 넘어가도록 손 없다는 건 떠오르지 않더라는 것이다. 가까운 사람들 사이에서는 이미 내 손은 잊혔다. 한번은 어느 인터뷰에서 기자가 물었다.

"그 오랜 세월을 어떻게 인내하셨어요? 그 파란만장한 우여곡절을 어떻게 다 견뎌내셨어요?"

지금도 잊을 수 없는 질문이고, 이에 대한 내 대답도 나름 걸작이었다.

"하도 정신없이 바빠서 손 없는 걸 잊어버리고 살았어요."

기자는 웃으면서도 놀란 표정이었다. '아, 잊고 사는구나.'

가끔 아내도 잊곤 했다. 예전에 스테인리스 밥그릇을 쓸 때는 식탁 유리에 그릇 바닥이 미끄러지고 그릇에 수저 부딪치는 소리도 시끄러웠다. 그러면 아내가 한 번씩 핀잔을 줬다.

"아, 좀 잡고 드세요."

손이 모자란다는 걸 까먹고 다른 손으로 그릇을 잡으라는 것이다. 그러고는 다음 순간 "어머!" 하고 미안해하곤 했다. 아내조차 잊고 살 만큼, 내 오른손은 이제 내 약점이 아니게 됐다.

약점을 강점으로 반전시키는 사람은 많지 않다. 그건 정말 엄청난 고통을 인내하고 노력해야 오를 수 있는 경지다. 하지만 적어도 '약점 잡혀서' 살지는 않을 수 있다.

나는 가끔 스스로에게 묻는다. 지금 네가 하고 있는 일이 네 천직이 맞냐고. 정말 잘할 수 있는 일을 하고 있느냐고. 어쩌면 지금 당신도 같은 질문을 자신에게 던지고 있을지 모르겠다. 실로 많은 사람이 이 질문의 답을 찾기 위해 고민한다. 그때마다 나는 이렇게 대답한다.

'현직이 천직이다.'

설령 지금 일이 조금 불만족스럽더라도, 매 순간 최선을 다하면 반드시 기회가 온다는 것을 경험으로 알게 되었다. 내가 어엿한 대기업 마케터가 되고, 한 회사의 운명을 좌우하는 CEO로까지 성장했던 매 단계를 돌이켜보니, 현직이 천직이라 믿고 최선을 다한 결과였다.

내가 마케터로서, CEO로서 최고였다는 생각은 하지 않는다. 내 약점이 어디 손뿐이겠는가. 수많은 약점을 가지고도 그까지 해낼 수 있었던 것은 그저 포기하지 않고 매 순간 근성 넘치게 산 덕이다.

나 혼자의 힘으로 모자랄 때는 약점을 일부러 보여주며 도움을 청하기도 했다. 기업을 경영할 때도 마찬가지였다. 어떻게든 방법을 구해야 하는데 알량한 자존심 챙길 여유가 어디 있는가. 남들이 어차피 금방 알게 될 약점을 숨기려고 꼼수 쓸 필요 없다. 그 시간과 에너지를 생산적으로 써라. 그러면 '귀인'이라고 하던가, 그런 좋은 인연이 나타나서 도와주게 돼 있다. 내게 애경 장영신 회장님이 나타나셨듯 말이다. 하지만 그때 면접장으로 다시 뛰어드는 간절함이 없었다면 나와 그분의 인연도 악연으로 끝나고 말았을 것이다.

다시 들어간 면접장에서 그날 나는 이렇게 말했다. "저는 한 손을 잃는 순간 어영부영 대충 살 자격은 이미 상실했습니다. 저는 일밖에 할 게 없습니다." 한 손 없다는 이유로 삼류인생을 살지는 않겠다는 각오가 있었기에 나는 망가지지 않는 삶을 살 수 있었다. 이처럼 당신의 약점이 당신의 발목을 잡지 못하게 하자. 약점이 당신을 재미있게, 의미 있게 설명할 수 있는 아이콘이 된다면 이미 꽤 긍정적이고 성실한 인생 아니겠는가.

인성도
실력이다

능력은 뛰어난데 이상할 정도로 못 크는 사람들이 있다. 내로라는 인재가 모인 KTF에서도 이런 사람을 적지 않게 보았다. 일도 잘하고 머리도 비상한데, 능력만큼 크지 못하는 것이다. 초년출세가 인생의 세 가지 악재 중 하나라더니 그래서일까? 우수한 사람이 빠질 수 있는 함정, 즉 자신이 최고인 줄 아는 착각에 빠졌기 때문이다. 자신이 잘났으니 다른 사람의 말은 귀에 들어오지 않는다.

물론 스스로를 믿는 자세는 좋다. 하지만 조금만 삐뚤어지면 자신감은 그만 자만심이 된다. 공부깨나 한다는 학생들은 자기가 잘나서 그런 줄 알지, 부모님의 뒷바라지를 생각하거나 운이 좋아서라며 겸손하게 여기는 경우가 많지 않다. 그런데 어른도 다를 바 없다. 자신이 잘났다고 생각하는 사람은 자신에게 부족한 점이 많다는 사실 자체를 생각하지 않는다. 다른 사람에게 언제나 소위 '갑질'을 하려는 행태도 빼놓을 수 없다.

내가 최고경영자 과정을 9개나 이수한 이유도 어쩌면 이것 때문이다. 나 스스로 잘난 줄 착각할까 봐서다. 그래서 잘 가르치는 사람에게서 배우고, 못 가르치면 '나는 저러지 말아야지' 하며 배운다. 같은 일을 하는 사람이 아니어도 인사할 때는 각별하게 하고, 기회가 닿으면 친목모임에도 나가려고 노력한다. 그렇게 친구가 된 사람 중에는 대학교수도 있고 판사도 있다. 내가 법을 어길 일도 없고 당장 그들에게 신세 질 일도 없지만, 밥도 먹고 대화도 하면서 서로 배우고 영향을 받는 것이다. 또 사람 일이란 내일 어찌 될지 모르니, 언젠가 그가 생각날 수도 있을 것이다. 그런데 스스로 잘난 사람들은 이런 삶의 지혜를 배우려 하지 않는다.

반대로 크게 되는 사람들은 끊임없이 자신을 성찰하고 스스로 부족하다는 점을 인식한다. 내가 보기에 토니모리의 배해동 회장도 그런 사람이다.

어느 날 그에게서 연락이 왔다. 내 얘기를 많이 들었다면서 한번 보자는 것이다. 하지만 나는 되레 그가 궁금했다. 토니모리를 창업하고 7년 만에 2,000억 매출을 올리는 회사로 성장시킬 수 있었던 비결이 뭘까. 무섭게 해외로 뻗어가는 저력의 비밀을 알고 싶었다.

　그가 사업을 시작한 계기 자체는 특이한 점이 없었다. 그런데 회사를 만든 후 사람에게 들이는 정성이 다른 기업에 비해 유별났다. 일례로 토니모리는 해마다 350여 명의 대리점주들과 해외 세미나를 연다. 전국의 대리점주들은 경치 좋은 곳에서 같이 움직이고 함께 소통하며 소속감을 다진다. 본사와 대리점 사이에 흔히 있는 '갑을관계' 의식이 사라지는 것은 물론이다.

　배 회장이 인적 인프라에 신경 쓰는 데는 이유가 있을 터. 그는 내게 이런 말을 했다.

　"지금까지는 내 힘으로 할 수 있었어요. 2,000억까지는 어떻게든 했지만, 지금부터는 내 머리와 힘만으로는 안 돼요. 시스템으로 돌아가야 하고, 전문가에게 맡겨야 합니다."

　그는 스스로 깨닫고 있었다. 이제 자기 힘만으로는 감당이 안 된다는 것을. 그 정도로 성공가도를 달렸으면 오만해지기 쉬운데, 그는 그렇지 않았다. 크게 되는 사람들을 보면 '지금부터는 내 힘으로 안 된다'는 것을 깨닫고 시스템을 갖추고 사람을 키울 줄 안다. 그 생각만 있어도 이미 절반은 성공했다고 할 수 있지 않겠나.

　반면 오만한 사람들은 어떻게 망하는가? '나는 맨땅에 헤딩해서 이만큼 이룬 사람이야!' 하며 다른 사람들을 우습게 보고, 남들에게 아무것도 못 맡기다가 일을 끌어안고 넘어지고 만다.

특히 자기 능력으로 사업을 일군 오너 창업자일수록 이런 함정에 쉽게 빠진다.

심지어 어느 정도 돈을 번 기업가 중에는 명예 욕심을 내는 이들도 있다. 하지만 기업가 중 정치로 성공한 사람이 몇이나 되는가? 배 회장은 '송충이는 솔잎을 먹어야 한다'는 신념으로 다른 분야는 쳐다보지도 않는다고 했다. 본분을 망각하지 않는다는 뜻이다. 자신이 가장 잘하는 분야에 투자해서 더 키워내겠다는 것이다.

배 회장처럼 자신을 겸허히 돌아보고 성찰하는 능력이 있다면 어떤 일이든 성공할 가능성이 더 커질 게 분명하다. 반대로 울룩불룩한 성격 때문에 자신의 좋은 자질을 활용하지 못하는 사람들을 보면, 인성도 실력이라는 생각이 절로 들곤 한다. 정말 똑똑한 사람은 지혜가 있다. 반대로, 머리는 좋은데 지혜가 없다면 그건 똑똑한 게 아니다. 그런 사람들을 '헛똑똑이'라 부른다.

예전에 내가 KTF에 있는 동안 이른바 SKY 출신 중에서 부사장은 딱 한 명 나왔다. 나머지는 모두 수능 커트라인 기준으로 SKY보다 처지는 대학 출신들이 차지했다. 왜일까? 석사 박사급 인재가 즐비한 대기업에서 SKY도 아닌데 승진하는 이유가 뭔지 곰곰이 생각해본 적 있다. 그때 내린 결론은, 겸손을 알기 때문이라는 것이다. 더 노력해야 한다는 점을 스스로 느끼는 사람들이 출세하더라는 것이다.

물론 사회 전체적으로 볼 때 더 좋은 대학 출신들이 더 많이 출세하는 것은 사실이다. 하지만 좋은 대학을 나오고도 성공하지 못하는 사람들도 생각보다 적지 않다. 그들의 공통점이 헛똑똑이라는 것 아닐까. 심지어 개중에는 똑똑한 머리를 생산적으로, 좋은 방향으로 쓰지 않고 다른 사람을 힘들게 하는 데 쓰는 사람도 있다. 인성이 실력을 못 따라가는 것이다.

실력과 인성은 함께 가야 한다. 인성이 부족하면 실력을 발휘해도 빛이 나지 않는다. 기껏 멋지게 일을 성공시켜놓고는 아랫사람에게 막말하고 제멋대로 굴면서 자기 점수를 까먹는 사람들이 있다. 이들도 나름대로 억울할 것이다. 아무리 잘해도 좋은 소리를 듣지 못하니 얼마나 속상하겠는가. 그런 상황이 반복되면 '세상이 날 알아주지 않아. 난 이렇게 뛰어난데' 하면서 세상을 원망하게 된다. 그러면서 악순환의 굴레에 빠진다.

그러는 동안 누군가는 선순환의 궤도에 오른다. 자기 실력이 부족하다는 것을 느끼고 겸손을 체화하면 주변인들에게 오히려 너그러워진다. 이런 사람들은 세상이 호의를 베풀어 여기저기서 오라고 손짓한다. 컨설팅 좀 해달라, 중요한 프로젝트가 있으니 도와달라며 러브콜을 보낸다. 인성을 갖춘 사람들은 이럴 때도 자세를 낮춘다. '이게 뭡니까, 이렇게 해놓고서 어쩌라는 겁니까?' 하는 식으로 비아냥대면 정말 필요한 말을 해도 상대방 귀에 곱게 들어가지 않는 법이다. 내 말을 듣게 하려면 겸손해야 한다.

"정말 대단하십니다. 어떻게 이렇게까지 하셨습니까? 이렇게 잘하는데 절 왜 부르셨어요. 다만 제가 짧은 소견으로 하나 거든다면, 이쪽 시장은 포기하고 저쪽으로 에너지를 좀 더 집중하는 게 나을 것 같습니다. 그런데 막상 그렇게 하기는 힘들죠. 그렇지만 모르는 놈이 훈수 잘 둔다고, 옆에서 잔소리하는 사람 눈에는 그게 보이니까 그냥 말씀드리는 겁니다."

이렇게 말하면 상대방은 고민할 것이다. '아, 내가 이 안에 있어서 잘못 봤구나. 저 사람이 말은 겸손하게 해도 객관적으로 제대로 지적한 것 같다.' 이러면 상대방은 이미 당신 사람이나 마찬가지다. 당신에 대해 말할 기회가 생길 때마다 그 사람이 당신을 알려줄 테니 말이다. 나의 진정한 영업사원은 내가 아니다. 내가 내 입으로 '나 잘났네, 일 잘하네' 하면 미운털만 박힌다. 그보다 다른 사람들 입에서 계속 오르내리면 내가 자찬하지 않더라도 인정받을 수 있다. 내가 보인 예와 진심의 보상인 셈이다.

KTF 시절에 내가 상사로 모셨던 이상철 충북 명예도지사님은 LGU+ 부회장, KT 총괄사장, 정보통신부 장관, 광운대학교

총장 등 다양한 자리를 두루 거친 분이다. 한번은 지인이 '어느 직업이 가장 좋으십니까?' 하고 물을 정도로 어디서든 잘 적응하고 성과를 내는 능력이 놀랍다. 그 비결이 뭘까?

물론 경영능력이 뛰어난 것이 첫 번째 요건일 것이다. 여기에 상하좌우 두루 통솔할 수 있는 소통의 리더십이 있다. 아랫사람을 대할 때도 정성을 보인다. 가끔 내가 연락을 드릴 때가 있는데, 전화벨 세 번이 울리기 전에 받는다. 분명 업무를 보거나 회의하는 중이었을 텐데, 아랫사람의 전화라고 무시하지 않는다. 이처럼 부드럽고 유연한 리더십이 있기 때문에 어디에서든 와달라고 요청하는 리더가 되지 않았나 싶다. 실력과 인품을 함께 갖춰야 진정한 리더 아니겠는가. 매사에 진심으로, 겸허한 마음가짐으로 대하자. 인성 없는 실력은 아무것도 아니다.

최고의 실력은
주인의식이다

　　중소기업은 흔히 삼중고에 시달린다고 한다. 일단 돈이 없고, 인프라가 없고, 결정적으로 사람이 없다. 대기업에서 5명이 할 일을 중소기업에서는 한 명이 다해야 한다.

　　8조 5,000억 매출을 내던 대기업에서 일할 때는, 고백건대 이런 고충을 몰랐다. 석사와 박사가 줄을 섰고, 전략을 세우면 상무, 부장이 알아서 척척 일했다. 나는 그저 잘한다고 등만 두드려주면 됐다. 그러다 작은 회사의 사장으로 부임해 하나씩 일구려 하니, 이게 보통 고된 일이 아니었다.

　　하지만 당시에도 나는 명색이 CEO인데, 리더가 해서는 안될 것이 있다고 믿었다. 바로 직원들 앞에서 힘들다고 칭얼대는 것이다. 직원과 고객, 나아가 사람들의 가슴을 활활 불타게 하는 것이 CEO의 역할이고 마케터의 역할이 아니겠는가. 내

주변의 사람들이 신나야 내 일도 잘되는 법이라 믿었기 때문이다.

그럼 어떻게 해야 그들을 신나게 만들 수 있는가. 남의 일이 아니라 자기 일이라고 생각하도록 만드는 것이다. 진부한 표현이지만 '주인의식'을 갖게 하는 것이다.

세라젬 H&B는 한국과 중국에 각각 법인이 있었다. 처음에는 중국이 문제였다. 내가 말도 모르고 문화도 모르니 처음에는 어디부터 손을 대야 할지, 어떻게 그들에게 동기부여 해야 할지 몰라 고민이 컸다. 명색이 화장품 회사인데 회사의 모양새도 화려하지 않고 급여도 대기업에 미치지 못하니 자신감이 떨어져 보였다.

직원들의 마인드를 상징적으로 드러내는 것이 회사 바닥에 돌아다니는 담배꽁초였다. 아침에는 깨끗하던 회사 입구가 오후쯤 되면 담배꽁초로 지저분해졌다. 바닥에는 밑창으로 비벼 끈 자국이 사방에 가득했다. 회사 초입부터 이렇게 더러워서야 누가 우리 제품을 믿고 쓰겠는가. 그래서 담배꽁초를 바닥에 버리지 말라고 몇 번 지적했지만 쉽게 고쳐지지 않았다.

말로 해서 안 될 때는 행동으로 보여줘야 한다. 담배꽁초가 보이는 족족 내가 줍기 시작했다. 사장이 몸을 굽혀 꽁초를 줍고 있으니 소문은 삽시간에 퍼져갔다. 내가 주우려고 하면 근처에 있던 직원이 달려가서 먼저 줍게 됐다.

그런 다음 매달 조회를 하고, 매일 구호를 외치기 시작했다. 메시지는 같았다. 세라젬은 일등기업이라는 것이었다. "우리는 일등기업입니다. 1등은 일등정신을 가져야 하고 일류는 일류다워야 합니다. 담배꽁초부터 주우세요. 보이면 먼저 주우십시오. 먼저 줍는다는 건, 그 사람이 이 회사를 자신의 회사라고 생각한다는 뜻입니다. 자기 집 안방에 담배꽁초가 떨어져 있다면 그냥 두겠습니까?"

예전에 어느 교회의 설교에서 교회 앞에 떨어진 쓰레기를 담임목사는 줍지만, 부목사는 줍지 않는다는 말을 들었다. 신앙심으로 모인 목사도 자기 교회라고 생각하지 않으면 쓰레기를 줍지 않는다니, 주인의식이 얼마나 무서운가를 실감했다. 그래서 중국에서 무엇보다도 담배꽁초부터 주울 것을 강조했다. 이 회사가 자기 회사라는 생각이 머리에 스미고, CEO가 직접 몸을 굽혀 꽁초를 줍자 직원들도 조금씩 변하기 시작했다. 나중에는 바람이 불어도 우리 회사 앞은 깨끗하도록 회사 입구뿐 아니라 주변 건물 앞까지 싹 청소했다.

애경에서 일할 때 내가 잘했다고 스스로 칭찬하는 것 중 하나는 '주인처럼 생각하는 습관'이다. '만약 내가 오너라면 어떻게 할까? 내 개인 돈이라면?' 어떤 일을 시작하기에 앞서 항상 스스로에게 이런 질문을 던진 다음 행동하곤 했다. 가끔 마음이 흔들릴 때는 '오너가 나를 믿고 투자했는데 내가 나약해지면 안 된다' 하고 마음을 고쳐먹었다.

애경에서 하나로샴푸 개발을 완료하고 광고비를 얻어낼 때도 그랬다. 경쟁사들에 비해 제품 출시도 1년이나 늦었는데, 설상가상으로 광고비도 30%밖에 책정되지 않았다. 그때 애경은 유니레버와 합작 투자한 상태였는데, 문제는 내 위에 있던 네덜란드인 부장, 프랑스인 상무, 영국인 부사장이 광고비 증액을 허락하지 않았다는 것이다. 가만있으면 안 될 것 같아서 장영신 회장님께 직접 올라가서 담판을 지었다. 명령체계를 세 단계나 건너뛴 일종의 하극상이었지만, 이길 수 있는 전쟁을 돈 몇억이 없어서 놓칠 수는 없다는 판단이 들었기 때문이다.

몇 번을 올라가도 안 된다는 답을 듣다가, 결국 열한 번째 올라가서 이렇게 말씀드렸다. "회장님, 이 샴푸가 망하면 제 아파트를 팔아서라도 비용을 대겠습니다. 자신 있으니 허락해주십시오." 그때 장영신 회장님의 눈빛을 지금도 잊을 수 없다. '그래, 그런 확신이 필요해!'

마침내 하나로샴푸는 원했던 만큼의 광고를 쏟아부었고, 6개월 만에 시장에서 1등을 차지할 수 있었다. 그 공로를 인정받아 나는 과장에서 곧바로 부서장으로 특진했다. 만약 내가 내 일의 주인이 아니라고 생각했다면 불가능했을 성과였다.

담배꽁초 줍기 다음의 내 과제는 주인의식을 고취하는 것을 넘어 정말 직원들이 사장처럼 행동할 수 있도록 가르치는 것이었다. 내가 한국과 중국에 동시에 있을 수는 없으므로, 어느 쪽이든 내가 없는 상태에서도 경영에 문제가 없도록 만들어야 했다. 그래서 애경 시절부터 인연이 있던 후배에게 다짜고짜 전화했다.

　"신 부장, 여기로 와라."

　"네, 알겠습니다."

　이게 스카우트의 전부였다.

　"이봐, 여기가 어떤 회사인지도 모르면서 온다고 그래?"

　"사장님께서 가셨는데요, 뭘. 좋은 회사 아니면 사장님께서 가셨겠어요?"

　나에 대한 이 친구의 믿음을 짐작하게 하는 말이었다. 신 부장은 내가 전화한 그때까지 LG 그룹사에서 마케팅 전략부장으로 멀쩡히 일 잘하고 있는 인재였다. 그런데 내가 불렀다고 두말없이 온 것이다.

　그가 오자마자 총경리라는 직책을 부여하고 CEO 수업을 시작했다. 어차피 내가 없을 때 나 대신 일을 맡아서 처리해야 하니, 처음부터 사장 재목으로 훈련시킨 것이다. 그에게도 '넌 이제부터 이 회사 사장이다'라고 틈날 때마다 주지시켰다. 어려운 결정을 할 일이 있어도 뒤에서 내가 받쳐주고 있으니 걱정

말고 마음껏 결정하라고 하면서 위임을 많이 했다. 그 덕분에 그도 금방 클 수 있었고, 그가 빠르게 성장하니 나도 한국에 들어와 있을 때 중국 걱정 없이 마음 편히 활동할 수 있었다. 서울에 20일 넘게 있을 때도 총경리와의 연락 두 번으로 중국 업무가 아무 문제없이 돌아갈 정도였다.

한국 사무실을 관리하는 김우진 이사도 마찬가지였다. 날 잘 따르던 후배를 회사로 불러서 2시간이고 3시간이고 틈나는 대로 집중교육했다. "자네에게 많은 권한을 위임하겠네. 그리고 이번 목표를 100% 달성하면 곧바로 이사 직급을 주겠네." 그러자 그가 정말 목표를 달성해냈다. 그래서 6개월 만에 부장에서 이사로 승진시켰다. 나도 예전에 그런 식으로 서른다섯에 이사가 된 짜릿한 기억이 있기에 그 방법을 그대로 사용한 것이다.

"올해 이사가 됐지만, 만약 연말에 또 목표달성을 하면 자네는 다시 진급할 거네. 알았지? 그러니 내가 있든 없든 편하게 해. 사장도 없는데 스트레스받을 이유가 뭐 있나. 단, 자네가 써낸 목표는 알아서 달성하란 말이야. 인원 뽑는 것도 알아서 하고. 그 대신 마구 뽑지는 말고 최대 12명까지만 뽑아."

어디까지 재량권이 있는지 딱 정해주고 믿음을 보였다. 그러면 그도 신나서 자기 권한을 최대한 발휘해 신명나게 일했다.

사람은 어떻게 키울 것인가가 중요하다. 대부분의 직장인은 '이놈이 크면 나중에 내 목을 조를 텐데' 하면서 아랫사람을 잘 안 키우려 한다. 이게 큰 문제다. 나중에 누가 뒤집어쓰는가 하면, 그렇게 전전긍긍 걱정하던 상사가 뒤집어쓴다. 왜냐. 사람을 안 키워놨으니 일을 대신해줄 사람이 없어서 자리를 못 비우고, 그러니 온종일 직접 일해야 한다. 그런데 사람 머리에는 한계가 있어서 한 사람이 해낼 수 있는 일에는 한계가 있다. 사장이 직원을 두는 이유는 결국 하나다. 사장 본인이 업무를 다 해내지 못하기에 직원들과 나눠서 하는 것이다. 그런데 혼자서 모든 일을 끌어안고 놓지 않으려는 것은 스스로 리더의 재목이 아님을 증명하는 것과 같다.

정말 머리 좋은 사람은 머리 좋은 사람을 부릴 줄 안다. 자기 혼자 똑똑해서 일을 다 하려는 사람은 미련한 사람이다. 머리는 좋을지 몰라도 조직을 움직일 재목은 아니다. 말은 위임전결한다고 하는데, 실제로 위임전결을 잘하는 조직은 손에 꼽는다. 못 믿고 감시하느라 일을 못 맡긴다. 중소기업이 무너지는 이유 중에서도 손에 꼽히는 주된 이유가 바로 이런 사장 마인드 때문이다. 아버지에게 물려받았다고 해서 자기가 사장하면 망하고, 자기 기술로 회사 세웠다고 해서 자기가 사장하면 망한다. 사장이 자기 혼자 뛰어나다고, 자기 혼자 다 하겠다고 덤비면 어느 회사든 오래 못 간다.

크든 작든 조직의 리더가 되고자 한다면, 훌륭한 사람을 뽑아서 믿고 맡기는 배짱이 있어야 한다. 수백 수천 명을 지휘하는 대기업 리더에게 필수적인 자질이라지만, 수십 명 규모의 작은 조직의 리더에게도 못지않게 중요한 자질이다.

세상일이란 게 참 신비로워서, 인재 많던 KTF에서 느끼지 못했던 사람의 소중함을 세라젬에서 새삼 느끼기도 했다. KTF에서는 사람이 많으니까 아무나 데려다 쓰면 됐다. 그런데 세라젬에서는 한 사람이 소중했다. 정말 솔직하게 KTF에서는 세라젬 때만큼 소중하지 않았던 것 같다. 이 사람이 마음에 안 들면 다른 사람 시키면 됐는데, 세라젬에서는 한 명 한 명이 일당백을 해야 하니 누구 하나 소중하지 않은 이가 없었다.

중국에 처음 법인사무실을 낼 때 한국인 직원이라곤 나까지 5명이 전부였다. 그런데 4층짜리 건물 한 채를 모두 임대하겠다고 하니 그룹 본사에서도 놀라워했다. 그렇게 큰 공간이 필요하냐는 것이다. 하지만 나는 큰소리를 땅땅 쳤다. "어차피 금방 다 채워질 겁니다."

뻥 치는 CEO였다고 할지도 모르지만, 나는 직원들에게 희망과 비전을 심기 위해서는 기꺼이 허장성세도 보였다. 중국어로 리더를 '링다오'라고 한다. 우리말로 하면 영도자라는 뜻이다. 중국에 진출하면서 가장 먼저 배운 단어가 링다오였다. 그때 링다오의 역할이 뭘까 곰곰이 생각해보았다. 내 결론은 비전을 심어주는 역할이란 것이다. 희망을 주고 꿈을 주는 것이 링다오의 역할이었다. 물론 막연한 꿈이 아니라 구체적으로 달성할 수 있는 목표를 제시해야 한다. 그래서 나는 내가 사장인 동안 한시도 쉬지 않고 나와 함께하는 사람 모두가 회사의 주인이라는 비전을 가지고 꿈을 키울 수 있도록 도왔다.

이런 노력이 헛되지 않았는지, 중국에 본격적으로 진출한 지 3년 만에 이익을 낼 수 있었다. 4층 건물에서 5명 직원이 '일등 기업 세라젬!'을 외쳤는데, 3년 만에 70명이 함께 외치게 되었다. 썰렁했던 건물도 사람으로 가득 차 물류창고까지 임대해서 써야 할 정도가 되었다. 4층 건물이 모두 찰 것이란 확언이 허장성세에 그치지 않고 실제로 이뤄진 것이다. 이 모든 성과는 조서환이라는 한 명의 링다오가 아니라, 조직의 모든 구성원이 링다오가 되어 조직을 이끈 결과였다.

5

근성, 끝까지 너를 이겨라

혁신을
두려워하지 않는,
태도

일과 인생에서 성공하고 싶은가?
그렇다면 얄팍한 스펙을 쌓으려 전전긍긍할 것이 아니라
옳은 태도를 갖추고자 스스로 갈고닦아야 한다.
강한 실행력을 가진 태도, 옳은 일을 옳게 하려는 태도,
깊게 생각하는 태도, 전략적으로 움직이는 태도,
무엇보다도 긍정적으로 생각하는 태도를 갖춰라.

소금에 짠맛 빼면
뭐가 남나

한 광고대행사 사장이 광고주 앞에서 프레젠테이션을 하는데 광고주가 '메시지가 너무 단순하다'고 지적했다. 그러자 사장이 곧바로 광고주를 일으켜 세운 후 미리 준비해간 테니스공 두 개를 한꺼번에 던지면서 받아보라고 했다. 당연히 광고주는 하나도 못 받았다. 그런 다음 이번에는 하나만 던질 테니 받아보라면서 공을 던지자 광고주는 실수 없이 받았다.

여기서 얻을 수 있는 교훈이 무엇일까. 정확한 하나의 메시지를 주라는 것일 수도 있다. 하지만 내가 여기서 강조하고 싶은 것은, 광고주에게 공을 던질 수 있는 자신감과 용기다. 광고대행사에서 광고주는 '(광고)주님'으로 통한다. 그만큼 광고주의 힘은 막강하다. 그런데도 그 대행사 사장은 자신의 주장을 관철하기 위해 '주님' 면상에 공을 던지는 모험을 감행했다.

당신이 무슨 일을 하든, 모두가 그 생각과 의견에 찬성해주지는 않는다. 오히려 반대가 있어야 이를 극복하는 과정에서 더 큰 발전이 생긴다. 이럴 때는 반대를 받아들여 더 좋은 대안을 만들어내는 포용력이 필요하다. 때에 따라서는 나의 오류를 시인할 용기도 있어야 하고, 타협하는 유연함도 필요하다. 문제는 타협해서는 안 될 때, 나의 소신을 굽히지 않아야 할 때 어떻게 할 것이냐다.

대기업 조직에 고위직으로 부임하는 임원은 오래 버티기 힘들다. 특히 정부의 입김을 받을 수밖에 없는 공기업은 말 그대로 '임시직원' 신세일 수밖에 없다. KTF에 처음 갔을 때도 외부에서 온 사람들은 6개월을 못 넘기고 나간다는 말을 들었다. 그런데 나는 8년을 있었다. 그것도 상무로 입사해 내부승진할 수 있는 꼭대기인 부사장까지 올라갔으니 KTF에서는 나름대로 입지전적인 사례가 됐다.

그렇게 오래 버틸 수 있는 비결이 무엇이냐고 묻는 사람들, 당연히 많았다. 그들에게 나는 이렇게 말했다. 직장생활에는 확실히 굴곡이 있다. 잘나갈 때가 있으면 침체기도 있다. 문제는 나의 대응이다. 때론 젖은 낙엽처럼 납작 엎드려야 하지만, 필요하다면 책상을 확 뒤엎으면서 아수라장을 만들기도 해야 한다. 물론 아무 때나 뒤엎으면 본인만 이상한 사람 되니, 지식과 양심에 비추어 정말 '이건 아니다' 싶을 때만 과감히 뒤엎어야 한다. 올바름은 타협의 대상이 아니기 때문이다.

KTF에서 내가 아수라장을 만들었던 때는 '쇼'를 런칭할 때였다. '쇼'는 내게 아무 권한이 없던 지역본부장 시절의 작품이다. 그러니 '쇼'를 나 혼자 만들었다고 한다면 그건 거짓말이다. 물론 이후 통합수도권 마케팅본부장으로서 '쇼' 성공의 일등공신이 되었음은 사실이다. 하지만 내가 한 진짜 기여는 그것이 아니다.

이런 정보가 있었다. SKT에서 3G 브랜드로 '뷰'를 준비한다는 소문이 광고대행사에서 들려온 것이었다. 광고회사는 그 귀한 정보를 얻었다고 득달같이 KTF에 알렸고, 담당자는 이게 똥인지 된장인지 확인하지도 않고 삼켜버렸다. 경쟁사가 런칭하기 전에 서둘러 선점해야 하니 확인할 시간도 없다고 여긴 것이다. 오로지 브랜드를 선점하겠다는 급한 마음에 '월드폰뷰'를 KTF의 브랜드로 먼저 등록하고는 인쇄매체며 TV에 광고를 시작하고 포스터를 전국에 좍 깔았다.

'이건 아닌데….'

나는 이렇게 생각했다. 이유는 두 가지였다. 첫째, SK건설 아파트 브랜드가 하필 '뷰'였다. 그러니 우리가 '뷰'를 쓴다고 해봐야 사람들이 우리 브랜드로 알아주겠냐는 말이다. 월드폰뷰, 월드폰자이, 월드폰래미안… 이런 이름을 쓰겠냐는 말이

269

다. 둘째, 설령 제보받은 대로 경쟁사가 그 브랜드를 쓴다고 해도, 그 때문에 우리가 그 이름을 쓰는 것은 타당하지 않아 보였다. 이 업의 본질은 상대방을 괴롭히는 게 아니다. 남을 못 되게 하는 게 아니라 내가 잘되는 게 핵심이다. 그러기 위해 차별화 전략을 써서 경쟁사를 따돌려야지, 경쟁사를 베끼거나 경쟁사의 아이디어를 선점한다고 해서 내가 잘되는 것은 아니다. 이런 발상으로는 쓸데없는 에너지만 낭비할 뿐이었다.

이것이 내가 '월드폰뷰'를 반대한 논리였다. 하지만 내 말을 듣는 사람이 조직에 아무도 없었다. 게다가 그때는 내가 마케팅 전략실장도 아니어서 함부로 말할 처지도 아니었다. 그래서 할 수 없이 회의시간을 이용했다. 전국의 영업본부장들이 참석하는 회의 때마다 '이건 아니다'고 주장했다. 이미 경쟁사의 브랜드인 데다, 이런 촌스러운 브랜드로 어떻게 3G 시장에서 1등을 하겠느냐고 목소리를 높였지만, 거기서도 통하지 않았다. 오히려 내가 마케팅 전략실장 자리를 탈환하려 한다는 소문만 돌았다. 당시 마케팅 전략실장과는 지금도 잘 지내고 있지만, 그때는 헛소문까지 가세해 그와의 관계도 껄끄러웠다. 사장님조차 회의시간에 침묵할 뿐, 내 주장에 힘을 실어주지 않았다.

그래서 작전을 바꿨다. 공식적인 자리에서 말해봐야 내 이미지만 나빠질 뿐 개선되는 게 없으니 다른 식으로 전달하기로 한 것. 그날부터 사장님에게 이메일을 쓰기 시작했다.

"사장님, 드디어 꼴찌 하던 저희 본부가 1등을 해냈습니다."

"사장님, 죄송합니다. 1등을 놓치고 2등밖에 못했습니다. 다음 달에는 반드시 1등을 탈환하겠습니다."

"사장님, 또 1등 갔습니다. 그리고 지난달 임원회의 때 말씀 참 잘하셨습니다. 그런데 이 얘기도 보태주십시오. 우리는 CRM이 매우 중요합니다. CRM을 강조하시고 데이터베이스 마케팅을 강조하시고, 고객이 우리의 재산이라는 것을 재차 강조해주시면 좋겠습니다."

이런 식으로 성과보고와 함께 경영 팁을 계속 보냈다. 사장님은 내가 아부로 충성하는 게 아니라 진심으로 충성한다는 사실을 알았을 것이다. 또한 사장님은 내가 전경련 최고경영자 과정에서 했던 강의를 직접 들어 실력을 알고 있던 터라, 내 말을 흘려듣지 않고 임원회의 때 종종 반영하곤 했다. 이렇게 신뢰를 형성한 다음, 드디어 하고 싶은 말을 했다.

"사장님, 오늘은 경영에 매우 중요한 정보를 드리겠습니다. 제 말이 옳다고 생각하시면 다음 임원회의 때 분명히 밝혀주시길 바랍니다."

그러고는 왜 월드폰뷰가 안 되는지 조목조목 적었다. 지금까지 매몰비용이 얼마든 처음부터 다시 소비자조사를 하고 새 브랜드 후보군을 정하고, 그 후보군을 좁히고 좁혀서 최종 선택을 해야 한다고 했다. 사장님이 어떻게 받아들이든 일단 내 진심을 다 적은 것이다. 그리고 사장님을 볼 때마다 주장했다. "사장님, 정말 부끄럽습니다. 마케팅 전문가로서 창피합니다. 이게 뭡니까? 지금 회사에서 누구도 제 말을 제대로 듣지 않고 있습니다. 하지만 사장님은 제가 왜 이렇게 말씀드리는지 아시지 않습니까?"

마침내 사장님이 회의에서 월드폰뷰를 내리고 브랜드 런칭을 다시 시작하라고 지시하기에 이르렀다. 그래서 '쇼'가 나왔다. 브랜드 네이밍 때도 '쇼를 하라'는 게 속된 표현이라고 싫어하는 임원들에게 '그건 40대, 50대 꼰대들의 발상'이라고 일침을 놓고 사장님을 설득하느라 진땀을 뺐다.

"젊은 친구들은 액면 그대로 쇼라고 생각하지, '쇼를 해라'가 속어인 줄도 모릅니다. 그냥 장난치고 노는 걸로 생각하지. '쇼'는 20대 브랜드예요. 우리는 20대를 잡아야 합니다."

이렇게 우여곡절 끝에 나온 '쇼'인데 내가 어찌 어영부영하겠는가, 어찌 열심히 하지 않겠는가. 한여름에 갑자기 수도권 마케팅본부장으로 발령받은 후 KBS를 뚫고 대기업, 언론사를 뚫어가며 쉴 틈 없이 뛰어다녔다. 그 결과 그해 단 한 명 있는 부사장 승진 인사에 내가 발탁되었다. 잘못된 전략에 밥줄 걸고 반대한 보상이었다.

내 별명이 '모티베이터'이니 더러는 나를 '좋은 게 좋은' 허허
실실형으로 오해하는 분들도 있다. 고백건대 나는 일할 때 매
우 공격적인 편이다. 마케팅 전략을 세울 때도 공격적일뿐더러
실행할 때도 내가 가진 모든 역량을 쏟아부어 1등 자리를 차지
해야 직성이 풀린다.

이렇게 강성이다 보니 돌이켜보면 직장생활을 하면서 동지
도 많았지만, 적도 적지 않았다. 그래서 남들이 함정을 많이 파
놓기도 하고 더러는 그 함정에 발을 삐끗하기도 했다. 함정이
있는 줄 몰라서 빠진 적은 별로 없었다. 오히려 함정을 정면돌
파 하다가 화를 당한 경우가 많다.

나라고 돌직구 인생이 쉬울까. 오해를 사거나 건방지다는 공
격을 받을 때는 속이 문드러졌다. 싸우는 과정에서 어려움이
얼마나 많았겠는가. 회사에서 매일 얼굴 보는 동료에게 틀렸
다고 얘기하면 아무리 친한 사이라도 '그래, 너 잘났다'는 비난
을 감수해야 한다. 어느 하루는 하도 힘들어서 애경 시절의 선
배를 찾아가서 하소연했다. 힘들 때 털어놓고 대화하면 위로가
되는 선배다.

"형님, 나 이 회사에서 이제는 정말 더 못 하겠소. 정말 너무
힘들어. 누구 장단에 춤춰야 할지도 모르겠고, 내가 바른 소리
하면 싸가지 없다고 하는 사람이 꼭 있고. 이걸 어떻게 해야 할
지 모르겠어요."

273

그러면서 의기소침하게 앉아 있었는데, 이 양반의 대답이 걸작이었다.

"야, 소금에 짠맛 빼면 뭐가 남냐?"

"네?"

"소금은 짜야 맛인데, 짜지 않으면 그건 소금이 아니지. 넌 이미 조직의 소금이야. 그냥 하던 대로 해. 하다가 안 되면 나가면 되잖아. 네 실력에 뭐가 두렵냐? 갈 데가 없냐? 왜 그 배짱이 죽었어? 지금 타협하려고 하는 거야? 그러면 안 돼. 정의감 있게 해야지. 잘못된 걸 알면서 틀린 선택 하면 안 돼."

아, 이 말을 듣는 순간 정신이 번쩍 들었다. 그래, 나는 잘못된 걸 보고 쓴소리하는 사람이다. 당장은 듣는 사람 괴롭고 하는 사람 힘든 말일지라도, 제대로 된 길로 가려면 소금 같은 사람이 있어야 한다. 정의로운 것은 상사를 이겨서라도 관철해야 한다. 상사에게 설득하되, 안될 때는 건너뛸 용기도 필요하다. 물론 직장생활하면서 자기 상사를 건너뛰고 윗단에 직보하는 게 얼마나 위험한지는 나도 잘 안다. 이는 내가 윗선에 아첨하고 내 상사를 '물먹이려' 하는 게 아니라는 확신이 있을 때만 할 수 있는 행동이었다.

애경에서 하나로샴푸를 런칭할 때 내 위에 있던 3명의 상사를 다 물리치고 회장님과 담판을 지었던 것도 확신이 있었기 때문이다.

당시 애경과 유니레버가 합작투자 한 상황이어서 이익을 반씩 나누게 돼 있었다. 그러면 당연히 이익이 많이 나는 쪽에 초점을 맞춰야 하는데, 내 브랜드니 네 브랜드니를 따지기 시작하면 어쩌란 말인가. 나는 럭스나 비놀리아도 열심히 마케팅해서 1등을 만들었는데, 그들은 하나로를 두고 '디멘션'이라는 자기네 브랜드를 밀려고 했다. 우리나라에 디멘션이라는 네이밍은 너무 어렵고 샴푸에 어울리지 않는다고 해도 태국에서는 이 브랜드가 잘 팔린다며 내 말을 듣지 않았다. 우리나라가 얼마나 세련된 시장인지 조목조목 따지며 다시 설득하니, 논리에 밀린 이들이 이제는 나를 혼내기 시작했다. 한낱 과장 주제에 시키는 일이나 잘할 것이지 말이 많다나.

내가 아무리 영어에 자신 있다지만 매번 영어로 싸우자니 진이 빠질 지경이었다. 알아듣게 말해도 받아들이지 않는 걸 보니, 이들은 애경에 손톱만큼의 애정도 없음이 분명했다. 그들의 의중이 옳지 못한 것이다. 이들 때문에 일을 망칠 수는 없다고 생각하고, 회장님을 만났다. 내 성격을 아는 회장님이 자꾸 싸우면 회사가 손해를 본다며 나를 달랬다. 참다 참다 한마디 했다.

"그럼 누가 싸울 겁니까?"

이 말에 장 회장님이 자세를 바로 하고 앉았다. 나는 기왕에 따지기 시작한 것, 거침없이 하고 싶은 말을 다 쏟아냈다.

"회장님, 이런 식으로 가다가는 우리가 그들에게 먹힙니다. 아니면 헐값에 팔릴 겁니다. 파시겠습니까. 먹히시겠습니까? 회사를 지키려면 우리 브랜드를 반드시 심어야 합니다."

아마 그때 회장님 기분은 꽤 좋았을 것이다. '싸우면 회사 손해'라고 말하면서도 내게 보내는 눈빛은 '그래, 네가 싸워줘야지'였다. 그래서 신나게 싸웠다. 그들이 썬실크라는 이름을 꼭 넣어야 한다고 해서 일단 '썬실크하나로'라고 이름 붙인 다음 썬실크는 영어로 작게 써서 '하나로' 글자만 부각시켰다. 그렇게 해서 경쟁사들을 물리치고 1등이 된 다음에는 아예 인쇄할 때 썬실크라는 글자를 빼버렸다. 위험할 수 있는 선택이었지만, '외국인에게 아첨할래, 내 정의를 밀고 나갈래?'라고 스스로에게 묻고 그대로 직진했다. 그리고 나는 외국인 부장 자리에 승진해 부서장이 됐다.

내가 그들을 이긴 것일까? 그렇게 생각하지는 않는다. 좀 거창하게 말하면 정의가 이긴 것이다. 때로는 야바위꾼들이 이기는 것 같지만, 길게 보면 결코 그렇지 않다. 진리가 잠시 묻혀 있을 수는 있지만, 비에 씻기든 바람에 날리든 결국 드러나게 돼 있다.

누가 봐도 그게 올바르다는 것을 다 알지만, 주변 여건 때문에 올바름을 추구하지 못하는 때가 있다. 때로는 '에이, 내가 안 해도 되겠지' 하고 외면하기도 한다. 이런 행태가 가장 많이 나타나는 게 기업이다. 평생 마케팅 전략을 세운 사람 눈으로 볼 때 저렇게 하면 안 되는데, 내 일이 아니라고 외면하는 경우가 생긴다. 아니면 '그냥 잘못하게 놔둬버려. 그래서 내가 얼마나 뛰어난 사람이었는지 깨닫게 해버려'라며 은근히 안 되기를 바라기도 한다. 이건 보복이다. 회사의 에너지를 불필요하게 낭비하고, 그 피해는 모두가 같이 입는다.

옳다는 확신이 있다면 돌직구를 날리는 게 유리하다. 적어도 나는 그렇게 생각하고, 그렇게 행동해서 결과도 좋았다. 나대지 않기는 쉽다. 일을 안 하면 된다. 하지만 옳다고 믿는 것을 주장하지 않는 것은 직무유기 아닌가? 설령 월권이라고 욕을 먹을지라도 내가 아는 것을 말하지 않는 것은 회피이고 직무유기다. 지식을 아무리 많이 쌓아도 나누지 않으면 그게 무슨 소용인가. 말로만 선한 영향력을 행사하겠다고 하면서 나쁜 것을 나쁘다고 말하지 않으면 결국 내가 나쁜 놈 아닌가.

이유를 알고 혼나야
배울 게 있다

       지난 과거에 쌓은 성과들이 있어 지금은 어딜 가도 마케팅 전문가로 대접받는 편이라, 누구한테 싫은 소리를 듣는 일은 드물다. 하지만 개구리 올챙이 시절이 있듯, 나도 주니어 때 혼난 기억이 셀 수 없이 많다. 지금이야 무용담 자랑하듯 웃으며 말하지만, 그때는 하루하루가 정신없고 속상하기만 했다.

  특히 장인준 이사님은 내게 추상같았다. 그룹 오너 가족의 일원이자 뛰어난 역량이 있는 분이셨다. 다만 워낙 본인의 능력이 출중하고, 식견이 넓다 보니 웬만한 성과는 성에 안 차는 게 이분의 문제라면 문제였다. 그러다 보니 고달픈 건 어설픈 부하직원들이었다. 특히 나를 어찌나 혼내시던지, 처음엔 나를 미워하나 싶을 정도로 꾸지람을 해서 괴롭기가 이루 말할 수 없었다.

　보고서 하나를 제출했는데 토씨 하나 틀린 게 있으면 그 자리에서 반려다. 그냥 잔소리로 넘어가거나, 다 읽고 나서 다시 고쳐오라고 해도 될 텐데 뒷부분은 읽지도 않고 그 자리에서 무조건 돌려보낸다. 그럼 나는 그 글자만 쓱 고쳐서 다시 제출하고, 읽다 보면 뒤에서 또 틀린 게 나와서 또 반려다. 이런 식이니 한때는 서운하기도 했고 속으로 원망도 많이 했다.

　하지만 힘든 만큼 얻는 것도 있는 법. 그분에게 무던히 혼나면서 생각했다. 어떻게 하면 안 혼날까. 일단 이사님의 취향에 대해 생각했다. '이사님에게는 빨리 가져가는 것보다 정확하게 제대로 가져가는 게 중요하다. 그편이 모두의 시간을 아끼는 길이다.'

　이렇게 포지티브한 교훈만 얻은 것은 아니다. 반발심에 '난 저러지 말아야지' 하는 생각도 했다. '나처럼 미안해서 어쩔 줄 모르는 사람한테 계속 혼만 내서는 안 된다. 이미 깨닫고 있는 사람을 계속 혼내면 오히려 반항심이 생긴다.'

　물론 상사의 능력에 대한 부러움도 빠질 수 없었다. '아랫사람 눈에는 안 보이는데, 높은 사람 눈에는 토씨 하나까지 어쩜 저렇게 잘 보일까. 높기 때문에 보이는 것이 아니라 그만큼 치밀했기 때문에 보이는 것 아니겠는가. 대충 읽는 것 같아도 사실은 정성껏 읽기 때문에 눈에 들어오는 것이다.'

이 모든 것을 혼나면서 배웠다. 오히려 아무 일 없고 평화로울 때는 크게 배우는 게 없었다. 대신 혼날 때는 치밀해져야겠구나, 이렇게 혼내서는 안 되겠구나, 결재받을 때는 분위기를 좋게 끌어간 뒤에 올려야겠구나 하는 식으로 배우는 게 생겼다.

이렇게 내가 속으로 깨닫는 것 외에 실질적으로 배우는 것도 많았다. 상사가 사적인 감정을 섞어서 혼내는 게 아닌 한, 무엇 때문에 혼내는지를 분명히 가르쳐준다. 장 이사님은 내게 한 바가지 지적 끝에 이런 말씀을 했다. "혼날 때 제대로 배워." 심지어 '혼낼 때 고마운 줄 알라'고까지 했다.

처음엔 이게 무슨 말인가 했는데, 시간이 지나 돌이켜보건대 그분의 말은 참이었다. 관심 없는 사람은 혼내지도 않는다. 그렇지 않은가. 혼내본 적 있는 사람이라면 공감할 것이다. 부하직원이든 아들딸이든, 누군가를 혼낼 때는 목적의식을 가지고 한다. 상대를 망치겠다는 마음이 아니라 상대가 발전했으면 하는 마음이다. 게다가 혼내려면 일단 상대방의 행동과 성과를 검토해야 하고, 분석해서 오류를 찾아내야 하고, 어떻게 고쳐줄지 고민해야 한다. 무엇보다 금쪽같은 시간과 에너지를 써야 한다. 이런 일을 애정도 관심도 없는 사람에게 할 것 같은가?

물론 말도 안 되는 걸 꼬투리 잡아 혼내는 자격미달 상사도 있지만, 기본적으로는 혼낼 만하니 혼내는 경우가 대부분이다.

그런데 많은 사람들은 자기 잘못이나 실수를 인정하지 않고 혼내는 사람을 원망한다. 그러지 말자. 미워하지 말고 배워야 한다. 나아가 그 마음을 헤아리고 고맙게 여길 때 발전이 있다.

나는 월급의 80%만 받는 수습사원부터 CEO까지 거치며 별별 사건을 경험했다. 그런데 자신 있게 말할 수 있는 것은, 혼날 때 가장 많이 배웠다는 사실이다. 아무것도 모르는 애송이 시절에 제대로 혼나며 훈련받았기 때문에 큰 시행착오 없이 많은 것을 배울 수 있었다. 초창기에 잘못했을 때 아무도 지적하지 않고 대충 넘어갔다면, 똑같은 실수를 리더의 위치에서 했을지도 모른다. 그리고 그 여파는 수습사원 시절과는 비교도 할 수 없을 것이다.

그러니 누가 당신을 혼내거든 고깝게 여기지 말고 고맙게 받아들이자. 나아가 내가 왜 지금 혼나고 있는지 생각해서 개선하겠다는 의지를 보이자. 혼났다고 기가 죽으면 본인에게도 상사에게도 손해다. 어느 누가 기죽어 있는 사람을 좋아하겠는가. 그러니 넉살 좋게 '그때 혼내주셨기에 제대로 배우고 깨달을 수 있었습니다'라고 말한다면 진심이 전해지면서 상사 마음속에 이런 생각이 들 것이다. '이놈, 내가 꼭 키우겠다.'

오래 성공하려면 후배를 키워라

"사장님! 스승님! 오늘도 크게 배웠습니다. 좋은 오후 보내세요."

내 조찬강연이 있던 날, 예전에 내 밑에서 열심히 일했던 부장을 불렀다. 잘 지내나 궁금하기도 하고 고생하는 게 안쓰럽기도 해서 강연 듣고 차나 한잔하자며 부른 것이다. 다행히 내 마음을 알았는지, 그는 메모해가며 강연을 열심히 듣더니 내게 감사 메시지를 보냈다.

30년 넘게 회사밥을 먹고 퇴직한 지금 생각해봐도 그렇다. 지난 직장생활에서 가장 보람 있게 느껴지는 때는 혼내고 얼러가며 키웠던 후배들이 나를 '스승'이라 부를 때다. 좋은 상사 되기가 얼마나 어려운지, 후배들에게 좋은 영향력을 주기가 얼마나 힘든지 알기 때문이다. 특히 CEO의 자리를 거치고 나니 그

무게감과 두려움이 훨씬 크다는 것도 알게 됐다. 돈을 많이 벌어서 직원들에게 많이 나눠준다고 해서 동기부여가 되는 것도 아니고, 손에 꽉 틀어쥔다고 뜻대로 움직여주는 것도 아니고, 편하게 놔둔다고 알아서 잘하는 것도 아니고… 하면 할수록 어려운 게 사람 키우는 일이 아닌가 싶다.

나이를 먹고 경력을 쌓으면 누구나 피해갈 수 없는 고민이 사람 키우는 어려움이다. 그래서 혹시 도움이 될까 하여 부족하나마 내 경험으로 느낀 점을 말해보고자 한다.

후배들의 성장을 돕는 기본은 리더 스스로 모범을 보이는 것이다. 진부한 말이지만 정말 그렇다. 가끔 자신은 예외처럼 '여러분이 열심히 해야 돼'라는 오너도 있다. 그 대신 월급 주지 않느냐는 것이다. 하지만 일은 월급만 준다고 되는 게 아니다. 조직의 규모는 리더의 그릇을 넘지 못한다는 말이 있다. 실제로 어느 회사든 직접 보면 사장의 스타일이 어떤지 짐작된다. 적어도 사장에게 어떤 '나쁜 습관'이 있는지 어렵지 않게 알 수 있다. 사장이 조금만 틈을 보이면 직원들이 다 따라 하기 때문이다. 사장의 지각이 잦으면 직원들도 지각을 아무렇지 않게 한다. 사장이 낮잠 자는 버릇이 있으면 직원들도 따라서 잔다. 사장이 법인카드로 쓸데없는 데 돈을 쓰면 직원들도 술집에 가서 법인카드를 긁는다.

그중에서도 최악은 사내정치다. 직원끼리 줄 서고 모함하고 다리 걸어 넘어뜨리는 풍토다. 아무리 뛰어난 인재라 해도 조직문화가 사내정치에 젖어 있으면 야비하고 어리석어질 수밖에 없다. 매일 줄서기 같은 것만 보고 정작 머리 쓸 일이 없으니, 본대로 배워서 똑같이 남의 다리나 거는 것이다. 이와 함께 잊지 말아야 할 마음가짐이 있다. 그들을 인격체로 존중하고 그들이 잘되기를 진심으로 바라는 것이다. 이 또한 진부하기 그지없지만, 정말로 그렇다.

후배니까 무시하고, 신입사원이라고 우습게 보는 사람은 생각이 없는 이다. 신입이라는 이유만으로 애송이 취급하면 안 된다. 후배라고 해서, 또 나이 어리다고 해서 쉽게 여기면 곤란하다. 후배와의 관계가 당신의 삶에 생각보다 큰 영향을 미친다는 것은 지금이 아니라 시간이 지나서야 깨달을 수 있다. 어쩌면 후배가 당신 인생의 터닝포인트를 만들어줄 수도 있다. 그러니 정말 오랫동안 성공을 이어가고 싶다면 후배에게 잘하고 후배를 잘 키워야 한다.

나 역시 이런 생각을 처음부터 한 것은 아니다. 후배를 잘 키워야 하는 이유를 새삼 실감한 계기가 있다. 어느 날 존경하는 회장님의 자제분이 날 찾아왔다. 복지재단을 하고 있는데, 이 비즈니스를 좀 더 크게 하고 싶으니 나더러 도와달라는 것이다. 취지가 좋아서 흔쾌히 그러겠다고 했다. 내가 주관하는 아시아태평양마케팅포럼과도 연계하고, 마침 대기업에서 부장, 이사로 활약하는 후배들이 많으니 그들에게도 소개해주면 재단 사업에 적지 않은 도움이 될 것 같았다.

그러면서 이런 생각이 들었다. 내 눈앞에 있는 사람만 도와주면 안 된다. 길게 보면 모든 사람이 다 도움이 된다. 내 아래 새카만 후배라고 해서 저놈이 무슨 도움이 되겠냐고 우습게 보면, 훗날 아쉬워지는 건 되레 나다. 내 선배는 은퇴할지 몰라도 후배들은 계속 크니까, 막상 내가 아쉬운 부탁을 하고 신세 질 사람은 윗사람이 아니라 후배라는 것이다. 그러니 후배들 양성은 실리의 측면에서도 더없이 중요하다. 이런 생각들이었다.

그런데 막상 후배를 잘 키우라고 하면 무턱대고 '열심히 해, 잘해'라고만 하거나 '내가 너만 할 때는 매일 밤새워 일했어'라고 으스대기만 하는 사람들이 있다. 무엇 때문에 밤을 새웠고 어떻게 일했는지는 구체적으로 하나도 알려주지 않고 그냥 열심히 하라고만 한다. 이런 말은 차라리 안 하느니만 못하다.

내가 애경에서 잘했다고 자찬하는 것 중 하나가 원석 같은 좋은 후배들을 훌륭한 마케터로 키워낸 것이다. 사내에 마케팅스쿨을 여는 한편 실전학습도 게을리하지 않았다. 2080치약 마케팅 전략을 짤 때는 직원들을 밤새워 토론시켰다. 2080치약이 출시된 1998년에 치약 시장은 1/3 토막이 났다. 예전에는 칫솔 머리에 한가득 치약을 짰는데, 외환위기로 경제가 어려워지자 1/3만 짜기 시작한 것이다. 매출이 줄어드니 치약 회사마다 광고를 내리고 긴축경영에 들어갔다. 이 험한 시절에 신제품을 런칭해야 하니 비상한 전략이 필요했다. 나 개인으로서는 애경의 정식 CMO가 되어 R&D와 영업, BM 등 모든 부문을 총괄해 사업을 성공시켜야 했던 터라 책임감이 더욱 막중했다.

워크숍에서 난데없이 시작된 토론은 새벽 4시를 넘겨 계속 이어졌다. 나부터 평사원까지 30여 명의 마케팅 파트 직원이 모두 참여해 난상 토론을 벌였는데, 결론이 나지 않아 결국 내가 최종 결정을 했다. 불황에는 공격이 최선의 방어라고 선언하고, 사용 가능한 모든 예산을 쏟아붓기로 한 것이다.

어차피 대장이 결정할 걸 뭐하러 애들을 밤새 고생시키느냐고 할지도 모르겠다. 하지만 그것도 하나의 체험이고 살아 있는 지식을 습득하는 교육이었다. 마케팅스쿨에서 직원들에게 이런 말을 한 적이 있다.

"나중에 이 회사를 떠나더라도, 다른 건 몰라도 이 시간은 생각나게 돼 있다. 오늘 이렇게 영어로 토론하고 마케팅 공부한 것을, 그리고 언젠가는 여러분이 제대로 된 마케팅 교육을 받은 것을 자랑할 날이 올 것이다."

아니나 다를까. 훗날 직원들은 마케팅스쿨과 워크숍에서의 난상 토론이 가장 기억에 남는다고 입을 모았다. 그리고 새 직장을 찾아갈 때 이력서에 마케팅스쿨 얘기를 썼다. 애경 마케팅스쿨에서 원서 다섯 권 뗀 사람, 그리고 그 리더는 조서환. 그러니까 그들의 레퍼런스 체크가 다 내게 왔다. '이 사람 가르친 적 있소? 이 사람 어떻소? 장점은 뭐요? 단점 하나라도 얘기해주시오' 하는 식으로 체크가 왔다. 애초에 가르칠 만하다고 뽑은 직원들이니 내 평가도 좋을 수밖에. 결과적으로 모두 좋은 곳에서 자기 실력 발휘하며 각자의 자리에서 능력을 뽐냈다.

후배를 인간적으로 대하고 목적의식을 분명히 해 가르친 보람은 결국 모두 내게로 돌아온다. 그때 함께 스터디한 직원들은 다른 곳에 가서도 내 이름을 말하지 않았겠는가. 나에 대한 고마움과 존경의 마음을 담아 절로 입소문을 내게 되어 있다. '나는 마케팅의 달인 조서환에게 배웠다'라며. 또 이렇게 나를 치켜세우는 게 본인에게도 득이 되지 않았겠는가. 그러니 나를 '마케팅의 일인자' 하는 식으로 높이 치켜세워주기도 했다.

생각해보라. 대부분의 상사들은 자신의 부하직원을 밖에다 광고하지 않는다. 일단 그럴 시간이 없고, 광고해줄 이유도 없다. 밑에서 치고 올라오는 게 두렵기 때문이다. 하지만 이런 관점 자체를 바꿔야 한다. 내 후학들은 내 경쟁자가 아니라, 내 영향력을 퍼뜨리는 협업자라는 관점으로 말이다. 대한민국에서 마케팅을 잘한다는 회사마다 후배들이 있으니, 그들을 뽑은 사람들은 다 나를 아는 셈이 된다. 내게 후배들의 레퍼런스 체크를 했으니 말이다. 후배를 키움으로써 결과적으로 내게도 도움이 되는 것이다. 성공을 오래 유지하고 싶다면, 어떤 관점이 유리할지 고민해볼 필요가 있다.

그때 이후 KTF에서도 마케팅스쿨을 열었다. 내 후배인 신훈주 상무는 KT에서 올레 광고를 만들어 메가 히트를 쳤다. 모든 이동통신사가 다 하는 광대역 LTE 광고에서 KT는 어떻게든 차별화하려는 노력이 돋보인 결과였다. 내가 가장 강조했던 포인트가 바로 차별화였다. 차별화하지 못한다면 광고 안 하는 게 낫다고, 정 차별화할 게 없으면 소리라도, 그림이라도, 패키지라도 다르게 해야 한다고 가르쳤는데, 그 가르침이 만개한 실력이었다. 그는 여전히 KT에서 자리를 지키며 자신의 실력과 능력을 십분 발휘하고 있다. 이런 후배가 있으니 난 또 얼마나 든든한가.

그러나 재보다 잿밥에 욕심을 내서는 안 된다. 후배를 키워서 내가 득을 보겠다는 생각이 앞서면 곤란하다. 진심이 필요하다. '내가 널 키우고 있다'라며 말할 필요도 없다. 오히려 그 말은 생색내는 꼴밖에 안 된다. 사람들은 모두 기가 막히게 느낀다. 상대방이 날 정말 위해주는 것인지, 적당히 써먹고 싶어

하는지. 심지어 아장아장 걷는 어린애들도 할아버지가 날 예뻐 하는지 아닌지 아는데, 다 큰 어른이 왜 모르겠는가. 사람이란 그런 것이다.

진심이 있으면 설령 상사가 심부름이나 자질구레한 일만 주더라도 원망하지 않는 게 사람이다. 열심히 공부하고 스펙 쌓아서 기껏 취직했는데 윗사람이 허드렛일만 시킨다고 불만인 사람들이 많다. 하지만 이면을 자세히 들여다보면 잡일을 시키는 것 자체가 문제인 경우는 많지 않다. 그보다는 '내가 조직의 일원으로 대접받지 못한다'는 느낌이 문제다.

사실 따지고 보면 일 시키는 상사도 성격이 이상해서 후배를 괴롭히려고 허드렛일만 시키는 경우는 별로 없다. 누군가는 해야 하는데 본인은 짬이 없으니 미안해하면서도 후배에게 맡기는 것이다. 그런데 전후사정 설명 없이 일을 주니 후배에게 애꿎은 원망을 듣게 되는 것.

이럴 때일수록 더더욱 예의를 갖춰 설명하고 양해를 구해야한다. 진심을 담아 말하면 후배는 허드렛일을 맡으면서도 '이상사는 나에 대한 신뢰가 두텁구나'라며 기꺼이 돕게 된다. '쓸모 있는 사람'이라는 프라이드를 느꼈기 때문이다.

내가 세라젬 H&B에 있을 때는 직원들에게 한 달에 문화비로 일정액을 지급했다. 부족하나마 책 사고 공연 보며 문화생활을 즐기라는 뜻이었다. 아무리 신생회사였지만, 그 정도 지원은 해주려고 노력했다. 한 달에 몇만 원은 큰돈이 아니다. 하지만 그것만으로도 직원들에게 '우리 회사는 학습조직이다'라는 인상을 심어줄 수 있었다. 이처럼 좋은 제도를 시행해주면 직원들도 조금씩 바뀌게 돼 있다. 또 신입사원을 교육할 전담 직원을 두고 프로그램도 따로 짜서 육성했다. 직원들을 온전한 인격체로 보고 좋은 영향을 주면, 그게 나중에 다 베푼 쪽으로 돌아오게 돼 있다.

때가 되면 거두는 게 인생의 순리다. 후배들을 어디 내놔도 자랑스러운 동량으로 키워라. 당신이 일과 인생의 내리막길 앞에 섰을 때 전성기를 구가하는 후배가 당신의 뒤를 든든하게 받쳐줄 터이니.

프로도 코치를 둔다, 누구에게든 배워라

중국에서 사업이 막 본격화되려던 시절, 사람 문제로 골머리를 앓았던 적이 있다. 중국에 대해 아는 게 전혀 없던 때라 인재가 절실했는데, 섣불리 뽑았던 직원 때문에 오히려 회사의 성과와 신용을 깎아 먹었던 것. 그래서 질책을 하면 자신이 뭘 잘못했느냐는 태도로 일관하니 너무 괴로웠다. 회사에 둘 수도 없고, 내보내기도 힘들고….

그때 마침 아시아태평양마케팅포럼에서 헌신적으로 활동하는 김주희 사무총장이 업무차 칭다오에 왔다. 내 얼굴을 보더니 눈치 빠른 김 총장이 대뜸 내게 무슨 고민 있냐고 물었다. 그래서 자초지종을 말했더니, 김주희 총장이 가만히 듣다가 한마디 했다. 내가 대화하는 방법이 틀렸다는 것이다.

"본인이 저성과자라고 인정하는 사람은 없어요. 스스로 문제를 깨달아 자각하고 인정하게 해야죠. 화가 나도 화내선 안 되고요. 사람의 인성과 사건을 절대로 결부시키지 마시고요. 인내심을 가지고 질문으로 유도하세요. '당신이 사장이라면 이걸 어떻게 해석하겠느냐?' 이런 식으로요."

그래서 시키는 대로 했더니, 놀랍게도 순순히 고개를 숙이는 것이다. 나도 본인의 부족한 부분을 인정해줘서 고맙다고 말하고, 얼마간의 위로금을 줄 테니 한국에서 편히 지내라고 해서 그를 내보냈다. 반년 넘게 골머리를 썩이던 일이 이틀 만에 간단하게 해결됐다. 김주희 총장이 기가 막힌 타이밍에 나타나 내게 금쪽같은 코칭을 해준 것이다. 난 역시 복이 있다고 감사하며, 누구에게든 코치가 필요하다는 사실을 절감했다.

생각해보라. 분야를 막론하고 세계 랭킹 1위인 스포츠 선수들에게도 코치가 있다. 자기보다 더 잘하는 사람이 없는데 왜 코치가 필요할까 생각할 수도 있겠지만, 코치는 꼭 필요하다. 객관적 시각의 조언이 필요하기 때문이다. 잘할수록 오히려 코치가 더 필요하다.

누구나 알 법한 명사를 멘토로 점찍고 책을 읽고 강연을 따라다니는 것도 좋지만, 나는 가급적 1대 1로 대화할 수 있는 가까운 사람을 코치로 두라고 하고 싶다. 먼발치에 있는 명사는 존재 자체로 롤모델이 될 수 있어도, 내 흉을 터놓고 객관적인 조언을 얻을 수는 없기 때문이다.

내가 코치 덕을 제대로 본 적이 또 있었다. 인코칭의 홍의숙 대표이다. 앞에서 얘기한 대로 KTF에서 '쇼' 이전에 월드폰뷰를 런칭했을 때 말이 안 되는 전략이라 생각했지만, 한편으로는 굉장히 망설였다. 내가 마케팅 책임자도 아닌데 감 놔라 배 놔라 하면 괜히 오해를 받지 않을까 싶었던 것이다. 타협해야 하느냐 싸워야 하느냐, 처세해야 하느냐 실력으로 승부해야 하느냐.

그때 회사와 코칭 제휴를 해주던 인코칭의 홍의숙 대표에게 물었다. "이럴 땐 어떻게 해야 합니까? 하자니 입장이 난처하고, 안 하자니 직무유기 같은데요."

그랬더니 홍 대표는 '해야 한다'고 대답했다. 그래서 홍 대표에게 간곡히 부탁했다.

"알겠습니다. 한 가지 부탁이 있는데, 대표님도 저희 사장님 만날 기회가 있으면 제 심정을 얘기 좀 해주십시오."

그러고는 내가 어떻게 사장에게 주장했는지, 사장이 어떤 과정을 거쳐 결정을 내렸는지, 중간에 어떤 우여곡절이 있었는지를 홍 대표에게 알리고 그때그때 조언을 구했다. 홍 대표가 마케팅 전략에 대한 구체적인 지침을 주거나 사장에게 대놓고 나를 두둔한 것은 아니지만, 누군가가 냉정하게 판단하고 도와주고 있다는 것만으로도 큰 힘이 됐다.

회사에서 인코칭과 제휴를 맺기 전까지는 코칭 전문회사가 있는 줄도 몰랐다. 심지어 코치를 소개해준다고 했을 때는 색안경을 끼고 봤던 게 사실이다. 코치라는 이름으로 사장님이 암행어사를 보낸 것이 아닌가 싶어서였다. 사장님이 '조 본부장 정신상태 좀 체크해달라'고 주문했을지 어떻게 알겠는가. 하지만 괜한 걱정이었다. 조직진단과 카운슬링을 전문으로 하는 사람들이어서, 어떤 고충을 털어놔도 상황별로 분석하고 올바른 해답을 제시해 큰 도움을 주곤 했다.

"복리후생이 잘된 대기업이니 코치도 붙여주고 하는 것 아닙니까?" 이렇게 말하는 사람도 있을지 모르겠다. 맞는 말이다. 개인이 전문코치를 두는 것은 언감생심이다. 직장인들은 대개 사수가 코치가 된다. 부모를 선택할 수 없듯이 사수 역시 스스로 선택할 수 없다고 여긴다. 내 사수가 일도 못 하고 성격도 좋지 않아서 배울 게 없다고 한탄하는 직장인들도 적지 않은 듯하다. 하지만 이는 어쩌면 게으른 투정일 수도 있다. 코치는 본인이 선택하는 것이기도 하다. 아무리 작은 집단이라도 누군가 팔로우업하고 싶은 사람이 있을 것이다. 하다못해 왠지 끌리는 사람이 있을 것이다. 그를 찾아가라. 가서 배우면 된다.
'저분은 엄청 바쁠 텐데 나까지 상대해줄까' 하는 걱정은 할 필요도 없다. 사람이 어떻게 매 순간 바쁘겠는가. 알고 보면 별로 바쁘지 않을 때도 많다. 오히려 어찌 보면 리더일수록 외로운 경우가 많다. 지레 겁을 먹고 코칭 받으러 오려는 사람이 없기 때문이다. 내가 리더의 자리에 올랐을 때 의외로 날 어려워하는 직원들이 많았다. 예전에는 직원들과 어울려서 형님 아우하며 편하게 지냈는데, 지금은 직급 차이가 많이 나서 그런지 스스럼없이 찾아오기가 어려워진 것 같았다.

그러니 방해될 거라고 지레짐작하지 말고 배우고 싶은 사람에게 찾아가라. 넉살 좋게 밥 사달라고 하는데 싫다고 말할 사람은 없다. 그렇게 관계를 만들어가면서 나만을 위한 코치를 영입하는 것이다.

내게도 이런 청이 가끔 들어온다. 중소기업 대상의 강연을 가면 끝나고 나서 따로 인사하는 CEO들이 꼭 있다. 중소기업이라 자문위원을 두거나 컨설팅을 받기는 어려우니 내게 지금 당장 힘든 점 하나만 질문하는 것이다. 그 대신 고맙다고 식사를 대접하기도 하고 골프에 초대하기도 한다. 골프 5~6시간 치면서 계속 대화를 하다 보면 어느새 의형제가 된다. 내 휴대폰 연락처에 중소기업 CEO 과정에서 만난 사람이 100명 정도 등록돼 있는데, 그중 강연 끝나고 날 따라온 사람은 2명밖에 없었다. 그 둘과는 골프 치고 사우나 가서 같이 목욕하고 나서 바로 형님 동생 사이가 됐다.

인생에 그냥 얻어지는 건 없다. 시간과 에너지를 투자해야 한다. 같이 밥 먹고 친해지는 것까지만 하면 된다. 그러면 그전에는 감히 묻지 못했을 질문도 편하게 할 수 있다. 그 과정에서 내가 알고 있는 것으로 상사에게 도움을 줄 수도 있다. 그런 관계까지 이른다면 회사생활에 탄탄대로가 깔렸다고 봐도 좋다.

만약 지금 당장 코치를 찾기 어렵다면, 가족에게라도 도움을 구해라. 내가 들은 재미있는 농담 중에 '여자 말 잘 들으면 문제 될 게 없다'라는 말이 있다. 밖에 나가면 내비게이터 말, 골프장에선 캐디 말, 집에서는 아내 말을 들으면 된다는 것이다. 농담이긴 하지만 뼈가 있는 말이기도 하다. 내비게이터야 그렇다 치고 '두 여자'의 말을 왜 잘 들어야 할까 생각해보자.

내가 잘해봐야 일주일에 한 번 골프장에 간다면, 캐디는 매일 밥 먹고 온종일 코스 도는 게 일이다. 캐디만큼 그 골프장을 잘 아는 사람은 없는 셈이다. 그러니 이기고 싶다면 가장 잘 아는 사람이 알려준 대로 하는 게 가장 빠른 길 아니겠는가. 이쪽이 높은지 저쪽이 높은지, 퍼팅할 때 어느 쪽으로 할지 시키는 대로 쳐야 한다. 오른쪽으로 치라는 데도 '왼쪽으로 쳐야 할 것 같은데' 하고 버티는 사람들이 있는데, 착시현상일 때가 많다. 많은 라운딩을 돌며 여러 사람이 왼쪽으로 해서 안 들어가는 걸 봤으니 오른쪽으로 치라고 하는 것 아니겠는가.

그렇다면 아내 말은 왜 맞을까. 실제로 나는 어려운 일이 있으면 반드시 아내에게 물어본다. 나더러 팔불출이라고 하는 분들도 많지만, 아내가 하는 말이 다 맞는데 어떡하란 말인가. 내가 물어보면 아내는 '내 생각은 이런데' 수준이 아니라 '이렇게 하세요' 하고 정확한 지침을 준다. 그런데 신기하게도 100% 다 맞는다. 그때마다 혀를 내두른다. 경영학도 안 배웠고 직장생활도 오래전에 접은 사람이 어떻게 이렇게 지혜로울까?

내가 내린 결론은 이것이다. 아내에게 진심이 있기 때문이다. 내가 잘되기 바라는 마음이 있으니, 옳지 않은 조언은 할 수 없는 것이다. 가식이 아니라 진심으로 날 걱정하고 같이 고민했기에 지혜로운 답을 주었을 것이다. 내 편이기 때문에 제대로 된 조언을 줄 수 있는 것.

코치를 잘 두면 인생이 바뀐다. 사람이 언제나 자신만만할 수는 없다. 힘들고 헷갈리고 좌절하는 순간은 반드시 온다. 그럴 때 기댈 언덕 하나는 있어야 오래 활동할 수 있고 지치지 않는다. 집에서도 회사에서도 누군가와 흉금을 터놓고 얘기할 수 있다면 그것이야말로 진정 풍요한 인생 아니겠는가.

성공과 실패 사이에는
오직 한 단어만 존재한다

어느 사장이 재산을 탕진한 이야기를 들었다. 작은 회사를 운영하던 그는 매출이 점점 떨어지자 자기 재산이라도 지킬 심산으로 카페를 하나 내기로 마음먹었다. 본인은 회사를 경영해야 하니 돈만 투자하고 운영은 매니저에게 맡겼다. 커피에 대해 조예가 있어서 카페를 시작한 것은 아니었다. 요새 두 집 건너 하나가 카페니 '이게 대세인가 보다' 하고 고른 것이다.

하지만 그런 태도로 성공할 만큼 세상이 만만치 않다. 카페가 망하자, 이번에는 프랜차이즈 치킨집을 열었다가 또 망했다. 더욱 결연한 각오로 프랜차이즈 보쌈집을 했다. 또 망했다. 자기 재산을 지키려다가 오히려 집도 날리고 빚만 지게 됐다고 했다. 세 차례나 실패하고 나서 그가 깨달은 게 '내가 잘 아는 것, 그리고 내가 목숨 걸고 직접 뛰어들 일이 아니면 성공할 수 없다'라는 것이다. 그리고 그는 이것을 깨닫는 데 몇억을 쏟아야 했다.

오늘날 우리를 가장 괴롭히는 단어 중 하나가 '위기' 아닐까 싶다. 모든 업종이 '단군 이래 최대 위기'라고 하고, 대한민국 사람 누구나 조금만 잘못하면 뒤처진다는 위기감 속에 살고 있다. 강연할 때 포기하지 말자고 목소리를 높이면, '나는 열심히 했는데도 여전히 위기인데 어쩌란 말이냐'고 항변하는 사람들이 꼭 있다. 실제로 그런 패배감이 클 수 있다. 사실 나도 충분히 동감한다.

그러나 이렇게 또 생각해보면 어떨까. 지금 잘되고 있다고 해서 위기가 아닐까? 그건 아니다. 목표를 향해 순항하건 암초를 만나건, 목표를 방해하는 걸림돌은 언제나 존재한다. 그때 선택지는 두 가지다. 첫째, '위기다'라며 포기하고 실패하면 된다. 둘째, 억지로라도 '기회다'라고 생각하고 위기를 극복하려고 애쓴다. 그러다 보면 정말 위기가 기회로 바뀌기도 한다. 어찌 보면 위기가 없어서 잘되고 있는 게 아니라, 위기에도 포기하지 않았기 때문에 잘되는 게 아니겠는가. 세상 어떤 일에 위기 한 번이 없겠는가.

다시 말하지만 위기란 잘될 때도 오고, 안될 때도 온다.

100억 목표달성을 위해 90억까지 잘 가다가 예기치 못한 복병이 나타나기도 한다. 관련법이 바뀌고 없던 규제가 생기면 어제까지 잘나가던 기업도 초비상이 걸린다. 이럴 때 어떻게 할 것인가. 내가 자초한 일이 아니니 세상 원망만 할 것인가? 어쩔 수 없다고 사업을 접을 것인가?

나도 중국에서 선크림 제품이 3년이나 허가가 떨어지지 않아 애먹을 적에 이걸 어떻게 해야 하나, 고민 끝에 경쟁사에 OEM 제품처럼 납품하기로 했다. 그런데 대리점 사업자들이 그래서는 안 된다고 반대하고 나섰다. 왜 그런가 물어보니, 소비자들이 그 선크림을 경쟁사의 제품으로 인식하면 나중에 우리 브랜드로 정식 출시되더라도 경쟁사 제품만 찾게 된다는 것이다. 우리는 급한 마음에 납품으로라도 재고를 없애려는 생각뿐이었는데, 대리점이 우리보다 마케팅적 사고가 더 뛰어났다. 훗날을 생각하면 정말 문제가 될 테니 그냥 참는 게 낫겠다 싶었다. 결국 선크림은 단체기념품으로 원가에 처분했다.

많은 이들이 위기를 맞아 당장을 모면하려는 악수를 둔다. 급하니까 바늘허리에 실을 매려는 것이다. 그런데 당장의 상황을 모면하고 나면 바늘허리에 맨 실을 풀려고 해도 좀체 풀리지 않는다. 살면서 위기는 언제든 온다. 그때 전략 없이 허둥지둥하면 정말 큰일이 닥친다. 악수를 두느니 때로는 몸을 낮추고 사리는 것도 전략이다.

위기에 대한 악수 중에서도 최악은 하던 일을 버리고 '다른 아이템 찾을까?' 하고 남의 동네에 기웃거리는 것이다. 지금의 일도 제대로 못 한 사람이 다른 아이템 찾아서 잘되는 경우는 많지 않다. '미래 먹거리'를 찾는 건설적인 발상이 아니라면, 자기 일을 포기하고 다른 업종에 욕심내는 건 바늘허리에 실 매는 정도를 넘는 현실도피일 뿐이다. 차라리 그런 용기로 지금 하는 일에서 좀 더 버티며 답을 찾는 편이 현실적이다.

그래서 위기를 대하는 자세가 매우 중요하다. 위기가 닥쳤을 때 당황하지 않고 이것을 기회라고 우선 생각하자. 몰두하면 반드시 방법이 나온다. 적어도 내 경험상으로는 항상 그랬다. 자기 일에서 재미를 보지 못했다 해도, 그걸 못하면 뭘 새롭게 할 것인가? 내 자랑을 보고 중국에서 화장품이라도 팔 것인가? 지금 본인의 일에서 수를 찾아야 한다. 포기하지만 않으면 그 업에 대해 더욱 깊이 알게 될 테고, 다른 아이디어를 낼 수 있고 자신을 도와줄 인맥을 쌓게 된다.

나는 'Never give up'을 많이 말한다. 성공과 실패 사이에는 오직 한 단어만 존재한다. 포기다. 이 말은 곧 포기하지 않으면 성공으로 가는 중이라는 뜻이기도 하지 않겠는가. 반면 중간에 '이건 안 될 거야'라고 결론을 내버리면 이미 그 단계에서 실패가 된다. 그러니 오래 걸릴 뿐이라고 생각하라. 계속 안 될 때도 '남보다 오래 걸리네' 하는 의연한 생각이 필요하다.

혹자는 '당신은 결과적으로 성공했으니까 편하게 말하는 것'이라고 항변할 수 있다. 그러나 난들 포기하고 싶은 순간이 왜 없었겠나? 남들이 모두 부러워하는 CEO 자리에 있을 때도 남모르게 힘들 때가 많았다. 사람도 자원도 모자라고, 그렇다고 나 혼자 다 할 수도 없고. 그럴 때마다 주저앉고 싶은 기분이 들었다.

'휴, 언제까지 이래야 하나. 왜 나는 일복이 이렇게 많은가. 한쪽만 신경 쓰기도 힘든데 왜 나는 두 나라에서 일을 벌여 고생을 자초하나.'

한국에서 편히 지낼 수도 있는데 친구도 없고 재미도 없는 중국에 와서 왜 이 고생인가 싶기도 했다. 하지만, 그렇다고 안 할 것이었나? 그건 아니지 않은가. 그래서 한탄이 길어지면 나 자신을 꾸짖었다.

'중국에서 왜 고생이냐고? 그럼 너 그만둘래? 아니잖아. 그럼 좋게 생각해야지. 공부한다고 생각해야지. 시간이 남으면 아내와 대화 시간이 늘었다고 생각해. 비행기로 1시간 20분밖에 안 되는 곳을 뭐가 멀다고 징징대냐? 행복에 겨운 소리 하지 마.'

열악한 사정에서도 결국 성공한 사람들을 만나보면 포기하지 않았던 게 비결이라고 말한다. 목표가 뚜렷한 사람은 성공하기까지 결코 '포기'라는 말을 내뱉지 않는다. 나 역시 그 방법으로 끝끝내 성공을 쥘 수 있었다.

내가 아는 어느 중소기업 사장이 기막힌 휴대폰 부품을 만들었다. 그런데 LG전자고 삼성전자고 만나주지 않더란다. 만나줘야 대화가 되는데 그 길이 막혀버리니, 이 사장은 대기업 R&D 책임자 집 앞에 자리 깔고 살아버렸다. 처음에는 책임자가 '뭐 이런 놈이 다 있나' 하고 쫓아내려 했지만 결국 이기지 못하고 설명이나 들어보자고 했더란다. 그러고는 부품을 가져와서 테스트해보니 성능이 괜찮았던 것. 결국 그 사장은 대기업의 주요 공급자가 되었다.

그가 제로에서 수천억 매출을 올리게 된 비결은 하나, 포기하지 않은 덕분이다. 포기하고 싶은 순간을 잘 참으면 결국 자기 일에서 새로운 기회를 찾게 된다. 그래서 나도 힘들고 포기하고 싶을 때는 스스로 머리를 쓰다듬는다. 그리고 자신을 응원해준다. 내게서 결코 배신하지 않을 단 하나의 존재가 바로 자기 자신 아니겠는가.

지금 아무리 힘들다고 느끼더라도, 그걸 '실패'라고 단정할 수 있는 근거는 어디에도 없다. 당신이 포기하지 않는 한, 지금의 어려움은 진짜 성공으로 가는 과정일 뿐이다. 특히 당신이 젊다면 더더욱 포기하지 않는 정신이 필요하다. 당신 앞에는 포기의 유혹이 더 많기 때문이다. 포기의 유혹은 정말 달콤

하다. 포기하면 편해진다. 그래서 쉽게 포기를 선택하곤 하는데, 그러지 말자. 조금 힘들어도 포기하지 않으면 결국에는 어떤 일이든 이루어지게 돼 있다.

어느 책에 인상적인 구절이 있었다. "말대로 된다, 생각대로 된다, 꿈꾼 대로 된다." 이 세 가지에는 공통점이 있다. 잡을 수도 없고 볼 수도 없고 설명할 수도 없다. 하지만 현실을 바꾸는 힘이 있다. 그러니 꿈을 이루고 싶다면, 포기하고 싶다는 생각 자체를 머릿속에서 날려버려라. 비관주의자는 기회 속에서도 절망을 보지만, 낙관주의자는 절망 속에서도 기회를 본다. 당신에게는 분명히 기회가 있다. 포기하지 않는 한, 당신은 성공하게 돼 있다.

살아남아라,
정의롭게 살아남아라

KTF로 이직하고 나서 가장 힘든 일은 인사였다. 이용경 사장님도 면접 당시 수백 명 마케팅 조직을 진두지휘할 수 있는지를 중요하게 체크했는데, 그때만 해도 그게 그렇게 힘든 줄 몰랐다. 그런데 막상 와보니 밑에 있는 임원은 나이가 나보다 많고, 부하직원들도 나를 조심스러워하는 기색이 역력했다. 다른 부서로 자리를 옮긴 전임자가 나보다 사내 마케팅 이슈에 대해 더 잘 알기도 했다. 직원들이 내게는 보고하지 않고, 정든 전임 상사 방에 놀러 가서 이런저런 얘기도 하고 상의도 한 것이다.

그러다 본격적인 뒷담화가 시작된 모양이었다. 술자리에서 '저놈 6개월 안에 쫓겨날 테니 두고 보라'고 호언장담했던 것. 여기서 '저놈'은 물론 나다. 그 자리에 있다가 '이건 아니다'라고 느낀 팀장이 내게 와서 어렵게 해준 말이었다. 기분은 굉장히 나빴지만 "에이, 이 사람아. 그런 보고하려면 오지 말게" 하고 돌려보냈다.

그러다 비슷한 보고가 몇 달 연속으로 들어오자 상황이 심각한 듯하여 몇몇 사람에게 주의를 주기도 했지만 나아지지 않았다. 화가 나기도 했지만, 다른 것보다 상사로서 기강을 잡을 필요가 있겠다 싶었다. '본때'를 보여주겠다고 마음 단단히 먹고, 큰소리를 내가며 혼이 쏙 빠지게 꾸짖고 나서야 비로소 뒷말이 사라졌다.

다행히 뒷말하던 사람들이 진심으로 반성해서 그 정도로 끝냈지만, 그때 절실하게 느낀 게 있다. 무조건 오냐 오냐 하면서 어르기만 해서는 안 되고, 더러 필요하다면 당근과 채찍을 확실하게 써줘야 한다는 것이다. 그게 리더십이자 자존감을 유지하는 길이다. 물론 채찍만 써도 안 되지만, 그렇다고 당근만 주면 사람을 가벼이 여기기도 한다.

생각해보면 나는 언행도 튀고 승진도 빠른 편이어서 의도치 않게 '문제적 대상'이 되곤 했던 듯하다. 애경에서는 하나로샴푸가 히트하자 과장에서 부서장이 됐고 새로 옮긴 회사에서 이사를 달았으니, 한 해에 과장에서 이사까지 다 거쳤다. 그러다 4년 후 다시 애경으로 돌아왔을 때 문제가 생겼다. 나는 이사생활을 4년이나 하고 돌아왔는데, 애경에 있던 내 입사동기들은 부장 초호봉이었던 것.

입사동기들과 호봉 차이가 너무 크다고 회사에서 난감해했지만, 나 또한 연봉이 절반 이하로 줄었는데 직급까지 깎일 수는 없는 노릇이었다. 그래서 절충 끝에 본부장으로 돌아와서, 바로 다음 해에 실적을 내서 이사대우를 달았다. 여기서 '대우'를 떼는 데 보통 3년쯤 걸리는데, 그것마저 2개월 만에 주주총회에서 떼고 정식으로 이사가 되었다.

동기는 물론 웬만한 선배들도 제치고 올라가다 보니 여기서도 질투가 생기고, 심적으로 저항하는 사람도 생겼다. 기지를 발휘해 잘 극복하긴 했지만, 미움을 받는 건 어쩔 수 없었다. 하긴, 나라도 싫었을 것이다. 모난 돌이 정 맞는다고, 어쩔 수 없었다.

다만 그런 데 너무 연연하면 큰일을 못 한다. 앞서가지도 못한다. 그리고 이런 게 걸림돌이라 생각하면, 언젠가 진짜 걸림돌이 돼버린다. 생각해보라. 전진하는데 부비트랩이 있다고 생각하면 어디에 묻혀 있나 하나하나 보면서 가느라 속도가 안 붙는다. 발목지뢰라도 밟을까 봐 마음 졸여야 한다.

때로는 발목지뢰 위를 탱크처럼 확 밟고 지나가는 과감함도 필요하다. 그까짓 발목지뢰가 터져봐야 거대한 탱크에 별 타격도 못 준다. 탱크처럼 밀고 가면 되레 거리낄 게 없다.

"사장님, 마케팅 교과서에 나오는 사장님이 되십시오. 제가 반드시 내드리겠습니다." '쇼'를 추진할 때 나는 탱크처럼 밀어붙였다. 너무 무식한 방법인가? 하지만 그때 밀어붙이지 않았다면 3G 시장을 KTF가 선점할 수 있었을까? 지뢰 무서워하다 일 망치는 경우가 얼마나 많은가. 조직생활에서 맞닥뜨리는 지뢰는 우리 예상보다 훨씬 많다. 조직생활 자체가 지뢰밭 위에서 하는 것인 데다, 누가 나 밟으라고 몰래 묻어놓기도 한다. 그걸 의연히 넘길 줄 알게 되면, 나중에 그 지뢰는 묻어놓은 사람들이 밟게 돼 있다.

조직생활에서는 견뎌야 할 때와 화내야 할 때가 있다. 누가 내 인생의 목표가 뭐냐고 물으면, 선한 영향력을 주는 것이라고 대답한다. 하지만 그것도 내가 살아 있을 때 얘기다. 내가 힘이 없고 죽고 난 뒤에 무슨 수로 선한 영향력을 주겠는가. 아무것도 할 수 없는데.

그러므로 어떤 상황에서도 살아남을 여지는 남겨두어야 한다. 어느 때는 젖은 낙엽처럼 딱 붙어 있고, 고개를 살짝 들어보다가 아직 때가 아니다 싶으면 다시 수그려야 한다. 그러다 이때다 싶으면 고개를 딱 들어야 한다.

아무 때나 고개를 들면 다치고, 계속 숙이고 살면 비굴해진다. 이걸 잘 판단해야 한다. 가늘고 길게 버티기 위해서가 아니라, 내 실력을 발휘할 수 있는 때를 기다리기 위해서다. 아무 때나 고개 들면 멋있어 보이지만, 사실 백척간두에 서 있는 것이나 다름없다. 내가 돌직구 날리는 인생이었다고 쓰니 매번 고개 빳빳이 들고 산 것 같지만, 나도 수그리고 지내야 할 때가 많았다. 때로의 괴롭힘을 모른 척 넘길 때도 있었다. KTF에서 지방으로 밀려날 때도 나 대신 속상해하는 후배들에게 이렇게 말했다.

"나는 올라올 거다. 잘리지는 않을 테니 걱정 마라. 단, 사장님을 욕하지는 말자. 사장님 욕까지 하면 그때는 진짜 날아가 버린다. 그러니 칭찬하자. 살아남아야 강한 자다. 강한 자가 살아남는 게 아니라, 살아남은 자가 강한 자다."

직장생활에서 맞닥뜨렸던 숱한 위기의 순간, 분노를 절제할 줄 알았기에 나는 필요한 순간에 고개 들고 마음껏 싸울 수 있었다. 그런 세월이 뒷받침되었기에 지금 이렇게 글을 남길 수도 있는 것이다. 내가 의롭게 목소리 높이다가 일찌감치 내침 당해서 어디에서도 어울리지 못하고 괴팍하게 나이만 먹었다면 누가 내 말을 경청해주겠는가?

그러니 살아남아라. 어떤 경우에도 살아남아라. 나는 후배들에게 회사의 미래보다 나의 미래를 먼저 생각하라고까지 말한다. 장기적으로 나의 인생과 나의 비전을 생각할 때 언제 물러나고 언제 고개 들어야 할지 지혜롭게 판단할 수 있다.

자신의 신념이 확실할 때 비굴하지 않고 정의롭게 살아남을 수 있다. 진리는 반드시 통하게 돼 있고, 올바름은 인정받게 마련이다. 얄팍하게 사내정치 하지 않고도 오랫동안 인정받으며 실력을 발휘할 수 있는 유일한 길이다.

학벌은 상관없다, 태도는 중요하다

       1978년 12월에 아내에게 쓴 연애편지를 다시 읽었다. 나도 까맣게 잊고 살았는데, 편지를 보니 옛날부터 아내를 진심으로 사랑하며 살았다는 게 새삼 느껴졌다. 그 편지를 보낸 후 사흘 후에 손을 잃었다. 경황없이 병실을 찾아온 아내에게 내가 조심스럽게 물었다.

"아직도 날 사랑해?"

그때까지 한마디도 안 하던 그녀가 가만히 두 번 고개를 끄덕이는 순간, 살면서 가장 큰 행복을 느꼈던 기억이 난다. 그리고 한 달 후, 아내에게 다시 편지를 썼다. 왼손으로 개미가 잉크 묻혀 지나간 것처럼 써서 보낸 편지에 다음과 같은 구절이 있었다.

'고향의 부모 형제들도 실망하고 걱정도 많이 하시겠지. 정말 운명이 야속하게도 내 몸을 스치고 지나갔지만 나는 아직 죽지 않았어. 전화위복이란 말도 있고 인간지사 새옹지마란 말도 있잖아.

남이 나를 생각할 때 최고 불행한 시기로 볼 터. 현실이지만 나는 그와 정반대야. 내 인생을 살며 가장 행복감에 충만한 상태이고 값진 새 인생을 다시 시작할 터이니까.'

그때의 편지를 다시 읽으며, 나 자신이 새삼 기특해졌다. 불행의 한복판에 있다 해도 과언이 아니었을 때 오히려 행복하다고 썼으니, 내가 얼굴이 두껍긴 두꺼운가 보다. 요즘 흔히 말하는 '회복탄력성'이 좋은 것일 수도 있겠고.

중소기업 CEO들과 마케팅 관련 이야기를 나눌 때면 사람들이 많이 하는 질문이 있다. 비누 만지다가, 화장품 만지다가, 어떻게 IT까지 잘 해내셨냐고. 답은 언제나 한결같다. 이쪽에서 배운 걸 그대로 가져다가 저쪽에서 써먹었다고 대답한다. 샴푸와 휴대폰은 제품의 차이가 있을 뿐, 소비자 가슴속에 들어가 앉아야 팔린다는 마케팅의 대원칙은 똑같다. 그렇지 않은가. 똑같이 소비자를 대상으로 하고, 소비자의 가슴속에 판다. 그러니 치약 팔 때의 판단이 정확하다면 휴대폰 판매 전략도 정확히 세울 수 있는 것이다.

내 어머니는 입버릇처럼 '하나를 보면 열을 안다' 말씀하셨다. 지금 일을 잘하는 사람은 무엇을 해도 잘한다는 것이다. 정말 맞는 말이다. 마케팅 전략 부문에 오랫동안 몸담았던 유능한 부하직원이 있었는데, 회사 사정상 영업 파트로 보냈더니 이듬해 최우수 영업상을 받았다. 그때 한 가지를 잘하면 다 잘할 수 있다는 걸 느꼈다.

왜일까? 결국 모든 일은 태도의 문제이기 때문이다. 얼마나 몰입하고 집중했는가의 차이이지 스펙이나 연줄의 문제는 아니다. 내 친구인 우일정보기술의 임봉순 대표는 수습사원으로 입사해 그 회사 사장이 되고 주주가 된 입지전적 인물이다. 그의 성공비결이 궁금해 물었더니 일화 하나를 들려주었다.

어느 날 회장이 자재구매를 하려면 자재를 알아야 하니 창고에 가서 전선 종류를 공부하라고 지시했다고 한다. 그때 그는 전선 종류를 모두 외우고, 몇 밀리미터인지까지 종류별로 파악했다고 한다. 하나를 시켰는데 다른 것도 알아서 하는 그를 보고 회장은 일찌감치 CEO감으로 낙점했던 것이다.

그 회장이 임봉순 대표를 점찍은 이유를 십분 이해한다. 기업을 이끄는 입장에서 사람이 얼마나 중요한지 매 순간 뼈저리게 느끼기 때문이다. 만나는 사장마다 너무 힘들다고 하는 요즘, 왜 그렇게 기업들이 어려운지 고민하다가 무심코 종이에 써본 적이 있다. 기업, company, 企業… 영어로도 쓰고 한자로도 써보다가 재미있는 사실을 발견했다. '企業'에서 가장 먼저 써지는 게 뭔가 보니, 사람이더라. '아, 기업은 결국 사람이구나.' 어떤 사람이 머무는지에 따라 기업의 운명이 달라진다. 자기는 어영부영하면서 남들이 잘하기만을 바라는 사람이나, 남들 시샘하면서 발목 잡으려는 사람이 많으면 그 기업은 망한다. 반대로 스스로 열심히 하려고 하고, 변화하고 도전하려는 의지를 보이는 사람들이 모여 있다면 안 될 일이 뭐가 있겠는가.

회사에서 사람 뽑을 때 스펙을 본다고 하니 학벌이 중요한 것 같고 외국어 실력이 중요한 것 같지만, 그것만으로 다 되지는 않는다. 때로는 실력이 있어도 밀려나는 게 조직생활의 생리다. 손이 하나인지 두 개인지 상관없다. 칠갑산 밑에서 태어났는지 도회지에서 태어났는지도 상관없다. 그럼 무엇이 중요하나? 태도가 중요하다.

조인의 한재권 회장을 처음 만났을 때, 나는 그가 막연히 박사나 석사 출신일 것으로 생각했다. 그만큼 경영학에 대해 아는 게 많고 톤앤매너도 세련됐다. 중소기업위원회에서 강연 요청이 와서 갔는데, 강연 중에 내가 골프 친다고 말했더니 그가 호기심이 일었는지 골프에 초대해주었다. 그런데 한두 번 만나면서 친해지니 그가 이야기했다. 자기가 초등학교밖에 안 나왔다는 것이다. "난 중학교도 못 들어갔어!"

내가 정작 놀랐던 것은 그 말을 아무렇지도 않게 하는 그의 당당함이었다. '아, 정말 학벌은 필요 없구나'라는 생각이 절로 들었다. 그는 나를 '사부'라고 부르지만, 나야말로 그에게 배운 게 많다. 한 번 결심한 일은 끝까지 진돗개처럼 물고 늘어져 해내는 근성과, 부족함을 채우기 위해 끊임없이 배우는 자세는 그를 따를 자가 없다.

지금도 한 회장은 거의 매일 조찬강연을 가고, '저 사람에게 배울 게 있다'고 판단되면 주저 없이 초대해서 골프를 치며 5~6시간씩 단독레슨을 받는다. 상대방의 지식을 다 흡수하겠다는 기세다. 혼자서만 배우는 게 아니라 직원들을 위해 정기적으로 사내 강연회도 연다. 비즈니스 분야뿐 아니라 시인, 영화평론가 등 다양한 분야의 전문가를 초청해 폭넓은 배움의 장을 마련한다.

이런 분에게 누가 학벌 자랑을 할 수 있겠는가. 이분처럼 자기관리에 철저한 사람은 성공할 수밖에 없다. 학교도 진학 못할 정도로 힘들었지만, 끊임없이 관리하고 혁신한 덕분에 작은 양계장으로 출발해 우리나라 계란시장의 1등 업체 조인을 키워낼 수 있었다. 지금은 글로벌시장에 진출하기 위해 글로벌 인재를 찾고 있다. 이분에게 나는 배려를 배웠고, 집념을 배웠고, 하면 확실히 된다는 신념을 배웠다.

일과 인생에서 성공하고 싶은가? 그렇다면 얄팍한 스펙을 쌓으려 전전긍긍할 것이 아니라 옳은 태도를 갖추고자 스스로 갈고닦아야 한다. 강한 실행력을 가진 태도, 옳은 일을 옳게 하려는 태도, 깊게 생각하는 태도, 전략적으로 움직이는 태도, 무엇보다도 긍정적으로 생각하는 태도를 갖춰라.

졸저 《모티베이터》를 쓴 후, 나의 모티베이터는 누구냐는 질문을 많이 받았다. 나의 가장 중요한 모티베이터는 역시 내 아내다. 내게 끊임없이 자극을 주며 앞으로 나아가게 하는 힘의 원천이다. 아울러 나 역시 나의 모티베이터다. 늘 내 상황을 긍정적으로 바라보고 용기를 가지려 애쓰기 때문이다.

사고를 당한 후 처음 눈을 떴을 때 내 심정이 어땠을 것 같은가? 졸지에 삼류인생을 살게 생겼다고 좌절했을까? 그랬다면 지금 나는 이 자리에 없었을 것이다. 나는 그렇게 생각하지 않았다. '여전히 내게는 머리가 있고, 강인한 체력이 있고, 사랑하는 사람이 있다. 두려울 것 하나 없다. 지금껏 실패 없이 잘해왔으니 앞으로도 잘될 것이다.'

이렇게 끊임없이 스스로에게 말하면서 다시 자신감이 생기고 도전할 용기를 내게 됐다. 이처럼 '나는 잘하고 있다, 앞으로도 잘될 것이다'라고 자기 최면을 거는 마인드컨트롤이 무척 중요하다.

지금 혹시 힘든가? '나는 잘하고 있는데 왜 이렇게 힘든 일이 닥치는 거야?'라며 원망하는 마음이 생기는가? 생각을 조금만 이동시켜보자. '아마 내게 곧 좋은 일이 생기려나 보다' 하고 생각한다면 의외로 담대하게 헤쳐갈 힘이 생긴다. 이것이 바로 긍정의 힘이다. 그런 태도 앞에서는 불운도 비껴간다. 긍정 앞에서는 불황도 무릎 꿇는 법이다.

리더의 삶에
안주와 멈춤은 없다

　　세라젬은 지난 25년 동안 성장을 거듭해 오늘날에
는 모르는 사람이 없는 중견기업이 되었다. 온열기 하나로 세
계 72개국에 진출해 성공을 거두고, 이후에는 의료기기로 연달
아 빅 히트를 쳤으니 누가 봐도 남다른 성공을 일군 회사라 할
수 있다.

　이환성 회장님은 자동온열기를 세계 최초로 만들어 대성공
을 거두었다. 창업과 동시에 전국에서 대리점 개설을 하겠다는
사람들이 돈다발을 들고 와 줄을 설 지경이었고, 인천 공장의
생산 물량이 딸려 전국의 대리점에서 직접 차를 몰고 와 제품
을 받아가기 위해 밤을 지새울 정도였다고 하니 얼마나 대단했
는지 짐작이 간다.

　하지만 대박을 낸 그 순간에도 이 회장님의 꿈은 국내시장이

아니었다고 한다. 창업 이듬해인 1999년에 바로 미국에 법인을 설립해 큰 성공을 거뒀고, 다음 해에 진출한 중국도 마찬가지였다. 심지어 2004년에는 한국의 대리점 사업자 200여 명을 전세기에 태우고 베이징까지 가서 사업설명회를 개최해 세계화에 대한 비전을 심어주었고, 그것이 촉매제가 되어 72개국에 진출하기에 이르렀다. 국내에서의 작은 성공에 안주할 수도 있었을 텐데, 이에 만족하지 않고 더 큰 목표를 세우고 나아가는 데서 나 또한 큰 자극을 받았다.

나는 이 회장님과 KTF 시절에 처음 인사했는데, 그때 놀라운 얘기를 들었다. 그 해 중국에서 거둔 순이익만 500억 원이라며, 현지법인 동사장에게 수십 억 인센티브를 주었다는 것이다. 열심히 해서 많이 팔았으니 그만큼 가져갈 자격이 충분하다고 했다. 또 본인이 72개 나라에 모두 가 있을 수 없으니, 본인이 없어도 알아서 잘 돌아가게 만들기 위해 다양하게 동기부여를 해줘야 한다고 했다. 지분을 주고 인센티브를 주며 적극적으로 나누는 것도 동기부여의 일환이었다. 대기업도 못 할 정도로 통 크게 나누니, 현지법인 대표들을 비롯한 임직원들도 '내 회사'라는 생각으로 열심히 한다고 했다.

그 말을 들으면서 솔직히 많이 부러웠다. 돈 많이 벌어서 좋겠다는 부러움은 아니었다. 그들보다는 한참 못했지만 나도 이미 먹고살 만큼은 충분히 벌고 있었으니. 그러나 월급쟁이 임원의 눈에 그들의 세계는 신천지였다. 학벌이나 스펙에 상관 없이, 일 잘하면 그에 상응하는 보상을 충분히 받는다는 '가능성' 자체가 놀라웠다. 500억 이익을 냈으니 100억을 인센티브로 푼다… 이렇게 생각하는 이 회장님의 배짱이 대단했고, 크게 나누겠다는 발상이 대단해 보였다. 무엇보다도 정말 준다는 게 대단했다. 마음속으로 '저런 회사에서 일하면 정말 신나겠다'고 생각했는데 나 역시 그곳에 몸을 담아봤으니, 나도 어지간히 복이 많긴 하다.

이환성 회장님에게는 이런 면이 있다. 비즈니스를 보는 시각이나, 성과를 아낌없이 나누는 면에서 웬만한 대기업 리더 못지않게 통이 크다. 이렇게 말하면 '돈 많이 주는 게 무슨 리더십인가' 하고 생각할지도 모르겠다. 또는 '그래도 보상이 너무 과하다'고 생각할지도 모른다. 실제로 내부에서도 과감한 보상에 반발이 있었다고 한다. 그분을 보좌하는 장 상무가 해준 이야기다. 장 상무가 입사한 지 얼마 되지 않았을 때, 해외법인 중 크게 성장한 법인장에게 엄청난 인센티브를 주었다고 한다. 일반 기업의 기준으로는 이해하기 어렵고, 그 정도 보상이 아니어도 조직을 이끄는 데는 문제가 없어 보여서 회장님에게 직언했다고 한다.

"회장님, 그 정도 보상은 하지 않아도 될 것 같습니다. 다른 회사에서는 이 정도까지 보상하지 않습니다."

그러자 이 회장님이 이렇게 대답했다고 한다.

"그 법인을 구축하고 성공시키는 데 가장 많이 노력하고 고민한 사람이 누구겠나?"

물론 많은 사람이 힘을 모았겠지만, 아무래도 중견기업에서는 담당 책임자의 노력과 희생이 가장 클 수밖에 없다. 이 회장님은 법인을 만들고 그만큼 키워낸 사람에게 그 정도 보상은 오히려 적다며, 예정대로 인센티브를 지급했다고 한다.

내가 본 세라젬 리더십의 핵심은 이처럼 단지 통 크게 나누는 것뿐 아니라 '현장을 믿는다'는 데 있다. 이 회장님은 내게도 세라젬 H&B를 맡기고 창립대회 때 방문한 것 빼고는 내가 퇴임할 때까지 칭다오 사무실에 한 번밖에 오지 않았다. 내가 알아서 하겠거니 하고 믿어주신 것이었다. 이처럼 믿음을 주는 것, 그리고 벌면 나누는 것, 이것이 크게 성공한 세라젬의 요체였다.

그래서인지 중견기업이지만, 세라젬에는 곳곳에 일 잘하는 사람들이 참 많았다. 대기업, 글로벌기업을 두루 거쳤다고 자부하는 나도 '한 수 배워야겠다'는 마음이 절로 드는 인재들이 넘쳐났다. 그중에서도 가장 크게 배운 것은 불가능을 불가능이라 생각하지 않고 도전하는 정신이었다.

업무차 캄보디아에 방문한 적이 있다. 캄보디아는 내가 방문할 당시 기준으로 1인당 GDP 500달러에 평균기온 30도인, 가난하고도 더운 나라였다. 그런데 이런 나라에서 온열기가 불티나게 팔린다고 했다. 설상가상으로 조양, 비겐 등 세라젬의 경쟁업체들이 한바탕 훑고 철수한 시점에서. 누가 봐도 있을 수 없는 일이 일어났으므로 그 비결을 배우기 위해 캄보디아로 날아간 것이었다.

내가 방문했을 때 마침 캄보디아 대리점에서는 온열기 무료 체험 행사를 하고 있었다. 행사장에 온열기 30대가 죽 늘어서 있고, 사람들이 끝없이 줄을 서 있는 모습이 장관이었다. 그런데 줄 선 이들이 다 고객인 것은 아니었다. 온열기는 고가의 제품이기에 경제적 여유가 없으면 사기 어려운 사치재였다. 문제는 사치재를 구매할 만한 부자들은 체험장에 오지 않는다는 데 있다. 빈부격차가 워낙 큰 나라이다 보니, 부자들은 서민들과 어울리기 싫어서 체험장에 오지 않았다.

그래서 아이디어를 냈다. 고객이 대리점에 찾아오는 게 아니라, 직접 고객을 찾아가 온열기를 체험하게 해주는 방식을 추가한 것이다. 이 역발상이 대박을 냈다. 제품이 워낙 뛰어나니 써본 사람들은 다들 만족하며 그 자리에서 제품을 바로 구매했다.

똑같은 물건을 똑같은 가격에 파는데 왜 누구는 잘 팔고 누구는 못 파는가. 바로 이 차이다. 덥거나 추운 건 중요하지 않다. 누가 하느냐, 어떻게 하느냐가 중요하다. 당시에 캄보디아 총판을 책임진 최정태 법인장은 중국에서 연간 2,000억 매출을 올릴 때 일등공신이었던 인물이었다. 하지만 자신의 아이디어가 번번이 상사에게 제지당하자 배짱이 안 맞는다며 퇴직해버렸다. 이럴 경우 보통의 CEO라면 한두 번 설득해보다가 포기하거나, 거만한 놈이라고 험담을 했을 것이다. 그러나 이환성 회장님은 사표를 낸 사람에게 역으로 캄보디아에서 총판사업을 해보라고 제안했다.

"캄보디아는 이미 끝난 시장 아닙니까?"

"안 되는 게 어디 있소? 어려우니까 당신을 보내는 거지. 직접 가서 왜 다른 회사가 철수했는지 알아보고, 극복할 방법을 연구해봐요."

그러고는 아예 캄보디아 지역총판권을 줘서 독립시켰다. 많이 팔수록 많이 버는 것은 물론이다. 보스가 사업권까지 주면서 '넌 할 수 있다' 동기부여를 하니, 최 법인장이 얼마나 신나게 일했겠는가.

그가 얼마나 지독한가 하면, 고객의 집에 판촉하러 갈 때 신발 정리부터 했다고 한다. 집주인은 최 법인장만 오면 신발이 정리돼 있으니 그를 다시 보게 되고, 세라젬 이미지도 덩달아 좋아졌다. 심지어 집 청소도 해주고 전구도 갈아줬단다. 독거노인 집에 가면 혈압측정도 해주며 말벗이 됐단다. 회식할 때 타깃 고객을 초대하고, 고객 생일에 케이크를 들고 가서 깜짝 파티를 해주기도 했단다. 이런 대접을 받은 사람 마음은 어떻겠는가. 본인이 사지 않으면 지인이라도 소개해주게 된다. 이런 식으로 가지를 쳐서 퍼져나가니 고객이 모일 수밖에 없었던 것이다.

그의 말을 들으면서 정말 대단하다고 느꼈다. 그렇게까지 할 필요가 있느냐고? 죽은 시장을 살리고 독점적 지위를 차지하려면 기발한 아이디어만으로는 부족하고, 노력 자체가 남달라야 한다. 돈 버는 사람은 돈 버는 재주가 있다. 그게 뭔지 아는가? 가장 낮은 자세로 임하는 것이다. 말로만 하는 봉사가 아니라 진짜 봉사를 한다. 이는 '태도'의 문제다.

리더의 자세는 모범을 보이는 것이다. '나는 보스이니 걸레질 같은 거 못해, 내가 월급 주니까 허드렛일은 네가 해' 이런 식으로 나서면 직원은 속으로 '사장이라 좋겠다' 하고 비아냥대기 십상이다. 리더와 동화되지 않는 것이다. 최 법인장은 직원들과 똑같이 걸레질하고, 같이 도시락 먹고, 고객에게 같이 갔다. 그걸 본 직원들은 '월급 주는 사장도 저렇게 열심히 하는데 내가 더 노력해야지' 하고 분발하게 됐을 것이다. 그래서 이익이 생기면 이번에는 회장님에게 배운 대로 혼자 가지지 않고 나눴다. 그러면 직원들도 감화해 더 열심히 하는 것이다.

이처럼 신나게 성공한 사람이 비단 최 법인장뿐이 아니었다. '글로벌 인재들은 다 데려오겠다' 이환성 회장님의 호기로운 포부가 빈말이 아니었다는 걸 방증하는 듯 했다. '미칠 줄 아는 사람'을 알아보고 확실하게 믿어주는 것, 그것이 이 회사가 한 가지 제품으로 72개국에 진출해 성공할 수 있었던 비결이었던 것이다. 글로벌시장에 계속 진출하려면 끊임없이 도전해야 한다. 그런데 회장님의 손이 둘밖에 없으니, 도전할 자격이 있는 사람을 뽑아서 도전했다. 그는 미칠 줄 아는 사람이 있으면 어떻게든 붙잡고 포기하지 않았다. 심지어 '저 사람이 필요하다'고 생각하면 회사를 등졌던 사람에게도 기꺼이 손을 내밀었다.

캄보디아의 최정태 법인장도 그렇지만, 아예 경쟁사를 창업했던 사람을 다시 부른 적도 있다. 해당 본부장은 회사에 막대한 손실을 끼치고 나갔는데, 그리고 결국 본인 회사도 문을 닫고 실업자가 되었다고 한다. 다시 1년 후, 이 회장님이 그를 불러서 해외법인의 법인장으로 재영입했다. 많은 이들이 반대했음은 불 보듯 하지만 회장님은 뜻을 굽히지 않았다.

나는 기회가 닿아 그때의 이야기를 자세히 들었다. 실업자가 되어 막막해하는 그에게 회장님이 직접 전화했다고, 다시 세라젬에서 일해보라는 제안이었다.

"고마운 말씀이지만 벼룩도 낯짝이 있지, 회사를 배신한 제가 어떻게 그러겠습니까?"

그러자 이 회장님이 이렇게 말했다고 한다.

"내가 잘했다면 당신이 떠났겠소? 내가 비전과 나아갈 길을 명확히 알려주었다면 당신은 떠나지 않았을 거요. 내가 못나고 내가 하는 것이 못마땅했으니 그랬겠지. 충분히 고생했고 반성했다면 이제 돌아오시오."

이 말을 들은 그의 심정이 어땠을까. 그가 밤낮없이 회사 일에 매진하며 법인을 성장시키는 이유를 알 것 같았다. 이처럼 분골쇄신하는 리더들이 많으니 회사가 절로 클 수밖에 없겠다 싶었다.

세상에 영원한 1등은 없다. 된다고 생각하는 사람에게는 언제든 기회가 생긴다. 어느 화장품 회사 오너가 이렇게 말하는 것을 들었다.

"돈? 없으면 꿔오면 되고, 사람? 없으면 데려오면 되지 뭐가 문제냐."

단순 무식하다고 할지 몰라도, 세상 이치가 그렇다. 일전에 우리와 산학협력을 한 아주대학교 생명공학 박사를 불러서 내가 이렇게 말했다.

"우리나라에 정2품송이 딱 하나 있는데, 이 DNA를 채취해서 중국에서 화장품을 만들고 싶습니다."

"그런 생각을 어떻게 하셨습니까?"

"스토리텔링을 하려고 그랬습니다. 제가 정2품송 DNA가 무엇이 다른지 어떻게 알겠습니까? 그러나 저는 스토리텔링을 할 수 있고 마케팅을 할 수 있습니다. '한국에 왕이 벼슬을 내린 소나무가 있다. 임금이 지나갈 때 소나무가 가지를 들어 올렸다고 하니, 그 DNA는 얼마나 훌륭하겠나.' 중국 소비자들에게 이렇게 말할 수 있습니다."

그랬더니 박사가 나를 보며 말했다.

"참 대단하십니다. 어떻게든 '되는 방법'을 생각하니 돈을 버시나 봅니다. 제가 생명공학 박사들을 많이 배출했습니다. 그 중에는 교수도 연구자도 있습니다. 그런데 연구자 중에서도 유난히 돈을 많이 번 사람들이 있습니다."

나도 비즈니스맨이니 돈 벌었다는 말에 귀가 번쩍 뜨였다.

"누군데요? 그 사람은 어떻게 벌었나요?"

"사람은 두 부류가 있습니다. 한쪽은 '이 원료로 만들면 돈 벌 것 같다'고 하고, 한쪽은 '안 된다'고 합니다."

"왜 한쪽은 된다고 합니까?"

"돈 없으면 꿔오면 되고, 사람 없으면 구하면 되고, 시설 없으면 있는 데 가서 만들어달라고 하면 된다고 합니다. 되는 쪽으로만 계속 생각합니다. 그런데 안 된다고 하는 사람은 돈 없어서 안 되고, 사람 없어서 안 되고, 시설 없어서 안 된다고 합니다."

  된다고 하는 사람은 떼돈을 벌고, 안 된다고 하는 사람은 평
생 월급쟁이 연구자로 남더라는 것이다. 그 말이 뒤통수를 쳤
다. 아, 세상 이치가 다 똑같다는 걸 그때 다시 한번 깨달았다.
일이든 인생이든, 결국 잘사는 비밀은 태도에 있다. 생각에 있
다. 영원한 1등은 없다는 생각으로, 어렵다고 포기하지도 말고
괜찮다고 안주하지도 않을 때 성공이 따른다.

  나는 《모티베이터》를 쓰면서 '글로벌로 가겠다'는 미래 포부
를 밝혔었다. 그때의 꿈을 이루겠다며 나는 글로벌시장 진출의
첫 삽을 세라젬에서 떴다. 화장품 사업을 하는 것도 내게는 기
이한 인연이었다. 애경 시절에 쓴 박사학위 논문 제목이 〈신제
품 개발의 성공요인 분석: 화장품을 중심으로〉였다. 논문을 쓰
고 10여 년 후에 화장품 사업을 시작하고, 결국 연 매출 500억
원의 회사를 일구는 데 성공했다. 이렇게 내가 바라던 바를 모
두 이루고서는 미련 없이 자리에서 물러났다. 말의 힘, 생각의
힘, 꿈의 힘이란 이처럼 무섭다. 내게는 언제나 또 다른 시작이
기다리고 있다.

  지금의 작은 한 걸음이 미래를 결정할 수 있다. 그래서 우리
는 미래를 밝게 이야기하고, 크게 이야기하고, 희망적으로 이
야기해야 한다. 시장이 없다고, 남들이 다 차지한 일이라고 포

기하지 말라. 일과 인생의 주인, 리더가 되고 싶다면 안주하고 싶은 마음을 버려라. 리더의 여정에 멈춤과 안주는 없다.

작은 가능성에 감사하라, 운명이 바뀐다

KTF에 있을 때, 김미현 골프 선수를 볼 기회가 있었다. 스폰서십 협상을 위해서였다. 당시 김미현 선수는 라이벌인 박세리 선수와 달리 대기업의 후원을 받지 못하고 있었다. 그녀를 만나본 후 사장님에게 갔다.

"사장님, 돈 더 많이 대줘야 합니다."

"왜 더 대줘야 하나?"

"키가 작기 때문입니다."

"아니, 저 키로 박세리나 소렌스탐 같은 선수들을 이길 수 있겠나?"

"제가 보기에는 이깁니다. 키가 작아서 이길 수 있습니다."

이게 무슨 궤변인가 싶겠지만, 내 생각은 그랬다. 153cm의 키, 오죽하면 '슈퍼땅콩'이라는 별명을 얻은 키로 골프채를 잡앞을 때의 마음가짐이 어떠했겠냐는 것이다. 그 안에 엄청난 투지가 있을 것이고, 가난의 고리를 끊겠다는 집념이 있지 않았겠는가.

"사장님, 키가 작기 때문에 됩니다. 다들 저더러 골프는 안 될 거라고 했는데, 막상 해보니까 똑같았습니다. 이 사람도 키가 문제 되지는 않을 겁니다. 오히려 그런 약점을 가졌기 때문에 더 잘할 수 있을지도 모릅니다. 작은 체구의 한계를 극복한 김미현 선수의 이미지가 우리 회사의 이미지와도 잘 맞아떨어지고요."

아니나 다를까, 후원을 해줬더니 기다렸다는 듯이 연전연승해서 KTF는 후원금의 수백 배에 달하는 광고효과를 보았다. 김미현 선수가 옷이며 모자며 사방에 KTF 로고를 큼지막하게 새겨서 입고 다녔기 때문이다. 어떤 선수들은 모자 위에 선글라스를 얹어서 후원사 로고를 가려버리기도 하는데, 김미현 선수는 정반대로 공항에서 내리면 모자부터 찾았다. 언론에 한 번이라도 더 노출하려는 배려다. 아마 고마워서였을 것이다. 그녀를 보며 이렇게 감사하는 마음으로 사니 저절로 잘될 수밖에 없다고 생각했다.

흔히 커다란 약점이라고 생각하던 것은 얼마든지 강점으로 승화할 수 있다. 긍정하는 습관과 작은 가능성에도 감사하는 마음으로 한 말이다. 김미현 선수는 키 작은 유전자를 물려준 부모를 선택할 수 없었다. 하지만 자신의 약점을 어떻게 여길지는 자신이 선택할 수 있다. 그는 자신의 약점을 화려한 강점으로 전환해냈다. 아무도 나 대신 운명을 바꿔주지 않는다. 어머니가 매니저를 하고 아버지가 운전하는 차 안에서 끼니를 해결하던 그녀는, 자신의 힘으로 운명을 바꾸었다.

아오모리현의 '합격사과'가 그렇듯이 놀라운 성공은 고난이 있었기에 가능한 것인지도 모른다. 그래서 '고난도 축복이다'라는 말이 있는지 모르겠다. 힘든 오늘에서 답을 찾으면 상황이 반전되는 것은 삽시간이다. 그래서 인생에는 희망이 있고, 미래가 있다. 감사할 일투성이다. 이것을 아는 사람은 인생을 행복하게 살 수 있다.

내가 지금 행복한 것도 고마운 마음을 잊지 않기 때문이다. 23살 때 수류탄을 1초, 아니 0.1초만 늦게 들어 올렸어도 내 몸 앞에서 터졌을 것이고, 내 몸은 흔적도 찾기 어려웠을 것이다. 팔을 완전히 젖힌 상태에서 터졌기에 죽지 않았다. 비록 손은 그 자리에서 날아갔지만, 머리는 철모가 막아줘서 살았다. 그런데도 철모를 뚫고 들어와 뒷머리에 박힌 큰 파편만 24개였다. 간호장교가 말하기를, 나머지 작은 파편들은 일일이 뽑을 수 없어서 그냥 두었다고 했다. 그걸 그냥 덮으면 어떡하느냐고 따졌더니 '언제 죽을지 모르는 상태'여서 그냥 두었다는 것이다. 눈만 빼고 온몸을 붕대로 친친 감았으니 상태가 어땠는지 짐작이 갈 것이다. 그럼에도 아내가 사랑으로 보살펴준 덕분에 살아남았다.

참 신기한 일이다. 세월이 지나면서 파편이 하나둘 저절로 나왔다. 뒤통수가 간지러워서 보면 파편이 만져졌다. 사고 이후 새로 난 머리는 희게 세지 않고 여전히 새카매서 강연 때마다 '미용에 좋으니 기회 되면 다들 수류탄 한 번씩 맞아보시라'고 농담을 던지곤 한다. 청중들은 말이 심하다고 웃으면서도 불행한 사고조차 농담거리 삼는 나를 새삼 대단하다는 눈빛으로 바라본다.

나는 역시 복이 있다. 예전만 해도 뒤에서 터졌으니 얼굴에 파편 안 들어간 게 당연하다고 여겼는데, 지금 생각하면 정말 감사한 일이다. 얼굴에 하나도 안 튀고, 머리카락이 나니 흉터도 다 가려지고, 의수를 끼우니 평소에는 사람들이 다쳤는지 잘 모른다. 사람들 앞에서 말할 기회가 많은 나로서는 얼마나 다행인가.

한때는 이런 생각을 했다. '에이, 그냥 다리를 다치지 왜 손을 다쳐서. 그것도 하필 오른손이 이게 뭐야.' 글씨가 안 써지니 짜증이 나서 혼자 성질을 부리곤 했는데, 지금 생각해보면 사지 중 오른손 다친 게 다행이다. 왼손을 다쳤으면 골프를 못

했을 것이고, 다리를 다쳤으면 운동은커녕 움직이기조차 불편
했을 것이다. 불이라도 나면 어떻게 도망가나. 이런저런 생각
을 해보면, 오른손 다친 것은 신의 섭리 같다. 언젠가 한번은
지인에게 이런 말을 했다.

"신이 왜 이 손을 가져갔을까. 아마 나더러 좀 겸손하게 살라
고 그렇게 하신 것 아닐까. 내가 오만해질 수 있는 사람이니."

글을 쓰는 이 순간도 나는 감사할 뿐이다. 오늘도 나는 '하나
님, 감사합니다. 하나님 은혜입니다. 예수님 한 분으로 충분합
니다'라고 기도를 드린다.

어찌 보면 나는 삼류로 사는 게 적절한 운명이었을지도 모른
다. 돈도 연줄도 미래도 비전도 희망도 없었으니. 절망에 허덕
이다 그냥 끝날 수도 있었는데 이처럼 절묘하게 회복시켜놓은
것은 신의 뜻이 아닌가, 그런 생각을 한다. 이런 축복 속에 있
으니 좀 어렵다고 해서 의기소침해져서는 안 된다고 나를 추스
르고, 그 힘으로 나를 더 강하게 만들어왔다. 내 삶을 돌이켜보
니 그랬다.

지금까지 내가 겪은 인생과 경험들을 조금씩 들려드렸는데,
당신에게 조금이나마 도움이 되었으면 좋겠다. 어려울 때마다
내 말을 떠올리고 마음을 다잡길 바란다.

내가 이렇게 건강하니 얼마나 감사한가.

내가 할 일이 있다는 사실이 얼마나 감사한가.

나를 믿고 걱정해주는 사람이 있으니 얼마나 감사한가.

내 안에 여전히 잘하고 싶은 마음이 있으니 얼마나 감사한가.

이렇게 감사할 게 많은 사람은 얼마나 행복한가.

바로 당신 말이다.

근성, 끝까지 너를 이겨라

2023년 12월 27일 초판 1쇄 발행

지은이 조서환
펴낸이 박시형, 최세현

책임편집 박현조 **디자인** 정은예
마케팅 권금숙, 양근모, 양봉호, 이주형 **온라인홍보팀** 신하은, 현나래, 최혜빈
디지털콘텐츠 김명래, 최은정, 김혜정 **해외기획** 우정민, 배혜림
경영지원 홍성택, 강신우 **제작** 이진영
펴낸곳 (주)쌤앤파커스 **출판신고** 2006년 9월 25일 제406-2006-000210호
주소 서울시 마포구 월드컵북로 396 누리꿈스퀘어 비즈니스타워 18층
전화 02-6712-9800 **팩스** 02-6712-9810 **메일** info@smpk.kr

ⓒ 조서환(저작권자와 맺은 특약에 따라 검인을 생략합니다)
ISBN 979-11-6534-853-3 (03320)

쌤앤파커스(Sam&Parkers)는 독자 여러분의 책에 관한 아이디어와 원고 투고를 설레는 마음으로 기다리고 있습니다. 책으로 엮기를 원하는 아이디어가 있으신 분은 메일 book@smpk.kr로 간단한 개요와 취지, 연락처 등을 보내주세요. 머뭇거리지 말고 문을 두드리세요. 길이 열립니다.